新 潮 文 庫

木村政彦はなぜ力道山を殺さなかったのか

上　巻

増 田 俊 也 著

新 潮 社 版

9899

僕の一番好きなことは「勝つ」といふことです。一番嫌いなのは「負ける」ことです。牛島先生からは「心」の修養といふことについて深いものを教えて戴《いただ》き柔道の道を通じて師と弟子の「心」の結び付きを持ち續《つづ》けることが出来たのは私に取つて一番幸福なことだと現在でも思つております。

（木村政彦の言葉。昭和二十五年のプロ柔道パンフレットより

＝以下、参考文献からの引用箇所は原文のまま）

木村政彦はなぜ力道山を殺さなかったのか（上）　目次

プロローグ 13
第1章 巌流島の朝 47
第2章 熊本の怪童 74
第3章 鬼の牛島辰熊 101
第4章 武徳会と阿部謙四郎 124
第5章 木村政彦と高専柔道 158
第6章 拓大予科の高専大会優勝 187
第7章 全日本選士権3連覇 218
第8章 師弟悲願の天覧試合制覇 245
第9章 悪童木村と思想家牛島 275

第10章　東條英機を暗殺せよ　312
第11章　終戦、そして戦後闇屋の頃　338
第12章　武徳会と高専柔道の消滅　364
第13章　アマ最後の伝説の2試合　394
第14章　プロ柔道の旗揚げ　417
第15章　木村、プロ柔道でも王者に　447
第16章　プロ柔道崩壊の本当の理由　477
第17章　ハワイへの逃亡　506
第18章　ブラジルと柔道、そしてブラジリアン柔術　534

【下巻目次】

第19章　鬼の木村、ブラジルに立つ
第20章　エリオ・グレイシーの挑戦
第21章　マラカナンスタジアムの戦い
第22章　もう一人の怪物、力道山
第23章　日本のプロレスの夜明け
第24章　大山倍達の虚実
第25章　プロレス団体旗揚げをめぐる攻防
第26章　木村は本当に負け役だったのか
第27章　「真剣勝負なら負けない」
第28章　木村政彦vs力道山
第29章　海外放浪へ
第30章　木村政彦、拓大へ帰る
第31章　復讐の夏
第32章　木村政彦はなぜ力道山を殺さなかったのか
あとがき
主要参考文献
解説　板垣恵介

本文図表　著者提供

木村政彦はなぜ力道山を殺さなかったのか（上）

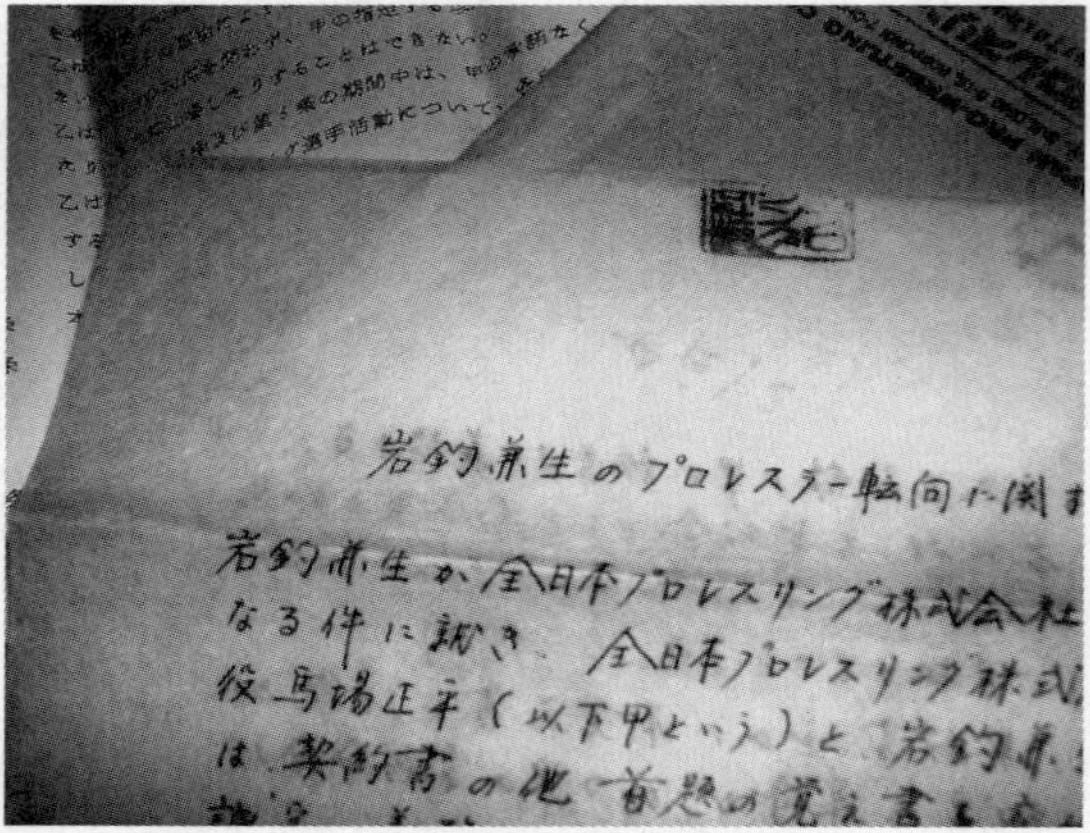

岩釣兼生の全日本プロレス入りに際して交わされた「覚え書き」。しかし、正式契約が交わされる段になって入団は幻に終わった。（写真＝著者）

プロローグ

交わされなかった契約書

昭和五十一年（一九七六）夏。

全日本プロレス事務所に三人の男が対座していた。

巨大なエアコンが音をたてて埃臭《ほこりくさ》い冷気を吐き出し、ジャイアント馬場《ばば》がくゆらす葉巻の紫煙を揺らしている。

岩釣兼生《いわつりかねお》は、喧嘩《けんか》になったらどうやって止めようかと気をもみ始めていた。横に座る拓大《たくだい》柔道部の先輩三原康次郎が、目の前で脚を組む馬場の態度に眉《まゆ》をひそめているのだ。体が大きいだけに膝《ひざ》の位置が高く、砂埃や毛髪のこびり付いた十六文《じゅうろくもん》の靴底が、岩釣たちの目の高さにある。柔道界にも大男は多いが、馬場の身長は二〇九センチもあるという。

「ねえ、そんな感じで。いいでしょう」

馬場がテーブル上の書類を葉巻で指した。

「金のことはいい。問題は相手です」

三原が咳払《せきばら》いして煙草《たばこ》を灰皿に押しつけ、馬場に険しい視線を戻した。

「さっきから何度も言うように、岩釣《いわつり》は柔道の全日本だけじゃない、サンボの世界も獲《と》ってるんだ。デビュー戦は大物と、トップレスラーとやらせてもらいたい。そのあと少しずつ若手と当てていけばいいでしょう」

「どうして相手にこだわるのかなあ」

馬場が苦笑して、ゆっくりと首を振った。三原が顔をしかめた。馬場の慇懃《いんぎん》な余裕と、壁際《かべぎわ》に並ぶ海外の調度品に岩釣たちは位負けしていた。この時代、海外に繁《しげ》く行き来できる人間はまだ限られていた。

三原がいらつきながらまた煙草に火をつけた。

「わからんですか、木村政彦《きむらまさひこ》の名前を復権させたいと言ってるんだ。岩釣が木村先生の仇《かたき》を討つ、そういうストーリーなら、そちらの会社も損はないでしょう。岩釣に勝たせてもらいたい」

「三原さん、あんた勝ち負けにまで口出すんですか。岩釣君は、うちに入れば会社の従業員になるんだから、勝手なことを言ってもらったら困るよ」

「岩釣に負けろと……？」

馬場が溜息《ためいき》をついた。そして一拍おいて肯《うなず》くと、岩釣に顎《あご》をしゃくった。

「それで君自身はどうなの、岩釣君。デビュー戦は誰とやりたいの」

「まずは猪木《いのき》さんだと思っとります」

「なに……？」

馬場が腕を組み直して、しばらく唸《うな》った。

「新日《しんにち》（新日本プロレス）と話がつくと思ってるのか？　うちの団体の中にやりたい相手はいないのか？」

「それなら馬場さんとお願いします」

「……俺と、君がか？」

馬場はそう言って吹き出し、大仰にのけ反って笑った後、葉巻を灰皿の縁で叩《たた》きながら、にやけ顔で言った。

「本気か？」

「あたりまえだろっ！」

三原が横から食いついて、馬場を睨《にら》みつけた。馬場は、その視線を避けるように目を閉じ、大きな指で瞼《まぶた》を揉《も》みながら首を振った。

三原が身を乗り出した。

「岩釣はトップレスラーとやらせたい。そして岩釣を勝たせるんだ」

「あのねえ三原さん、何度も言わせるんじゃないよ。そういうことはすべて会社が決めることなんだよ」

「ほう、そういうことですか。それなら猪木なりあんたなりを真剣勝負で潰《つぶ》すしかないな」

三原は拓大関係者の中でも最も気の荒い男として通っている。

馬場の葉巻を持つ指先が小刻みに震えだした。怒りを懸命に抑えている。そして後ろへ首をねじって「いい加減にしないと若い連中が来るよ」と奥から若手レスラーたちを呼ぶような仕草をした。

「拓大に喧嘩売るのか！」

三原が気色ばんだ。

「…………」

「師匠の木村政彦が力道山《りきどうざん》に騙《だま》し討ちにあった復讐《ふくしゅう》を、弟子の岩釣がやるんだ。プロレスのストーリーとしては商品にしやすいでしょう。岩釣が負ければ木村先生の顔に

「それだけは曲げることはできない」


また泥を塗ることになる。岩釣が初戦は勝つ――それだけは曲げることはできない」

馬場がひきつった顔で岩釣を見やった。

岩釣の両拳《りょうこぶし》の皮膚は破れて腫《は》れあがり、かさぶたの割れ目から黄色い膿《うみ》が吹き出している。顔も青痣《あおあざ》と裂傷だらけだった。誰が見ても打撃技（パンチや蹴《け》り）の練習をしているのはわかる。

柔道家が打撃練習をする――それは異種格闘技戦を睨んでのことしか考えられない。岩釣は一八二センチ一〇五キロ、男盛りの三十二歳だ。柔道の選手生活こそ退いたが、今でもベンチプレスで一九五キロを挙げる胸から肩、そして上腕に繋《つな》がる巨大な筋肉には力が漲《みなぎ》っている。層の厚い柔道界でトップを獲った岩釣の戦闘能力は、馬場にも当然わかっているはずだ。

このままいけば、プロレス側はアントニオ猪木やジャイアント馬場ではなく、セメント（真剣勝負）用の本物の実力者を用意してくるだろう。練習所で指導するアマレス出身者か、あるいは外国人の巨漢レスラーか。だが、すべては想定済みだった。岩釣は、誰を相手にしても、相手が何をやってきても、命を捨てて勝ちにいく覚悟ができていた。そのために一日十時間にも及ぶ激しい練習を積んできたのだ。師匠木村政彦の〝思い〟をすべて背負っていた。木村先生のために必ず勝つ。俺はこの一度のリングのためだけに生まれてきたんだ——。

沈黙に耐えかね、馬場が口を開いた。

「猪木を潰すとか私を潰すとか……もしそういうことになったら、うちのレスラーたちがリングを取り囲んで岩釣をリングから降ろさないよ。そういう覚悟があるのかね」

三原の顔がみるみる紅潮した。

「この野郎っ。ゴキブリみたいな顔しやがって！　拓大をなめるんじゃねえ！　貴様こそリングから降ろさんぞ！」

「なんだと！」

馬場が組んでいた脚をほどき、大きな手でテーブルを叩いた。三つのグラスが吹っ飛んで、麦茶が飛び散った。

「プロレス界にはプロレス界のルールがあるんだ！　この契約書にサインすれば岩釣はただの平社員だ！　偉そうな口をきくのは百年早い！」

「ルールだと？　あんたの師匠、力道《りきどう》の糞《くそ》野《や》郎《ろう》が木村先生を相手にルールを破ったのを忘れたのか！」

三原が椅子《いす》を蹴って立ち上がった。

テーブルの上の二通の書類は岩釣の全日本プロレス入団に関する『覚え書き』と『契約書』である。

契約金や給与など具体的な内容を約した覚え書きの方には、すでに両者とも署名捺《なつ》印《いん》していた。今日は契約書にサインし、契約金を受け取ることになっていた。しかし、両者の思惑はすれ違い、永遠に交わることはなかった。馬場の頭の中にはビジネスしかなく、岩釣と三原の心中には師匠木村政彦の汚名を雪《すす》ぐことしかないのだから……。

史上最強の柔道家

大相撲の歴史で最も強かったのは双葉山《ふたばやま》か大鵬《たいほう》か、ヘビー級ボクサーならジョー・ルイスかモハメド・アリか、升田幸三《ますだこうぞう》と羽生善治《はぶよしはる》が戦ったらどちらが勝つか──。こういった、時代を異にする夢の最強論争はファンの間でいつも尽きない。

柔道界でもさまざまな名前が挙がる。

だが、今では多くの人たちからその名前を忘れ去られてしまっているが、柔道史上最強は間違いなく木村政彦であろう。

戦前戦中、そして戦後を通じて十五年間不敗のまま引退し、「木村の前に木村なく、木村の後に木村なし」と謳《うた》われた、世界のあらゆるスポーツ界を見渡しても類を見ない超人だ。

いま日本の柔道人口は激減しているが、それでも二十万人近く、世界に目を向ければＩＪＦ《アイジェーエフ》（国際柔道連盟）に二百カ国が加盟し、競技人口は二千万人とも三千万人ともいわれる。その、講道館《こうどうかん》柔道百三十年、累計《るいけい》一億人に近いであろう柔道家の頂点である。

鬼《おに》の木村。

荒々しい柔道スタイルからそう怖《おそ》れられた。

身長一七〇センチ、体重は全盛期でも八五キロ、最近でいえば、古賀稔彦《としひこ》と吉田秀彦のちょうど中間くらいの体格、柔道家としては小兵である。しかし、本書のカバー写真を見ればわかるとおり、当時まだ普及していなかったウェイトトレーニングを取り入れて体を作ったパワーファイターであった。関係者によると二五〇キロあるトロッコの車軸をベンチプレスで挙げていたという。しかも実はカバーの写真はまだ十八歳のときのものだ。全盛時には本書二百四十四ページ掲載の化物のような体になっていく。

この体で、本来は体格に恵まれた選手が得意とする大外刈《おおそとが》りを駆使し、爆発的な瞬発力で自身の二倍もある巨漢を一発で畳に叩《たた》きつけた。最高度まで研ぎ澄まされたその切れ味の鋭さに、投げられた相手は受け身《うみ》（投げられたときにダメージを最小限にする柔道の技術）を取れず、頭を打って失神した（下巻百二十六ページに木村の大外刈りの連続写真を掲載）。

あまりに怪我人《けがにん》が多いため、そのうち各所の出稽古《でげいこ》で木村の大外刈りは禁じられるようになる。また、派手な立技《たちわざ》の陰に隠れているが、木村の寝技《ねわざ》は、戦前、寝技の殿堂といわれた高専《こうせん》柔道大会で拓大予科を大将として率い、初出場初優勝に導くほどの力を持っていた。とくに剛力でかける関節技の腕緘《うでがら》みは相手が脱臼《だっきゅう》あるいは骨折してしまうので、やはり出稽古で禁止されるようになる。立っても寝ても圧倒的な強さを持つ、完璧《かんぺき》な柔道家だった。

パワーと技術だけではない。特筆すべきは一日十時間を超える驚異的な練習量を続けた、強さを希求する精神性だ。練習中に、投げられたわけではなく、ただ膝《ひざ》を畳に着かされただけで悔しくて眠れず、深夜、包丁を持ってその相手を刺し殺しに行き、ぎりぎりで思いとどまったこともある。木村は、柔道を、スポーツではなく命を賭《と》した武道としてとらえていた。

現役時代に何度も木村と闘った松本安市《やすいち》（昭和二十三年全日本選手権優勝）は、東京五輪柔道チーム監督などをつとめて後の強豪たちもリアルタイムで見てきたが、こう断言する。

「講道館柔道の歴史で化物のように強い選手が四人いた。木村政彦、ヘーシンク、ルスカ、そして山下泰裕《やすひろ》。このなかで最も強かったのは木村政彦だ。スピードと技がずば抜けている。誰がやっても相手にならない」

極真《きょくしん》空手の大山倍達《おおやまますたつ》も、いつも試合を生で観戦していた。

「試合は『木村相手に何分立っていられるか』のタイムを競うだけのものだった。とにかく技が速い。神技だよ。全盛時代の木村先輩には誰もかなわない。ヘーシンクもルスカも三分ももたないと断言できる」

合気道養神館《ようしんかん》の塩田《しおだ》剛三《ごうぞう》は、拓大で木村と同期、武道家として互いに刺激しあい、死ぬまで親友として付き合い続けた。

「木村の柔道は技の切れ味が違う。今の柔道のような体力の競い合いではなく、技で投げていた。どんなでかい奴《やつ》も一発で吹っ飛ばしたよ。山下（泰裕）や斉藤（仁）なんてコロンコロン投げるさ」

格闘技に詳しい直木賞作家の寺内大吉もこう言う。

「戦中の木村柔道を、僕はほんの二試合ほどしか見ていないが、それでも『鬼の政彦』を実証する強さだった。もちろん比較はできないが山下泰裕より遥《はる》かに上位をゆく豪力であった」

これほど飛び抜けた木村であったが、同時代の柔道家たちが、八段、九段、十段と昇段するなかで、平成五年に七十五歳で死ぬまで、七段のまま昇段していない。

講道館の昇段記録はこうなっている。

▽昭和九年四月四日　三段（十六歳）
▽昭和九年六月二十八日　四段（十六歳）
▽昭和十年七月十七日　五段（十七歳）
▽昭和二十三年三月一日　七段（三十歳）

十六歳の四段、十七歳の五段は、当時の最年少記録である。戦争を挟んで七段に飛び段するまではスピードは落ちていない。

それが、なぜ止まってしまったのか。

プロになったからである。世にいうプロ柔道だ。

昭和二十五年（一九五〇）、木村は師の牛島辰熊《うしじまたつくま》らが旗揚げした『国際柔道協会』というプロ団体に看板選手として参加した。

このプロ柔道はすべて真剣勝負で、普通の柔道では許されていない相手の関節を極《き》めての投技や指関節の逆まで許されていた。メンバーたちは、焼け跡のなかで柔道家が飯を食えるシステムを作らねばという崇高な目標を掲げ、全国を巡業した。しかし、まだテレビ中継のなかった時代に、真剣勝負興行を観《み》る力を持ったファンを育てることはできず、団体はわずか八カ月で頓挫《とんざ》した。

木村は、山口利夫《としお》、坂部《さかべ》保幸《やすゆき》の二人とともに、海外に渡って活動を続け、そのうち、道衣を脱いでプロレスラーに転じる。そして、帰国すると、別ルートで海外修行した大相撲元関脇の力道山やプロ柔道の若手選手だった遠藤幸吉《こうきち》らと、プロレス興行の道に入っていく。当時、木村は、ある理由で大金を必要としていた。

柔道界は昔からプロという名に過敏に反応し、それは今もさほど変わっていない。プロを毛嫌いするようになったそもそもの発端こそ、この木村政彦らのプロ柔道の存在にあった。

「木村さん、このあたりで頭を下げてもいいじゃないですか。プロをやめたと講道館に申し出れば昇段できるんですから……」

晩年、木村は繰り返し関係者に勧められたが、「段位の書かれた紙切れのために頭を下げる気はない」と、最期《さいご》まで自身の矜持《きょうじ》を保ち続けた。そのため、実質的には昭和三十年代前半にプロとしての活動は停止していたが、柔道界は死ぬまで木村を排斥し続けた。全日本選手権のパンフレットには歴代の優勝者が記されているが、つい最近まで、木村の名前の後ろには（当時アマチュア）というバカバカしい但《ただ》し書きがあったほどだ。

教え子の一人はこう言って嘆く。

「昭和三十六年、木村先生が拓大に指導者として復帰してからは、僕ら拓大生が講道館に出稽古に行くと、下足番のおばちゃんたちが靴を預かるのを嫌がるんですよ。しかたないから、僕ら拓大生だけは靴を鞄《かばん》の中に押し込んで道場に入るしかなかったんです。あの嫌がり方は尋常じゃなかった。若い僕らはおおいに傷つきましたよ」

しかし木村は、古巣の柔道界からこうして疎《うと》んじられることについてはまったく気にしたふうもなく、何を言われても笑い飛ばしていた。ただ、あの一戦のことを言われることを除いては……。

全国民注視のなかで

あの一戦。

それは、テレビ視聴率もラジオ聴取率もほぼ一〇〇パーセント、全国民注視のなかでの、まさに世紀の一戦であった。

昭和二十九年（一九五四）十二月二十二日。時に木村は三十七歳。七十五歳まで生きた人生の、まさに折り返し地点だった。この一戦で、双葉山と並ぶ国民的大スターだった木村政彦の名は、表舞台から消えていく。

力道山とのプロレス選手権試合――。戦後プロレス史、いや戦後スポーツ史最大の謎《なぞ》とされるこの戦いはどんなものだったのか。引き分けにする約束になっていたこの試合は、力道山の騙《だま》し討ちによって、凄惨《せいさん》な流血試合となった。不敗の柔道王は、全国民の前で血を吐いてKOされた。マットに直径五〇センチの血溜《ちだ》まりができるほどの惨劇だった。

テレビだけではなく、試合翌日の一般紙は運動面トップで、スポーツ紙は一面トップで大きくこれを報じたため、木村は大きな恥をかかされた。

朝日新聞が運動面トップで報じた記事を引く。

《【力道山、木村を破る。空手打、十五分余で打倒】

プロレスリング初の日本チャンピオンを決める力道山対木村政彦の日本選手権試合は廿二日《にじゅうにち》午後六時半から蔵前《くらまえ》国技館で挙行された。相撲と柔道でそれぞれ花々しい経歴を持つ二人の顔合わせは「柔道の木村か、相撲の力道か」と人気を呼んで定刻すでに一万三千の定員を突破、その後も続々とファンがつめかけるという相撲の本場所でも見られない盛況ぶり。またリングサイドを警官がとりまくものものしさ。前座試合の後酒井プロレス・コミッショナーの挨拶《あいさつ》が終って満場の拍手と歓声の中を木村が紺色、背中にコイの跳ねた模様入りのガウン、続いて力道山は紫地ですそに富士山に桜をあしらった和服式の派手なガウンで登場、九時十分、選手権試合の火ぶたは切られた。

はじめ両選手ともすきをねらって慎重な運び、木村が逆をねらえば、力道は投げの大技で応酬、力道のやや押し気味のうち十五分を過ぎるころ、はだしの木村がつま先で急所をけった反則に力道山が激怒したか、空手打、足けりを交互に木村の顔面と腹部に集中、木村はコーナーに追いつめられて見る見るグロッギーとなり、そのままリングにこん倒して起きあがれなかった。ただちに医師が木村の顔面の負傷を診断の結果、出血がひどくドクターストップとなりあっけなく力道山の勝利に終わった》

今では到底考えられないが、反プロレス色の濃かった朝日新聞でさえ、当時はこうしてプロレスを一般スポーツと同列において、すなわち勝敗を中心にして論じていた。こういった姿勢は、プロレスを後援する毎日新聞はもちろん、読売新聞やスポーツ紙、そして共同電や時事電を受ける地方紙も同じだった。当時は、一般紙が「プロレスは八百長《やおちょう》ショーか真剣勝負か」という議論を紙面で戦わすほど、その実体は一般市民には伝わっていなかったのだ。

もちろん、プロレスはショーである。

ブック（プロレス界の隠語）と呼ばれる台本があって、そのブックに沿って試合は進められ、あらかじめ決められた勝者が勝つことになっている。

その認識は現在では当たり前のこととして浸透しているはずだ。が、本当にそうだろうか――。

試合から四十五年経《た》った平成十一年（一九九九）に朝日新聞社から出版された『朝日クロニクル週刊20世紀』というムックには、こう記される。

《十二月二十二日、力道山と木村はプロレス日本一をかけて対決する。相撲か柔道か、それは、巌流島《がんりゅうじま》の決闘さながらに語られ、プロレスブームは最高潮に達した。試合は、力道山が押し気味に展開したが、十五分を過ぎたころ、急所を蹴《け》られた力道山が激怒、空手チョップと凄《すさ》まじい足蹴りを木村に浴びせ、結局、ドクターストップで勝利を得た。力道山は、その後、国際的にも君臨していく》

半世紀前の報道と比べ、いったいどこが変わったのだろう。プロレスは「対決」したり「相撲か柔道か」どちらが強いかを決めたり、命を賭《か》けて「決闘」したり――そういう競技スポーツではなく、ひとつの演劇である。力道山が「国際的に君臨」するというのは、金で呼んだ外国人レスラーをリングの上で倒してみせるのを指しているにすぎない。

プロレスを馬鹿《ばか》にしているわけではない。

ショーであると認識した上で、プロレスマスコミが業界を盛り上げるのは当然である。しかし、業界外の新聞や雑誌までプロレスと他の格闘技を同じ土俵に載せて論じていては、多くの人にはいつまで経っても境界がはっきりしない。こんな馬鹿げたことは他のジャンルにはありえない。

セ・リーグとパ・リーグの他に八百長だけのプロ野球リーグがあって、本物のプロ野球を「あいつらは俺たちより弱い」と馬鹿にして押しのけ、それを支持する狂信的なファンがいる世界がありえるだろうか。サッカーのワールドカップの他に、はじめから勝敗を決めた世界大会があって、ワールドカップのチャンピオンと八百長大会のチャンピオンと、どちらが強いかなどと論じられることがあるだろうか。しかも八百長チャンピオンが本物のチャンピオンを貶《おとし》め、蔑《さげす》むのである。

ショーであろうと八百長であろうといいではないか……そう言う者もある。だが、それによって踏みにじられる人生がなければの話だ。プロレスは、自らの地位を高めるためにアマチュア格闘家たちの頬を札束で叩《たた》き、負け役を強い続けた。柔道界でいえば、アントン・ヘーシンクもウィレム・ルスカも負け役を強いられた。プロレスの問題はそこにある。ある意味で、木村vs力道山戦は、そのいびつな構図のプロトタイプになってしまった。木村は何度も力道山に真剣勝負でのリベンジマッチを言ったが、力道山は裏表双方の政治力と財力をバックにしてそれを受け付けなかった。

慚愧《ざんき》を胸に

木村政彦は、晩年になると、力道山戦をこんなふうに語ったりしている。

「私たちは話し合いをし、はじめの試合（昭和二十九年十二月二十二日）は引き分けにし、さらにもう一度引き分けを繰り返し、次に力道山が勝ち、そしてこちらが勝つということで合意したのです。それというのも、あくまでも観客を喜ばせることと、またお互いの『国際プロレス団』、『日本プロレス協会』の発展のためでした。しかしいざフタを開けてみると力道山の背信行為であの結果になってしまったのです。これはもう力道山を許せなかった。しかし今考えてみればかわいそうな人でした。金銭と栄誉欲とで身を滅ぼしてしまった。あれが精一杯の生き方だったのでしょう」（『太陽』昭和五十六年四月号）

だが、こういった枯れた発言をするほど、木村はあの試合を忘れてはいなかった。

数年前、私は、木村の愛弟子《まなでし》の一人であるダグラス・ロジャースと会った。東京五輪の重量級カナダ代表で、猪熊功《いのくまいさお》と決勝を争い、銀メダルを獲得した、あのロジャースである。五輪前から拓殖《たくしょく》大学に出稽古《でげいこ》に通って木村の教えを受け、五輪後、木村に誘われるまま拓大に留学し、拓大の戦後団体戦初Vにも貢献した。後にカナディアン・パシフィックのパイロットになったが、日本への便で東京に泊まったときは必ず木村の家に遊びに行くほど深い付き合いを続けていた。

「あなたから見て、木村先生はどんな人でしたか？」

私が問うと、ロジャースは目を閉じて木村の面影を探した。

「木村先生は……」

しばらく考え込んだ後、鞄《かばん》から英和辞典を引っ張り出した。

「ええと……テツガ……クシ……」

「テツガクシ？」

「テツガクの人です」

「フィロソファー？」

「イエース！　木村先生はフィロソファーです。哲学の人でした」

「哲学者というのは具体的にどんな感じなんですか？　考える人という意味ですか？」

「そうですね、考える人、木村先生は深く深く、長く長く考える人です。いつもいつも考えていました。すべてを考えていました……迷っていました……一歩一歩、いつも考えていました」

「どういうことですか？」

「考えずには前に進めないようでした」

「何をそんなに考えていたんでしょう？」

「何を……ですか。私にもわかりません……」

「………」

しばらく沈黙が続く。隣のテーブルのアベックが、英語と日本語混じりでやりとりする私たちを不思議そうに見ている。

そのうち、下を向いていたロジャースが思いついたように顔を上げた。

「実は木村先生はカナダに遊びに来たことがあるんです」

「あなたがまだ拓大生だったころのことですか？」

「ノーノー。私はもうパイロットでした」

「木村先生が一人で？」

「はい。観光地だけでなく、カナダ中の柔道場を一緒に車で回ったりしたんです。そのとき木村先生はまったく印象が違ってました」

「というと？」

「日本で会っているときとは違ったんです」

「具体的にどう違ったんですか？」

「リラックスしていました」

「旅行をすればみんなリラックスすると思いますが」

「いえ。そういうのじゃありません。普通の人のリラックスとかそういうレベルじゃなく、まったく違う人のようだったんです」

「どうしてですか？」

「……きっとプロレスのことだと思います。木村先生のプロレスの試合を見た人がいないから、カナダには。プロレスのことを覚えている人がいないから……」

「それは力道山との試合のことですか？」

「イエス。リッキードゼン」

ロジャースはそう言った後、嫌な名前を口にしてしまったというように顔をしかめた。

「木村先生は楽しそうにしていたということですね」

「とにかく日本では見せない顔です。オープンな雰囲気でした」

「ミスター・ロジャースはそんな木村先生を初めて見たんですか？」

「そうです。木村先生の中で、あの試合は本当に大きなできごとだったんだと思います」

ロジャースは、四十年近く心にくすぶらせていた思いを吐き出して何度も肯《うなず》いた。木村の英語とロジャースの日本語。二人は完全ではないコミュニケーションで結びついていたため、言葉では伝わらない何かを、繊細な心のアンテナでとらえあっていたのだろう。

木村は、あの試合を決して忘れたわけではないのだ。

口には出さないが、心中には熾火《おきび》のような深紅の慚愧があった。

木村だけではない。教え子たちも、力道山への怒りを持ち続けている。

ある拓大ＯＢと会食中のことだ。話が力道山戦のことになった。するとそれまで穏やかだったその人が、目の色を変えて、人差し指で私を指し、投げつけるようにこう言った。

「これだけは言っておく。いいですか、増田さん。木村先生は負けたわけではないんだ」

私もまったく同意見である。木村は負けたわけではないのである。あれはプロレスだったのだから。

我々は、その出発点を誤ってはいけない。

プロレスに勝敗はなく、あるのはリングという舞台の上の演技だけだ。その舞台で力道山は台本を投げ捨て、台本通りに演ずる木村を不意打ちで襲ったのである。

力道山陣営は言う。

「プロなんだから、いつどんなときでも戦いの気構えがなければならない。気を抜いた木村が悪いんだ」

こんな論理は通用しないだろう。

時代劇を撮影中に、役者Aがこっそり真剣を持って、普段から嫌いな殺陣師《たてし》Bを斬《き》り殺したとする。それを咎《とが》められたその役者Aはこう言い訳するのだ。「プロの役者なんだから、真剣で斬り掛かられる心構えがないBが悪い」と。これほど的はずれの言い訳はないだろう。だが、その通らないはずの論理が、この木村vs力道山戦では今現在も通用してしまっている。

昭和を語るとき、戦後を語るとき、プロレス史を語るとき、格闘技史を語るとき、そこには必ずこの試合が取り上げられる。その取り上げられ方は常にステレオタイプで、勝ち負けで論ぜられ、つまりは木村は弱者のように扱われてしまっている。木村が最も嫌がることは、こういうことではなかったのか——。

大山倍達は若い頃、木村政彦に憧《あこが》れて近づき、兄と慕っていた。その大山が、晩年、あるインタビューに答えてこう言った。

「ああいう試合になって、力道山はスーパースターになって、木村先輩は表舞台から消えた。だが、力道山は若くしてヤクザの凶刃《きょうじん》に倒れ、木村先輩はまだ生きている。人生の勝ちは木村先輩なんじゃないだろうか」

本当にそうだろうか。

木村は長生きしたかったのか。

大山は「人生の勝ち」と言うが、そもそも、青畳も土俵もなく、審判も行司もいない、そんな実人生に勝ち負けなどあるのだろうか。第一、大山は、兄とまで慕った木村が力道山に敗れた後、なぜ幻滅して離れていったのか。

木村は自伝でこう明かす。

「私は力道山のこの背信行為は許せないと思った。そこで私は彼を殺すつもりでつけまわしたことがあったが、双方の後援者の関係もあったし、こっちも係累《けいるい》があったりしたので思いとどまった」

短刀を懐《ふところ》に呑《の》んで力道山を刺し殺そうと付け狙《ねら》った木村は、その怒りを胸に抱えたまま、苦しみながら後半生を生きた。その後半生は、まさに生き地獄だった。

枯《か》れない殺意

木村政彦の最晩年、もうかなりの老齢の頃だ。作家の猪瀬《いのせ》直樹《なおき》が木村の自宅を取材に訪れ、あの力道山戦について聞いた。そしてこんなやりとりをしている。

《「あいつは卑怯《ひきょう》な男ですよ」

と木村は僕にいった。

「だから、殺したんだ」

しかし、彼はあなたに殺されたのではなくヤクザに刺されて死んだんですよ。

「いや。殺した」

どうやって？

「ここですよ」

と木村は額《ひたい》を指さした。僕は意味がわからなかった。

「ここに〝殺〟と書いたんです」

書く？　ああ、イメージで前頭葉のあたりに字を描いたわけですね。

「そうだ」

そんなことをしたって人は死にません。

「いや、死ぬんだ」

念力ですか。納得できませんね。

「信用しないのなら、あんたについても〝殺〟を書こうか」

しばらく気まずい沈黙がつづいた。木村は、眼を閉じ昔話をはじめた。

「柔道の選手権の前夜、座禅を組んだ。何時間も、ずっとだ。すると額のところに〝勝〟という字が浮かんできて黄金色に輝きはじめる」

試合の前は、いつもそうなさるのですか。

「〝勝〟が出て来ないときには、日本刀を腹にあて、切っ先を肌に食い込ませる」

痛いですね。

「痛くない。そのままじっと待つ。すると〝勝〟が出てきたときもある」

木村は誇り高き勝負師だった。たった一度の過《あやま》ちが彼の後半生を台無しにしたはずだが、世間が何をどういおうと、力道山を自分で始末したのである。

取材の帰路、拭《ぬぐ》いがたい疲労感に襲われることがたまにある。あのときもそうだった》（『週刊文春』一九九三年五月六／十三日合併号「『枯れない殺意』について」猪瀬直樹）

ここまで苦しみ続けるなら、なぜあのとき力道山を殺さなかったのか。

力道山はあの試合の九年後、三十九歳でヤクザに刺殺されるというはっきりしたカタストロフィを迎えたが、一方の木村政彦はあの一戦以来、人生に大団円を結ぶことができなかった。

乱暴であるのを承知でいえば、木村は力道山を殺すべきではなかったのか。たとえどんな犠牲を払ってでも。

力道山の謀略によって木村が失ったものは、あまりにも大きかった。柔道を命を賭《か》けた武道としてとらえ、その世界でトップ中のトップを獲《と》った木村にとって、全国民の前で恥をかかされたことは、力道山を殺すことによってしか償われないことだったのではないか。あの試合は、鬼の異名をとった木村にとって、それほど大きなものではなかったのか。

猪瀬直樹に語っているとおり、木村政彦は、柔道の現役時代、大試合の前夜に短刀の切っ先を腹に当て、実際に切腹の練習までしていた。負ければ本当に腹を切るつもりだったのだ。その武道家としての覚悟が木村を常勝将軍たらしめた。ならば、力道山にあれほどの恥をかかされて、なぜ力道山を殺さなかったのか。なぜ切腹しなかったのか。なぜ生き長らえてしまったのか……。

東京五輪（昭和三十九年）で金メダルを獲得した戦後柔道界を代表する強豪・猪熊功は、引退後、実業界に飛び込み、後に東海建設社長に就いた。しかしバブルの崩壊と関係者の裏切りなどで社は傾いていく。平成十三年（二〇〇一）、いよいよ会社が倒産となる直前、猪熊は社長室に立てこもり、自刃《じじん》という壮絶な最期《さいご》を遂げた。「生き恥はさらしたくない」というのが理由だった。

猪熊の介錯《かいしゃく》役として立ち会った合気道家がそのときのやりとりを私に教えてくれた。

猪熊はこう頼んだ。

「自決には立会人が必要だ。自分で死ねないときはとどめを刺してくれ」

「わかりました。ですが、私には、猪熊功という大柔道家が自分の手で死にきれず、他人の手を借りたという事実が歴史に残ることが我慢できません。必ず自分で果ててください。しかし、万が一のときは、武道家として約束します。武道家として私がとどめを刺します」

そう言うと、猪熊は安心して肯《うなず》いた。

「見事に自決することが俺の最後の勝負だ。もし俺が躊躇《ちゅうちょ》したりしたときは頼むぞ」

自刃決行の日。しばらく瞑想《めいそう》していた猪熊は、目をカッと見開き「今なら切れる！」と言って、海軍将校だった父の遺品の脇差《わきざし》（短刀）を体に突き刺した。大量の血がほとばしった。

「どうだ、切れたか……」

猪熊が聞いた。

「まだまだ！　切れてないっ！」

介錯用の刃物を手に合気道家が気合いを入れた。猪熊は脇差を抜き、もう一度、ずぶりと自身に突き刺した。

「切れたか……」

「まだまだっ！」

すでにあたりは血まみれになっていた。

猪熊はまた脇差を抜き、突き刺した。

こうして、猪熊は、介錯を借りることなく、己の美学を貫いて果てた。自分を裏切り、追い込んだ相手に対し、赤いマジックで大きく《怨念《おんねん》》と書いた遺書を残して。

太田章《あきら》（ロス五輪・ソウル五輪レスリング九〇キロ級銀メダル）がこんなことを言った。

「あと一年、たった一年長生きしていれば、木村さんはヒーローになっていたと思いますよ。格闘技雑誌に特集が組まれただろうし、格闘技イベントのテレビ解説者として引っぱりだこだったでしょう」

木村の拓大の教え子たちもみんなこう言う。

「もう少し長生きしていれば、木村先生はいい思いをして死んでいけたと思うんですが……」

木村政彦の命日は平成五年（一九九三）四月十八日。

そのわずか七カ月後の十一月十二日。噛《か》み付きと目《め》潰《つぶ》し以外すべてを許された画期的なノールール大会が、米国コロラド州デンバーで開かれた。第一回UFC《ユーエフシー》である。

UFCとはアルティメット・ファイティング・チャンピオンシップの略で、柔道やレスリングで許されている投技《なげわざ》や寝技の他、ボクシングや空手で許されている打撃技もすべて許された、まさに究極の（アルティメット）格闘技大会だった。現在、世界中で行われている総合格闘技（英語名MMA《エムエムエー》＝Mixed Martial Arts）興行の嚆矢《こうし》、プロレスのようなフェイク（八百長《やおちょう》）ではないバーリトゥード（「何でもあり」「ルールなし」を意味するポルトガル語。ブラジル発祥の格闘技用語）の衝撃映像が初めて世界へ向けて流された瞬間であった。

実戦ではどの格闘技が一番強いのか——解決されずにいた格闘技ファンの永遠のテーマは、ついにこの大会で解き明かされた。

ボクサー、プロレスラー、空手家を次々と破ってこのトーナメントを制したのは、グレイシー柔術というマイナー格闘技を身に着けた痩身《そうしん》のブラジル青年ホイス・グレイシーだった。ホイスは相手の打撃技を捌《さば》き、組み付いて投げ、寝技《ねわざ》で仕留めるという必勝パターンを持っていた。その投技や寝技は柔道に非常に近い技術体系であった。

試合後、グレイシー一族は、マスコミに対しこう発言した。

「マサヒコ・キムラは我々にとって特別な存在です」

——キムラって誰だ？

日本のほとんどの格闘技マスコミは、その時点でキムラという格闘家を知らなかった。いや、忘れてしまっていたというのが正しいだろう。なにしろ柔道界でもプロレス界でも、その名は抹殺されていたのだから。しかし、日本に帰ってよく調べると、かつて最強の柔道家と謳《うた》われていた木村政彦のことだとわかった。そして、その木村が昭和二十六年（一九五一）、ホイスの父エリオ・グレイシーとブラジルのマラカナンスタジアムで戦い、得意の腕絨《うでがら》みで圧勝していたことも。

ホイスは第二回UFCを連覇してみせ、さらに兄のヒクソン・グレイシーやホイラー・グレイシーが、あらゆるジャンルの格闘家やプロレスラーを次々と倒していった。こうしてグレイシー柔術が強さを見せつけるほど、格闘技ファンはそれを破った木村の偉大さを知らされた。

ブラジリアン柔術では、腕絨みのことをキムラロック、あるいは単にキムラという。名前を刻み、永遠に木村の強さを讃《たた》えているのだ。現在の総合格闘技でもこの名は完全に定着し、テレビでUFCを観《み》ていると、アナウンサーや解説者がしきりに「キムラ、キムラ」と言うのが聞き取れる。対照的に、講道館の柔道殿堂には、破門同然で講道館を去っていった西郷四郎や、試合実績がないままに十段を得た正力《しょうりき》松太郎ら十九名もの名が並ぶが、なぜか史上最強の木村政彦の名はない。世界中で評価されながら、しかし柔道総本山には冷淡な扱いを受けているというこの事実は、木村の人生そのものの捻《ねじ》れを端的に表している。

今、総合格闘技の大会を観るたびに思う。リングで木村政彦と力道山を、堂々と真剣勝負で闘わせたかった。華やかな七色の光線が交錯する中で。

私はあえて断言する。

あのとき、もし木村政彦がはじめから真剣勝負のつもりでリングに上がっていれば、間違いなく力道山に勝っていたと。決め技は、もちろん得意のキムラロックである。

木村が死んだ平成五年（一九九三）から資料を集めて取材執筆を始め、十年以上かけて人に会い、数百冊の書籍、数千冊の雑誌、数万日分の新聞を手繰って得た私の結論である。

力道山関係の書籍は掃いて捨てるほどあるが、木村政彦の本は技術書を除けばゴーストライターに任せた『鬼の柔道』と『わが柔道』という二冊の自伝しかない。

本書では、捏造《ねつぞう》されて定着してしまった〝あの試合〟の真相究明を軸に、力道山への怒りと、さらにそれ以上の哀《かな》しみを抱えながら後半生を生き抜いた、サムライ木村の生涯を辿《たど》りたい。

半世紀もの間、止まって錆《さ》び付いた時計の針を、ゆっくりと回してみる。

はたして木村政彦は力道山を殺して切腹すべきだったのか……。その答は、私にも書き終わるまでわからない。

リングに上がった木村政彦（左）と力道山。
両者の胸に去来するのは……。（写真＝『ゴング格闘技』より）

第１章　巌流島の朝

世紀の一戦

昭和二十九年（一九五四）十二月二十二日。

東京文京区関口台町、牛島辰熊《うしじまたつくま》邸。

朝から冷え込む一日となったこの日、木村政彦が師匠の牛島辰熊のところへ挨拶《あいさつ》にやって来たのは昼過ぎだった。

居間で牛島と談笑している木村は、とてもこれから大試合に向かう雰囲気には見えなかった。

牛島の長女孝子《たかこ》は、ときどき横から声をかけた。

「今日の試合、大丈夫ですか？」

木村はそのたびに「心配するな」と優しく言った。孝子はプロレスはすべて真剣勝負だと思っていた。だから、一カ月前から新聞やテレビで「昭和の巌流島」と盛んに煽《あお》られている力道山との試合が心配でならなかったのだ。孝子は父の辰熊と夜の試合を観戦に行くことになっていた。

昭和十年（一九三五）生まれの孝子は、同じ昭和十年に旧制中学を卒業して牛島塾に引き取られてきた木村を、本当の兄のように慕っていた。孝子が十九歳、木村が三十七歳になったこのときでも、その感覚はまったく変わらなかった。

牛島塾が赤坂台にあった戦前、孝子は塾生たちにずいぶん可愛《かわい》がられたが、なかでも最強の木村政彦は特別な存在だった。

まだ小さく、孝子が乳母車に引かれているとき、その乳母車の中に置いてあるおやつの菓子をいつも木村に奪われていたが、そんな木村が大好きだったのだ。岩のような筋肉に包まれた体は圧倒的だったが、ときおり見せるその笑顔には、なんともいえぬ魅力があった。

幼稚園に通う頃になると、よく木村の大きな肩に肩車してもらった。

「牛島先生の家の仏壇に供えてある饅頭《まんじゅう》を取ってきてくれたら面白い話をしてやる」

木村が言うと、孝子は「はあい」と素直に返事をしては、こっそりと饅頭を持ってきた。木村はその饅頭を頬張り、孝子の頭を撫《な》でながら大好きなオバケの話を駄賃がわりにしてくれた。その木村の話が聞きたくて、いつも孝子は饅頭を仏壇から取ってきた。木村たち塾生と一緒に、牛島塾の向かいにある山脇《やまわき》高等女学校の寮の障子に穴を開けて中を覗《のぞ》いているのを母に見つかって、大目玉を食らったこともある。

「今日の試合、本当に大丈夫なんですか？」

孝子はまた聞いた。

「心配するな」

木村はそう繰り返した。

しばらくすると木村が「着替えてきます」と言って二階に上がっていった。

着替え終わっただろう頃を見計らって孝子が二階を覗きに行くと、木村はスーツ姿になって鏡を見ていた。

「試合、本当に大丈夫ですか？」

孝子が聞くと、木村がこちらに向き直った。

「孝《たか》ちゃん、この格好おかしくないか」

「お似合いですよ」

分厚い上半身にスーツは本当に似合っていた。木村は太い指でネクタイの結び目を直し始めた。

孝子は、そんなことより試合の方が大切でしょうと思った。

「試合はどうなんですか？　大丈夫なんですか？」

木村は大きなコートを羽織り、マフラーを巻いた。

「お似合いですわよ。それより試合はどうなんですか？　大丈夫なんですか？」

木村は「よかよか。心配するな」と言って、また鏡を見た。話がかみ合わないので孝子は一階に降りた。

しばらくすると木村も降りてきて、また家族と雑談しはじめた。孝子は心配でしかたがなかった。しかし何度「大丈夫ですか」と聞いても、木村は「心配するな」と繰り返した。

「そろそろ出かけます」

木村が立ち上がった。孝子は玄関口まで小走りに送りに出た。

「木村さん、本当に大丈夫ですか……」

すがるように聞いた。

「お願いだから……絶対に勝ってくださいね。応援に行きますから」

靴を履く木村の背中に懸命に言った。

木村が立ち上がり、振り向いた。

「孝ちゃん、心配するな。結果はもう決まっとる」

右手を軽く挙げて玄関を出ていった。

結果は決まってるって？

いったいどういうことなのか。はじめから勝敗を決めた試合ということなのか……。

しかし、木村の大きな背中を見送りながら、孝子は胸騒ぎがしてしかたがなかった。


陽の落ちた蔵前国技館のまわりは、白い息を吐く人の群れで埋まっていた。

開場の六時半を待たず、五時四十分になった頃には、詰めかけたファンは定員の一万三千人をはるかに超え、会場は一万五千人を呑《の》み込んでいた。

「これ以上入場させたら試合を中止させる！」

ついに消防署が強硬姿勢に出て、入場を止め、入れなかった数千人が騒いでいる。

ダフ屋はリングサイド二千円のチケットを二万円で捌《さば》いていた。今でいえば三十万円を超えるほどの高額である。

警視庁も予想以上の熱狂ぶりに驚き、機動隊を投じて警備にあてていた。

国技館だけではない。

日本各地で大混乱が起きていた。

日比谷公会堂前、新橋駅前西口広場、大森駅前、中野駅前、渋谷駅前、上野公園池《いけ》之端《のはた》、有楽町の朝日新聞社前（現マリオン）、五反田駅前など、あらゆるところに街頭テレビが設置され、たった一台のテレビにそれぞれ数万単位の人々が群がっていた。電器店の前のテレビにも数千人単位で人が立ち、テレビがある喫茶店や家庭には近所の人たちが集まっていた。

テレビ局はまだＮＨＫと日本テレビしかなく、二局ともにこの大興行を生放送していたため、視聴率は一〇〇％である。ラジオも二局が生放送していた。全国民が、いまかいまかと世紀の一戦が始まるのを待っていた。

揉《も》めたルール協議

試合前五時半から始まったルール協議は揉めに揉めた。

一カ月前の調印時に、木村の当て身《あてみ》（打撃技。つまりパンチや蹴り）は禁止され、力道山の空手チョップは許されることになっていたが、このことについてまだ綱引きが続いていたのだ。

「俺の当て身だけ禁止されているのは不公平だろう」

木村が言うと、力道山が憤然と答えた。

「いや。絶対に怪我《けが》させるようなことはない。いまさらルールを変えるのはおかしい。反則をすればレフェリーが止めるんだから問題ない」

他の者がその空気を和らげようとするがかなわない。

力道山は柔道の当て身に過敏になっていた。柔道には相撲にはない当て身がある、そのことを極度に警戒していた。当時は男なら誰でも奉納相撲や学校の大会で相撲をとり、日本人にとって相撲は非常に身近なものだった。しかし、柔道はまだ神秘的で修行者以外にはよく実態が知られていない部分もあった。力道山はその神秘性、とくに当て身を恐れていた。

現在ではあまり知られていないが、実は柔道は、もともと当て身と呼ばれるパンチやキックなどの打撃技が技術体系に入っている、現在でいういわゆる総合格闘技（MMA）である。ただ、試合や普段の乱取り《らんど》（スパーリング）では危険であるということで禁止されているだけだ。今は高齢の高段者の形稽古《かたげいこ》（互いに約束どおりに技を出し合い、動きの美しさを競い合う稽古。フルパワーで自由に技を繰りだして攻め合う試合形式の乱取り稽古とは対極にある）のみに当て身が残されているが、現役選手である高校生や大学生、実業団選手たちはその形《かた》を見たことすらない、形骸《けいがい》化したものになってしまっている。

明治三十七年（一九〇四）に渡米し、南北アメリカ大陸と欧州を巡って異種格闘技戦を一千戦以上して無敗、ブラジルでグレイシー一族に柔道を教えた講道館《こうどうかん》柔道草創期の強豪、前田光世《みつよ》（コンデ・コマ）の有名な言葉がある。

「拳闘《けんとう》（ボクシング）は柔道の技術の一部を使っているだけで、所詮《しょせん》は柔道の敵ではない」

何度もボクサーと戦うなかで得た前田の結論である。

ボクシングは、柔道という総合格闘技の一部の技、つまりパンチだけで戦っているので、簡単に倒せるというのだ。前田が講道館で修行していた頃にはまだ全日本柔道選士権《せんしけん》がなく、柔道の競技化が進んでいなかったため、乱取り時に他流派との戦いを想定し、相手の当て身を捌《さば》いてから投げるという思想が残っていたのだ。

明治十五年（一八八二）、武士階級の消滅とともに古流柔術《こりゅうじゅうじゅつ》が廃《すた》れゆくのを憂《うれ》えて講道館柔道を起《た》ち上げた嘉納治五郎《かのうじごろう》が創《つく》り上げようとしていた柔道は、いま私たちが五輪や世界選手権で見ている柔道とはまったく別物であった。

昭和五年（一九三〇）に第一回全日本柔道選士権《せんしけん》が始まり、競技としての柔道が爆発的に広まりだした頃、会場でまさにその盛況きわまる全日本選士権の熱戦を見ながら、嘉納はこう言って側近にため息をついた。

「まるで牛の角突《つのつ》き合《あ》いだ。これは私の柔道ではない。当て身でみんなやられてしまう」

当て身を想定しないで、いきなり間合いを詰めて組み合い、頭をこすり合わせるようにして投技をかけ合う試合に絶望したのである。

嘉納がイメージしていた柔道は、まさに現在の総合格闘技を柔道衣を着てやるものだった。まず離れた間合いから殴ったり蹴《け》ったりという当て身で攻め、あるいは相手の当て身を捌いて相手を捕まえ、それから投げ、そして寝技にいくのが嘉納の理想とする柔道だった。街中での実戦、つまり護身性の高いものを求めていたのである。

しかし、裂傷による流血や打撲を伴う古流柔術の当て身をどうやって普段の乱取りに取り入れたらいいのかわからず、現在のような当て身なしの乱取り法を実験的に採用し、とりあえずはこれを試合ルールにも採用した。

この当て身なしの乱取り稽古は、それまで形稽古中心だった古流柔術のなかで画期的なことだった。もちろん、古流柔術のなかにも乱取りをしっかりやっている流派はあった。しかしあまりに修行者数に差ができてしまっていて講道館柔道とは影響力がまったく違った。

この当て身なしの乱取り中心の稽古体系があったからこそ、講道館柔道の修行者たちは多くの練習時間を乱取りに充《あ》てることができ、投技技術の爆発的発達をみた。そして互いに組み合って相手の力に抗《あらが》って俊敏に技をかけあう乱取りが、修行者たちの身体能力を著しく向上させた。アスリートを育てるスポーツとしては申し分ない練習体系ではあった。

しかし、これが創始者嘉納治五郎を焦《あせ》らせた。そして「これは私の柔道ではない。当て身でみんなやられてしまう」という嘆きになって出たのである。

嘉納は、当て身をなんとか乱取りに取り入れられないかと、剣道の小手を改良して、相手を殴ることができ道衣を掴《つか》むこともできるグローブの実現を考えたりもした。まさに現代の総合格闘技で使われているオープンフィンガーグローブだ。百年以上も前にそんなものを考えていた嘉納の慧眼《けいがん》がわかる。しかし、ビニールや合成ゴム、合成スポンジといった石油製品のない時代だから、今あるような軽量で高性能のグローブを実現することができなかった。

嘉納は、沖縄から上京したばかりの船越義珍《ふなこしぎちん》（松濤館《しょうとうかん》流空手開祖）に「講道館に空手部門を置きたいのでやってくれないか」と頼んだり、離れた間合いから戦う合気道の開祖植芝盛平《うえしばもりへい》の合気柔術の演舞を見て「これこそ理想の柔道だ」と感動し、「離れた間合いから相手をコントロールする技術を研究してきなさい」と講道館の高弟を何人も植芝道場に入門させたりした。嘉納は当て身なしの方向に進化していく講道館柔道に焦りに焦っていた。

嘉納治五郎が目指していた柔道がどういうものだったのかは、昭和五年（一九三〇）、第一回全日本選士権が開かれる数カ月前に講道館機関誌に寄稿した以下の文章でもわかる。

《講道館においては、武術の部門においては今日まで行ってきた棒術《ぼうじゅつ》の練習を継続し、追々剣術の研究も始め、当身術《あてみ》の如《ごと》きも従来に比し一層深き研究を遂げたいと考えている。よってそれらの研究に志あるものは、その志望を申し出ておくがよい》（『作興』昭和五年一月号）

嘉納は当て身のみならず、棒術や剣術まで柔道に取り入れようとしていた。いかに実戦を模索し続けていたか、この一文ではっきりとわかる。棒術や剣術はともかく、当て身が普段の乱取りに欠けていることについては徒手格闘技（素手の格闘技）にとって致命的な欠陥だった。

嘉納治五郎にとって柔道の当て身なしの競技ルールは過渡期でしかなかった。

しかし、全日本選士権が人気を集めて選手たちは普段の乱取りで当て身の禁止された試合用の乱取りの研究ばかりに傾いていく。自身の考えていた柔道からますます離れていくなか、嘉納は悩み、模索し続けた。

先の文章を発表した七年後の昭和十二年（一九三七）、嘉納は講道館機関誌に「乱取特別練習科」を早急に設立して乱取り法を改めねばと、こう書く。

《今日広く行われている乱取は、余り急に普及したために指導が行き届かず、修行者はしらずしらず過《あやま》ちに陥り、真剣勝負の練習としてはあまりに不適切であり、（中略）一日も早く改めないと、武術という方からも体育という方からも、乱取の価値は甚だ低くなってしまうのであるから、講道館に特別の練習科を設けて正しい乱取の仕方を教え、その練習をさせようと思っている》（『柔道』昭和十二年六月号）

さらに焦って次月号にもこう書いている。

《今日一般に行われている乱取の仕方は乱取修行の本来の目的にそわない点が多々ある（中略）一方が当てないからといって、実際の場合先方が当てて来た時の用意まで怠るということになった。それが欠陥というべきである。乱取の際における姿勢態度

が、そういう間違いから今日のようになって来たのである》（『柔道』昭和十二年七月号）

だが、嘉納の理想とする「当て身ありの柔道」の乱取りは実現されなかった。嘉納が志半ばにして逝《い》ってしまったからだ。昭和十三年（一九三八）五月四日、第十二回東京五輪招致（昭和十五年開催が決定していた幻の五輪）のためＩＯＣ委員として世界を飛び回り、カイロから帰途の氷川丸船上での客死であった。

嘉納に随伴して欧州各国を回っていた栗本義彦（後の日体大学長）は、こう言っている。

「嘉納先生はオリンピックを日本で開催することに献身的に努力されたが、それでは柔道をオリンピックに参加させる意志があったかというと必ずしもそうではなかった」（柔道新聞昭和三十五年九月十日号）

この栗本義彦のコメントを取った工藤雷介《らいすけ》（柔道新聞主幹）は、同記事中で、嘉納は柔道を世界に広げることには積極的であったが、柔道のすべてをスポーツ化する意志がなく、五輪には参加せずに独自の道で国際化しようとしていたのだろうと書いている。

嘉納は、柔道が五輪種目になると、当て身なしのままさらに競技化が進み、たんなるスポーツとなってしまうことによって自分の考えていた実戦的な柔道からますます遠ざかっていくことがわかっていたのだ。

その嘉納の恐れは後に現実になっていく。昭和三十九年（一九六四）に東京五輪に採用されてから、柔道は嘉納の怖《おそ》れた方向へどんどん逸《そ》れていってしまっている。

いや、本当の柔道の変質はこの東京五輪での採用のときではなく、嘉納治五郎が死んだ昭和十三年からすでに始まっていたのだ。船頭を無くした講道館は、嘉納の遺志を忘れ、あたかも柔道にははじめから当て身がなかったかのような方向へ異形《いぎょう》の発達をしていった。

木村政彦は、昭和十三年に逝った嘉納とすれ違うようにして、昭和十二年から全日本柔道選士権の連覇を重ね、全盛期に入っていく。

時代がずれているため、木村は嘉納の側にいたわけではなく、嘉納の「当て身ありの乱取り」の構想を知らなかっただろう。しかし類《たぐ》い希《まれ》なるその格闘家としての天才的センスから、木村も打撃技の重要性を認識していた。

だから戦前、木村は拓大時代に松濤館《しょうとうかん》と剛柔流《ごうじゅうりゅう》の空手も柔道と並行して修行していた。それは義方会《ぎほうかい》（後の章で詳述）東京支部の空手部門師範代までつとめる本格的なものだった。そして戦後間もない頃には進駐軍のヘビー級ボクサーにボクシングを習ったりもしている。

力道山は、木村のこの当て身の禁止を要求してきたのだ。

セメント含みの空気

木村政彦vs力道山のルール協議は午後六時過ぎまで続き、最後は木村が妥協し、やっと握手して別れた。結局、力道山の空手チョップは認められ、木村の当て身は禁じられたままであった。力道山は頑固で、一切譲らなかった。

この空手チョップと柔道の当て身の件では木村の論に分があるだろう。禁止にするならば打撃技をすべて禁止にすべきだった。

もちろん、プロレスで使う空手チョップ（空手での正式な技名は手刀《しゅとう》）に破壊力はない。手刀で打つように観客に見せ、当たる寸前に手首を返して手の平ないし手の甲で相手の胸を叩《たた》き、大きな音をたてる〝見せ技〟だ。

また、この技は力道山のオリジナルでもなんでもなく、戦後、アメリカのプロレス界で大流行していたものだ。ただし、名前は「柔道チョップ」ないし「柔術チョップ」と呼ばれていた。グレート東郷ら日系ヒール（プロレス界の隠語で悪役のこと）はこの柔道チョップを使って悪の限りを尽くし、アメリカ人の怒りを誘って観客席を盛り上げ、最後には反撃にあって善玉レスラーに倒されるのである。アメリカで少しずつ空手の名が知られてくると、空手チョップを名乗る者も少しずつ出てきた。名前は変わっても、柔道チョップと空手チョップはまったく同じ見せ技でしかない。

ただ、見せ技であっても、丸めた手ではなく、相手を倒すために全力で手刀を打てば、場所によっては危険はある。しかし、それは他の打撃技や投技、寝技と同じレベルの話であって、特に力道山の空手チョップだけが飛び抜けて危険なわけではない。木村が大外刈《おおそとが》りをまともにかければ相手は頭を打って失神するし、腕緘《うでがら》みを掛ければ骨折するのと同じことである。格闘技の技は相手を痛めるように工夫されてできたものだから、真剣に使えば怪我《けが》をさせてしまう。プロレスでは、それらの技を観客にわからないように加減してかけるわけである。

ならば、なぜ木村は空手チョップ禁止にこだわったのか。力道山も、なぜ柔道の当て身を怖《おそ》れたのか。もちろんそれは両者がセメント（真剣勝負）を牽制《けんせい》し合っていたからだ。しかし、この試合までの経緯が二人の間に微妙な意識の違いを生じさせていた。

まわりは焦《あせ》っていた。

前日慌《あわ》ただしくプロレスコミッショナーに就任したばかりの酒井忠正《ただまさ》に、プロレスコミッション事務局長の工藤雷介と興行主の永田貞雄《さだお》が、ルール協議後に仲介を頼んだ。

「マスコミが煽《あお》ったので木村も力道も気持ちが昂《たか》ぶってます。あまりにも闘志剥《む》き出しのみっともない試合になるかもしれません。酒井さんから一言注意してくれませんか」

酒井忠正は木村と力道山を貴賓室に呼んで握手させた。しかしそれでも緊張は和らがなかった。

柔道新聞主幹でもあり木村側についている工藤雷介は木村を別室に引っ張っていって言った。

「こうなったらおまえが先手を打つしかないぞ。当て身で肋骨《ろっこつ》の二、三本折ってやればいいじゃないか」

「わかりました」

そう言いながらも、木村の表情に危機感は見えなかった。工藤からみても、木村と力道山には明らかに温度差があった。

井上俊典《しゅんすけ》が木村政彦の控室をたずねると、暖房の効いたその部屋で、木村は上半身裸のままくつろいでいた。

横にはロングコートをまとった目つきの鋭い男が立っていた。井上はこの男を知らなかったが、当時、木村に付き従っていた空手家、若き日の大山倍達《ますたつ》だ。

「いい試合をしてください」

大山は井上に気をつかったのか、木村にそう言って控室を出て行った。

「政《まさ》、調子はどぎゃんね」

井上が言うと、木村が頭を下げた。

「わざわざありがとうございます」

木村の三年年長の井上俊典は、旧制人吉《ひとよし》中学時代に熊本武徳殿《ぶとくでん》で旧制鎮西中《ちんぜいちゅう》（現在の鎮西高校）の木村に何度も稽古《けいこ》をつけている。当時は木村をいいように畳に叩きつけたが、木村は負けん気が強く、何度投げても、しまいには泣きながら井上に向かってきた。井上が先に上京して早稲田の柔道部に入り、副キャプテンに就いた頃に、木村が拓大予科に入学してきた。柔道の実力ではすぐに追いつかれ追い抜かれていったが、早大を出て一代の侠客《きょうかく》となり、木村の後見人の一人として何かと面倒をみていた。

「いま力道の控え室に行ってきたが、あいつぁかなり稽古ば積んどる。肌の張りが違う。気合いも入っとるぞ。おまえ本当に大丈夫か？　ぶざまな試合するくらいなら棄権しろ」

井上は力道山周辺の人間とも付き合いがあったので控え室を覗《のぞ》きに行けたのだ。木村の肌の色艶《いろつや》は悪く、あまりにも緊張感がなかった。

だが、木村は泰然と言った。

「大丈夫です」

「練習はしたのか」

「三回やりました」

「三回？」

冗談で言っているのか本気で言っているのか井上がわかりかねていると、木村が言った。

「これはプロレスです」

その息は酒臭かった。

「昨日も飲んだつかい」

「少しだけです」

隣に座る付き人の大坪清隆《きよたか》が複雑そうな顔をしている。

井上はため息をついた。

「なあ政……あの雰囲気では力道は真剣勝負を仕掛けてくるかもしれんぞ。勝負に絶対はない。油断しとったらいかん。相手は必死だ。いくらおまえでも、なめとったら足下すくわれるぞ」

しかし井上の心配をよそに、木村は豪快に笑った。

「先輩。俺を誰だと思うとっとですか」

「………？」

「木村政彦です」

井上は唸《うな》って腕を組んだ。

そうなのだ、この男は木村政彦なのである。

戦前から不敗の柔道王として大相撲の双葉山《ふたばやま》と並び称された鬼の木村政彦なのだ。

井上だって木村がどれほど強いか知っている。万が一、力道山が真剣勝負を仕掛けてきたら、木村がそれに応ずれば済むことだ。なにしろ試合するのは鬼の木村なのだ……。

血に濡《ぬ》れたメーンイベント

ＮＨＫラジオの実況をしていた志村正順《せいじゅん》は、試合前から舞台裏がきな臭くなっているのを感じていた。

興行関係者に会ったときに頭を下げても無視されることが二回続いたのだ。もちろん二度とも意図的なものではなく、慌《あわ》ただしくしていてこちらに気づかなかったようだった。だが、何か大変なことが起きるのではないかと嫌な気持ちがしていた。

しかし、前座試合が進むにつれ、志村の心配は次第に消えていった。観客席こそ盛り上がっていたが、第一試合の卓詒《たくい》約《やく》と金子武雄の試合も、第二試合の阿部脩《おさむ》と宮島富男の試合も、第三試合の渡辺貞三と田中米太郎の試合も、いつものプロレスと変わらなかったからだ。

だが、その会場の雰囲気が一変したのが、第四試合の芳の里（力道山門下）と市川登（山口利夫門下）の試合だった。

紅潮してリングに上がってきた芳の里は、試合が始まるや突進し、形相を変えて市川に張り手を見舞った。

頬を張る大きな音が、観客の歓声を超える音量で場内に響いた。十発や二十発ではなかった。数えきれないほどの張り手だった。十二分三十六秒、マットに昏倒《こんとう》した市川の顔は腫《は》れ上がり、血まみれになっていた。結局歩くこともできず、担架で運ばれていった。明らかにプロレスではなかった。

いったいどうなるんだ――。

志村はこの二年前にフィンランドでヘルシンキ五輪の大舞台まで踏んでいた。それでも緊張してしまうほど会場は熱くなってきていた。

第八試合、いよいよ木村政彦と力道山のメーンだ。

進行係の人気司会者松井翠声《すいせい》がリングに上がってマイクを握り、「この試合はプロレス日本一を決定する日本選手権試合六十一分三本勝負であります」と、高い声を張り上げると、場内が沸いた。続いて酒井忠正コミッショナーが「日本選手権試合と認定する」と宣言すると、さらに会場は大歓声に包まれた。

赤コーナーから木村政彦が悠然と花道を歩いてきた。

あちこちから声援が上がるが、力道山ファンからのブーイングも大きい。明らかに力道山ファンの方が多かった。春のシャープ兄弟との十四連戦を機に、力道山は一気に国民的スターにのし上がっていた。

木村は、リングに掛けられた木製の階段を、一段、二段と、踏みしめるようにゆっくり昇って、若手レスラーがトップロープを肩でぐいっと上げたその間からリングに入った。背中に緋鯉《ひごい》が躍る紺色のガウンを着ていた。

「鬼の木村！」

柔道関係者の野太い声が上がった。

この後、力道山がなかなか出てこない。やっと花道の奥から力道山が現れると、客席がどっと沸いた。こうして客の気持ちをとらえることに、力道山は非常に長《た》けていた。

ひきつった顔で小走りにリングへの階段を駆け上がった力道山は、両手を挙げてぐるりと回り、歓声にこたえた。そしてすぐに両手を腰に当てたいつものポーズで足踏みしながら体を暖めだした。ガウンの背中には斜めに大きく〈力道山〉と染め抜いてあった。

子役俳優の松島トモ子と小畑やすし（共に九歳）がリングに上がってきて、松島が木村政彦に、小畑が力道山に、それぞれ花束を手渡した。

リングアナの阿久津直義が声を張り上げる。

「赤コーナー、二一二ポンド、木村政彦。青コーナー、二四五ポンド、力道山」

その声は大歓声にかき消された。

白いTシャツにチノパンのレフェリー・ハロルド登喜《とき》が両者の着衣をチェックし、軽快な動きで両手を広げて二人を分け、コーナーに戻るよう指示した。場内は大興奮に包まれた。

木村と力道山が下がりながらガウンを脱ぐ。

ゴング。

二人は前屈《まえかが》みになってリング中央まで走り寄り、左回りにリングを半周した。そして、なぜか、ともに照れ笑いを浮かべながら両手を上げて手四つに組み、すぐに頭を抱え合った。

よし。いつものプロレスだ……。

志村は胸をなで下ろして実況を続けた。

読売新聞の記者だった三好徹《みよしとおる》（現作家）は、築地の水炊《みずた》き料理屋で文部省記者クラブの忘年会に参加していた。朝毎読の三社が政治部・社会部・地方部から一人ずつの各三人、北海道新聞と中日新聞が各二人、ＮＨＫが一人、他に産経や日経もいた。全部で三十人弱か。

三好は戦中、旧制中学時代に授業で柔道をやっていたこともあり、この試合にかなり関心を持っていた。まだ二十代前半で記者として駆け出しだし、数年前に喀血《かっけつ》して酒も飲めないので、酒席が辛《つら》かった。だから、木村と力道山の試合が始まったらテレビのある応接間に行こうと思っていた。テレビのある店での忘年会は幸運だった。

試合が始まる頃、頼んでいた仲居がやって来て教えてくれた。他の記者たちもビールや日本酒の入ったコップを持って応接間に移動してきた。

春のシャープ兄弟戦以来、マスコミの間では「プロレスは八百長《やおちょう》か真剣勝負か」という話題で持ちきりだった。とくに全国紙やブロック紙には米国特派員帰りの記者たちがいて「プロレスはすべて八百長だ」と言っていたので、一般人より先に社内でこういった論争が起こっていた。

しかもこの試合は「真剣勝負で決着をつける」ということが売りになっていたので、この日も記者たちは、プロレスは本当のところ八百長なのか真剣勝負なのか、そしてこの試合は真剣勝負をやるのか、さらに真剣勝負ならどちらが勝つだろうとテレビの前で論争になった。

柔道経験のある記者が、木村政彦がいかに強いか、柔道時代にどれほどの実績を残しているのかを講釈した。木村は大相撲でいえば双葉山だが、一方の力道山はたかが関脇止まりだ、木村が負けるわけがないと。しかし相撲記者経験者は相撲取りのパワーがいかに凄《すご》いかを言って反駁《はんばく》した。

だが、試合が始まると、木村にも力道山にもまったく緊張感が見られなかった。

「おい、二人とも笑ってるじゃないか」

「なんだよ。やっぱり八百長だ」

何人かが座敷に戻っていった。三好も拍子抜けしてきた。

牛島孝子は、リングサイドの前から二列目、特別記者席に父の牛島辰熊と並んで座っていた。

木村と力道山の試合は淡々と進んでいた。

木村が家を出ていくときに「結果は決まっている」と言っていたのは、こういうことだったのだろうか……。孝子は父の横で少し安心しはじめていた。

しかし、十分も過ぎた頃だ。

突然、力道山が大声で何か叫び、木村に殴りかかった。そのまま右から左から木村を滅多打ちにしはじめた。孝子は声を失った。力道山が叩《たた》き続ける。大量の血が飛び散った。木村はなぜか反撃せず、殴られるままだ。木村が腰から崩れ落ちる。孝子たちが座るすぐ目の前のコーナーだった。

力道山が形相を変えて倒れた木村の顔を何度も蹴《け》り上げた。木村の首がガクンガクンと揺れ、また鮮血が飛び散る。

――やめて！

孝子は心の内で叫んだ。

木村が朦朧《もうろう》としながら四つん這《ば》いになって力道山の足を取ろうと手を伸ばした。力道山がその後頭部を渾身《こんしん》の力で踏みつけた。

——お願い、やめて！

孝子は泣いた。

木村がふらふらと立ち上がりロープにもたれかかった。すぐに力道山がまた殴りかかった。リングサイドに血が飛び散る。力道山が殴った。血が飛ぶ。また殴った。木村が人形のように俯《うつぶ》せにマットに倒れて動かなくなった。孝子が息を詰めたその瞬間、隣に座る辰熊が大声を上げた。

「木村っ！」

辰熊は抱えていたマントをリング上にバッと放り投げ、立ち上がった。そして前の人たちをかきわけて、急ぎリングサイドへ走っていった。

倒れた木村に辰熊が必死に何か語りかけている。しかし木村はまったく動かない。もうだめだ……木村さんが死んじゃう……木村さんが死んじゃう……木村さんが死んじゃう……。孝子は顔を覆《おお》って泣きじゃくった。

第2章　熊本の怪童

砂利採り人夫《にんぷ》の家に生まれて

木村政彦の生家は、熊本を流れる緑川《みどりがわ》と加勢川《かせがわ》という大きな川からそれぞれ一五〇メートルほどのちょうど真ん中あたりにあり、家の一〇メートル横には加勢川の運河を利用した貯木場があって、大量の材木が常時ゆらゆらと浮いていた。ここは家具職人の町でもあり、その材料が上流から運ばれてきて置いてあったのだ。

この加勢川で、父泰蔵《たいぞう》は砂利採《と》りを生業《なりわい》にしていた。界隈《かいわい》には六つの仲買業者があり、それぞれ多くの砂利採り人夫を抱えていた。泰蔵もその人夫の一人で、この地方では貧乏人の代名詞として蔑《さげす》まれる最下層の家柄だった。

収入は、川舟一杯の砂利を採っての日収一円だけだった。

この稼ぎではとても家族を養えず、木村少年も、小学校に上がる頃には土曜の午後と日曜、そして夏休みや冬休みには毎日この砂利採りを手伝わされるようになった。蔑まれる職業ゆえ、砂利採りをしている姿を見られるのが子供心に恥ずかしく、木村は手ぬぐいで顔を隠しながらやっていた。

単純な作業だ。

腰まで川に浸《つ》かり、ザルで川底をさらって持ち上げては、水の中でふるって砂利だけを川舟に上げる。川だから当然流れがあり、腰がしっかりしていないと砂利を抱えたまま流されてしまう。この砂利採りを朝の四時から夕方六時まで十四時間、延々と続けた。とてつもない重労働だったが、これくらいやらねば木村家は食えなかったのである。

舟が一杯になると、櫓《ろ》をこいで砂利集積所へ行き、大きな箱に砂利を詰めては階段を上がり、トラックに積み込んでいく。この砂利上げ作業もまた延々と続く。

両脇《りょうわき》を締めてしっかり腹に引き付けないと箱は持ち上げられない。この砂利上げによって柔道に最も大切な脇を締める力も身に着けた。

木村の腰と腕力は目に見えて強くなる。

はじめは木村用に小さな砂利上げ箱を作ってもらっていたが、そのうち大人と同じサイズの箱を扱えるようになり、ついには大人が扱う物よりも大きな専用の箱を作ってもらった。

砂利採りと砂利上げで鍛えた体で草相撲の大関を張っていた木村の父は、そんな息子を目を細めながら見て、まわりの者たちに自慢した。

組技系格闘技（グラップリング）の天才には腰を強くした少年時代の伝説がつきものだが、木村の場合、それはこの砂利採りと砂利上げ作業だ。父泰蔵を手伝って少年時代からこなしたこの仕事が、後の不敗の柔道家木村政彦を成さしめた。それは、双葉《ふたば》山《やま》が伊予灘《いよなだ》で櫓《ろ》を操って二枚腰を練り上げ、初代若乃花が室蘭港の沖仲仕《おきなかし》をして強靱《きょうじん》な下半身を作り、千代の富士がイカ漁を手伝って磯舟《いそぶね》を操るうちに柔軟な足腰を養ったのと同じである。

当時の加勢川の水はあくまで清く透明で、仕事中、疲れると水面に口をつけてそのまますすれるほどだった。もちろんこの水は酒にもよく、一帯には酒蔵が多くあり、木村家の近くには熊本で最も早く発売された清酒「瑞鷹《ずいよう》」の酒蔵（慶応三年創業）がある。

父泰蔵は酒好きだったが、普段の晩酌は一合と決まっており、一升二十銭の低級酒を飲んでいた。日収一円では、これ以上の贅沢《ぜいたく》はできなかったのである。

川舟一杯に砂利を積むのは、父一人では一日一杯が限度だった。だが、木村が手伝う日は川舟二杯分の砂利を売ることができ、晩酌が二合に増えた。木村は父の喜ぶ顔が見たくて仕事を手伝った。木村はそんな一面も持つ少年だった。そのうち、平日も学校が終わると手伝うようになる。木村の腕力はますます強くなっていく。

加勢川の水源は熊本のシンボル阿蘇山である。

阿蘇のカルデラは三十万年前から四度の大噴火を繰り返して現在のような形となった。

そのなかでも最も大きな噴火は八万六〇〇〇年前のものだ。天地を揺るがす轟音《ごうおん》とともに噴き出したマグマは、火砕流となって瞬《また》く間に九州全土を覆《おお》いつくし、海を越えて遠く山口県まで達した。そして舞い上がった火山灰は北海道や朝鮮半島にまで降ったというから、いかに巨大な噴火だったかわかる。

たいていの火山は、麓《ふもと》に大量の地下水を貯《た》め込んでいるが、東西一八キロ、南北二五キロもある巨大な阿蘇のカルデラは、その量も膨大だ。今でも熊本市民七十万人の飲料水は、すべて地下水だけで賄《まかな》われているほどである。カルデラのまわりには伏流水がこんこんと湧《わ》き出し、それが寄り集まって小さな流れをつくり、さらにそれが集まって大きな川となる。その流れのひとつ加勢川が、天才柔道家木村政彦を産み落とした。

木村は、阿蘇の大噴火が生んだ奇跡の柔道家だった。

東京でも大阪でも名古屋でもなく阿蘇のふもと熊本に木村が生まれたのも奇跡、極貧の砂利採り人夫の息子に生まれたのも奇跡、この時代に生まれたというのも奇跡だ。戦後は大型機械で川底の砂利をさらうようになって水深が深くなり、砂利採り人夫は消えていったのだから。


木村政彦は、大正六年（一九一七）九月十日、熊本県飽託《ほうたく》郡川尻《かわしり》町四四四番地（現在の熊本市南区川尻六丁目）で生まれた。この年、国内では、沢村栄治、小佐野賢治、柴田錬三郎が、アメリカではジョン・F・ケネディが、インドではインディラ・ガンジーが誕生している。二度のロシア革命を経て史上初の社会主義国家誕生への巨大なウエーブがおこった年でもあった。

木村の生家は、中古で買った廃屋と見紛《みまが》うほどのボロ屋だった。川尻駅から歩いて十五分、かつてのいわゆる薩摩《さつま》街道に面しており、まっすぐ行くと宇土《うど》駅前に出た。父の泰蔵と母ミキの間には四人の子供がおり、姉タツが八歳上、兄清人が三歳上、政彦は末っ子である。長男は早くに亡《な》くなった。

水の豊かな土地なので、木村が子供の頃はあたりは水田だらけだった。そのことは夏目漱石の詠《よ》んだ次の句でもわかる。
《大慈寺の山門長き青田かな》
漱石は明治二十九年から約四年間、五高《ごこう》（旧制第五高等学校、現在の熊本大学の前身）に赴任していた。《大慈寺》とは木村家から歩いて数分の名刹大慈禅寺《めいさつだいじぜんじ》で、木村家の菩提寺《ぼだいじ》にもなっている。弘安《こうあん》元年（一二七八）、道元の高弟寒巌《かんがん》によって開山された伝統ある禅寺で、曹洞宗《そうとうしゅう》の九州の本山である。この大慈禅寺の境内と加勢川・緑川の河原が木村少年たちの遊び場だった。

熊本では投網《とあみ》のことを投げ網というが、木村はこれが大好きで、砂利採りの仕事が終わるといつも魚を獲《と》っていた。貧しい木村家の夕餉《ゆうげ》には、その木村の獲った魚が並んだ。

木村は砂利採りと砂利上げで鍛えた強靱《きょうじん》な腰と腕力で、小学生時代から相撲をやっても喧嘩《けんか》をやっても負け知らずとなっていく。四年生のときには、喧嘩で六年生五人を相手にして全員倒してしまったこともある。

この四年生時に木村の運命を変える出来事があった。掃除中に教壇に乗って同級生たちにカゴのように担《かつ》がせているところを担任教師の田川に見つかって殴り倒され、引きずり上げられて足払いで床に這《は》わされたのである。

何度も何度も繰り返し殴られ、そして投げられた。やりかえそうと向かっていってもどうにもならなかった。田川は師範学校時代に柔道の経験があった。級友たちの前で恥をかかされ、ガキ大将だった木村のプライドはずたずたになった。

木村は田川に復讐《ふくしゅう》するために柔術の町道場に通いだす。

竹内三統流《たけのうちさんとうりゅう》の道場に入門

ここで混乱する読者もいるだろう。

教師の田川は柔道の経験者だった。木村政彦が習い始めたのは柔術である。柔道と柔術とどこが違うのか。

一言で済ませてしまえば、同じものである。

いまオリンピックスポーツとして世界中で行われている柔道とは、すなわち明治十五年（一八八二）に嘉納治五郎《かのうじごろう》が開いた講道館《こうどうかん》という名の新興柔術流派のひとつの町道場にすぎない。

正式名を日本伝《にほんでん》講道館柔道、一般に講道館柔道と呼ばれている。

現在の日本で単に「柔術」と書けば、それは第一回UFC（一九九三年）でグレイシー柔術が登場後に日本でも普及し続けているブラジリアン柔術のことを指すので、本書ではそれと区別するために古来から日本にあり木村も修行した柔術のことは、以後「古流柔術《こりゅう》」と書いて区別する。

夢枕獏《ゆめまくらばく》の格闘技大河小説『東天《とうてん》の獅子《しし》』では、講道館柔道草創期のことを〝嘉納流柔術〟と記述しているが、当時そう呼ぶ者は多かったし、この言葉ほど講道館柔道とは何かということを端的に表すにわかりやすいものはないであろう。

嘉納が「道」という名を用いたのは、あくまでそれまでの古流柔術流派と差別化をはかるためのＣＩ（コーポレート・アイデンティティ）であった。伊奈製陶が衛生陶器製造のイメージを払拭《ふっしょく》するためにＩＮＡＸに、大洋漁業が漁業という古い名を消すためにマルハに社名を変更したのと何ら変わらない。

このＣＩに大成功をおさめ、他の古流柔術流派を抑えて巨大化し、世界に広がったのが講道館柔道だ。また「道」の名は嘉納の発明ではなく、実際には起倒流《きとうりゅう》柔道などいくつかの古流が柔道を名乗っていた事実もあまり知られていない。

これらの私の言葉に、富田常雄《つねお》の小説『姿三四郎《すがたさんしろう》』やそれを映画化した黒澤明監督の作品を知る年配の読者たちのなかには違和感を感じる人もいるかもしれない。あの物語では古流柔術流派は腕力だけで蛮勇を振るう悪者、つまり〝悪い柔《やわら》〟として描かれ、講道館柔道（小説のなかでは紘道館《こうどうかん》）は古来からあった柔術という「術」に「道《みち》」

という心の概念を付与していった〝正しい柔《やわら》〟とされているからだ。しかしあの小説は、ある意味で講道館のPR本である。あの物語に引きずられていると、本物の柔道史を見誤る。

作者の富田常雄は嘉納治五郎の最初の弟子富田常次郎《つねじろう》の息子であり、自身も講道館の門弟であった。主人公の姿三四郎のモデルは西郷四郎、その師匠矢野正五郎のモデルが嘉納治五郎だ。

講道館草創期、四天王《してんのう》と呼ばれる嘉納の弟子がいた。この姿三四郎のモデル西郷四郎と、富田常次郎、横山作次郎《さくじろう》、山下義韶の四人である。このなかで、とくに西郷と横山が強く、警視庁指南役を選ぶ際などの歴史的な大試合で古流柔術諸流派を次々に破り、日本を講道館柔道一色に塗り替えていくというのが『姿三四郎』のストーリーであり、また実際に本名で講道館柔道正史に残されているストーリーでもある。

ところが、実はこの四天王のうち三人は古流柔術出身なのである。

西郷は天神真楊流《てんじんしんようりゅう》柔術、横山は天神真楊流柔術と起倒流、富田も天神真楊流を学んでいた。つまりすでに完成した有望選手を嘉納が引き抜いたのだ。残るもう一人の山下義韶も小田原藩の武芸指南役の家系に生まれた人物である。この「武芸」と古流柔術の境目も曖昧《あいまい》なので、四天王全員が古流出身だといってもいい。

嘉納治五郎は古流出身者を引き抜いて古流との試合に勝ったのである。

いや、実は古流柔術を試合で圧倒したという正史《せいし》も実は間違っている。なにしろ当時の古流柔術はそれぞれ独自の得意ジャンルを持っており、当て身を得意とする流派もあれば、寝技を最大の武器とする流派もあった。講道館は古流との試合で、これら当て身や寝技を制限したルールを使って結果を優位に導いたし、また敗北した試合については活字に残していなかったりもしている。

だから、いま語られる講道館柔道正史は、かなり歪《ゆが》んでいるのだ。

講道館は巨大化するうちに、組織として歴史に勝ったのだ。活字としてさまざまなものを残すうち、歴史に勝ったのだ。これを見誤ってはならない。

社会学者の井上俊《しゅん》（大阪大学名誉教授、京都大学柔道部ＯＢ）は、その著書『武道の誕生』の中で《（嘉納は）柔道について倦《う》まず弛《たゆ》まず語り続けた「言説の人」でもあり、その精力的な言論活動を通して、もはや武士階級の存在しない近代社会における柔道の存在意義を確立することに成功した》と言い、古流柔術を抑え講道館が最終的に一人勝ちした理由を《（対古流柔術の）実戦の勝利というよりもむしろ「言説の勝利」であった》と断言している。

まだ雑誌媒体などほとんどない時代、東京開成学校（後の東京帝大、現在の東京大学の前身）出身のインテリ嘉納は講道館機関誌をつくって精力的に自身の考えを発表していた。

そのなかから生まれたのが「道」という概念である。

嘉納は、大量に残した活字のなかでこの「道」について多くの意味を付与している。たとえば、柔道をやる目的は「己を完成し世を補益すること」だと。

しかし、嘉納は最初からこれらを目的として講道館を起ち上《た》げたわけではない。若い頃は好戦的で激しい性格だった。もともとは、古流柔術が廃《すた》れゆくのを嘆き、実戦的武術を残していかねばという思いで講道館を興《おこ》したのである。意味づけはその後にされていったのだ。

二十代の若さで新しい柔術流派を興した嘉納が、三十代、四十代、五十代となり、弟子たちとともに成長していくなかで悩み思索するうちに言葉として昇華されていったのが、残された言葉の数々なのである。

私がここであえて古流柔術と講道館柔道に関して詳しく言及するのは、木村政彦の人生が講道館の正史と外れたものであり、しかし史上最強の名のもとに、講道館の歴史を背負ってしまっているからである。それが木村の最大の悲劇であった。

木村が古流柔術を習いだした小学校四年生の頃の話に戻す。

当時、熊本市内には、江口道場（扱心流《きゅうしんりゅう》）、矢野道場（竹内三統流《たけのうちさんとうりゅう》）、星野道場（四天流《してんりゅう》）の有名な古流柔術三流派があったが、木村の家から通うにはどこも遠すぎたので、川尻小学校前の昭道館《しょうどうかん》という道場に入門することになった。

熊本では、頑固で気骨ある気性を持った男のことを「肥後《ひご》もっこす」と言う。木村はまちがいなく肥後もっこすだった。柔道を始めてからはどんな怪我《けが》をしても一日も休まず稽古《けいこ》に参加したが、その理由が「一日休むと田川先生に復讐《ふくしゅう》するのが一日遅れる」というものだったのだから、小学生とは思えぬ執念である。

母は怪我を心配して止めたが、父は息子が柔道をやりたいというのをひどく喜んだ。当時の九州では武道をやっていないと一人前とは認められないような風があった。

木村が通った昭道館の道場主は、もともと前述の竹内三統流矢野道場の師範代格だった木村又蔵《またぞう》である。

この又蔵はかなり癖のある人物で、大正七年（一九一八、木村政彦が生まれた翌年にあたる）に熊本市練兵町で行われた柔拳《じゅうけん》興行（柔道家ないし柔術家とボクサーを戦わせる興行）に飛び入り参加してボクサーを投げ殺している。もっとも、ボクサーは頭を打ったわけではなく、会場が狭かったため、肩車で投げられたときに積んであった机が落ちてきて肋骨《ろっこつ》を骨折し、その骨が心臓を貫いたらしい。又蔵はこれによって矢野道場を破門され、さらに地元ヤクザとの揉《も》め事もあって上京、講道館などにも通って稽古を積んだ。

又蔵が熊本に戻ったのは昭和のはじめである。すぐに幾人かの支援を得、十二畳の道場と、併設した接骨院を開いた。当時の昭道館道場の写真を見ると、その看板には、「柔道」ではなく、はっきりと「竹内三統流柔術」と書いてある。木村政彦が最初に修行したのは、間違いなく講道館柔道ではなく古流柔術であった。

木村は自伝でこう書いて、又蔵の柔道スタイルをあまり評価していない。

《この先生の柔道は、いわゆるごまかしの柔道だった。あっちに技をかけるとみせて、こっちにかけるという柔道で、手の内がわかるともうかからないのである》（『鬼の柔道』）

ただ、木村は自身が史上最強の柔道家になってから振り返ってこう書いているのであって、額面通りに読んだら又蔵が可哀相《かわいそう》かもしれない。

技術的なものはともかく、ガキ大将だった木村に、破天荒な又蔵の気性は合わないわけではなかったようだ。木村が小学校六年生になった頃、一緒になってこんな無茶なことをやっている。

ある日、又蔵の小学校一年生の長男武則が加勢川で遊んでいる最中に溺《おぼ》れたのを知って、又蔵が特訓をほどこすことにした。日曜日、又蔵は砂利採りをしている木村のところにやってきて、川上三〇メートルのところで武則を放り込むから網で掬《すく》ってくれと頼んだ。木村は浮きつ沈みつ溺れながら流されてくる武則を、網で掬っては河原に引き上げた。同じことを三回繰り返し、又蔵は蒼《あお》ざめて震えている武則を背負って、礼を言いながら帰っていった。これを、武則が泳ぎを覚えるまで毎週続けたという。

又蔵も又蔵だが、木村も木村である。

鎮西《ちんぜい》中からのスカウト

小学校六年を卒《お》えると、木村は尋常高等小学校に進む。当時は五年制の旧制中学に進む道のほかに、この二年制の高等小学校があった。

高等小学校二年のとき木村に転機が訪れた。昭和六年（一九三一）のことである。熊本で開かれた九州日日《にちにち》新聞社主催の全九州相撲大会で、木村は圧倒的な強さでトーナメントを勝ち上がり、決勝で他県代表を得意の大外刈《おおそとが》りで叩《たた》きつけた。結局、木村の勇み足があったとして準優勝に終わる。さらにこの年の秋、旧制鎮西中学（現在の鎮西高校）が主催した熊本県児童相撲大会でも木村は優勝した。この二つの大会を見ていた鎮西中の柔道教師小川信雄が木村をスカウトしたのだ。

「鎮西の柔道部に入ってみらんね」

木村も柔道をもっと本格的にやってみたいと思っていた。行きたかった。

しかし木村家は紛糾する。

金がないのである。当時は旧制中学への進学率は二割を切っていた。まして片田舎のことだ。進学者は一割もいなかっただろう。砂利採り人夫の三男坊が行けるようなところではない。極貧だった。どこをどうひっくり返しても授業料は出ない。小学校時代に成績のよかった兄の清人は、働きながら定時制に通っていた。木村も働きながらなら可能性もあったが、定時制に行けば時間的に柔道はできない。兄の清人が提案した。

「俺が仕事っさん行く前に新聞配達ばして政彦の授業料稼ぐたい。そのかわっ、頑張って柔道強ならなんぞ」

この兄の一言で木村は鎮西中に入ることになった。はじめは四月から一年生として入学という話だったが、そうすると二年遅れることになる。木村はこれを嫌がった。学校側の配慮で、結局、昭和七年四月に二年生に編入し、遅れは一年だけとなった。

　ここから木村の快進撃が始まる。

　一級（茶帯）だった木村は、入学後すぐに熊本武徳殿《ぶとくでん》の紅白戦で五人抜きをし、即日昇段で武徳会《ぶとくかい》（後に詳述）の初段を取った。柔道の段位は戦後乱発されてその価値を下げていくが、この頃は初段になれば柔道教師として通用した時代である。現在なら三段から四段に相当するだろうか。二段には、三年生になったばかりの四月、やはり熊本武徳殿の紅白戦に紅組大将で出て白組の残っていたメンバー四人をすべて抜き去って昇段した。

　三段審査はその一カ月後の五月に京都武徳会本部で受けた。

　小川教諭引率の下、船山辰幸《ふなやまたつゆき》、甲斐利之《かいとしゆき》とともに上洛《じょうらく》する。実技は難なく勝利したが、ペーパー試験が課されていた。配られた問題を見てもどれひとつわからない。試験時間が終わる頃、木村がそっと後ろを振り返ると、大人の受験者が答案にびっしりと文字を埋めていた。木村はその答案を奪い取って、自分の白紙の答案を渡し、名前を書き直した。

　そして木村はさっさと立ち上がり、答案を提出して外へ逃げた。試験時間が終わると、外で合格発表を待っていた木村のところにその大人が走ってきた。

「どういうつもりだ！」

木村は三段に昇段したが、その大人は落ちてしまった。四段昇段は四年生の六月だ。佐賀武徳殿の紅白戦に参加し、三段四人と四段六人、大将まで合わせて十人をすべて抜ききって抜群《ばつぐん》昇段（抜群の成績を残した者だけに許される即日昇段のこと）した。中学四年で四段というのは当時他におらず、鎮西中の木村の名は一気に中央まで轟《とどろ》くようになる。

三年になった頃にはすでに団体戦で大将に座っていた。

当時の旧制中学の団体戦は、ほとんどが五人の抜き勝負だった。

抜き勝負とは、点取り試合が一対一で戦っては次の選手同士がまた戦い、その勝点（例えば三対二など）で勝利校を決める方式であるのと違い、勝った者がそのまま残って相手校の次の選手と戦い、相手校の残り選手がいなくなってしまった段階でそのチームの勝利が決まる。たとえば先鋒《せんぽう》（一番目に出る選手を柔道の団体戦ではこう呼ぶ。次に出る選手は次鋒《じほう》、真ん中に出る選手が中堅、後ろから二番目が副将、一番最後に置かれるのが大将）が相手校の五人をすべて抜けば（抜き勝負で勝つことを「抜く」という）、勝利校は一人しか戦わなくていいことになる。柔道の団体戦の魅力は点取り試合よりもこの抜き勝負にあるとするオールドファンも多く、現在でも西日本新聞社主催の高校生大会「金鷲旗《きんしゅうき》」などはこの試合法で行っており、強豪選手が相手校の選手をゴボウ抜きするときに大いに盛り上がる。

この抜き勝負ではオーダーの妙が勝敗を決するため、戦力的に不安がある場合、そのチームは一番弱い選手を大将に置き、一番強い選手を副将に置いて一人残しで勝つ作戦を考えたりもするが、戦力充実のチームは大将に一番強い選手を置く。木村政彦は九州ナンバーワンの鎮西中の大将だった。つまり九州の中学生で一番強かった。修猷館《しゅうゆうかん》、嘉穂《かほ》中、鹿児島商（すべて旧制）などの強豪校が群雄割拠する九州は全国で最もレベルの高い地域だったので、木村がすでに全国の中学生最強であることは誰もが認めるところだった。

木村が四年生時の七月には京都武徳殿で開かれた青年演武大会中学校の部で、船山辰幸、甲斐利之、木村久次郎、飯田雷海を従えて鎮西史上最強チームを結成し優勝している。だが、実はこの大会で木村は一度も戦っていない。大将に座る木村のところにくる前にチームが勝ってしまうのである。とくに副将に座る船山辰幸は気が強く、「鎮西は木村だけではない」と何人残っていても抜き去ってしまった。このチームの力は図抜けていた。

しかし、この頃の木村には課題もあった。寝技である。

三年生時の帝大《ていだい》柔道連盟（後に詳述）主催の全国中等学校大会で、京一商（旧制、現在の西京高校）とあたり、京一商が鎮西の立技に付き合わずに双手《もろて》刈《が》り（タックル）からの徹底的な寝技戦法にきて、鎮西の四人が次々と抜かれ、相手の中堅以降三人を残してこちらは大将木村一人で対することになった。一人をなんとか抜いたが、二人目に徹底的に寝技で粘られて、一人残しで敗れる。

この大会は高専《こうせん》柔道大会（後に詳述）と同じく寝技への引き込みが許され、さらに膠着《こうちゃく》状態での「待て」がなかった。高専大会は帝大柔道連盟が主催していたが、その参加校である旧制高校が有望な選手に唾《つば》をつけるために近隣の旧制中学を集めて大会を開いていたので、高専柔道の寝技技術は、いま私たちが考えるより以上に広まっていた。

この一戦を契機に、木村は高専大会で上位に食い込む旧制五高（現在の熊本大学）への出《で》稽古《げいこ》を増やして徹底的に寝技を強化し、とくに京一商のように寝技への引き込みやタックルにくる相手に対する研究を繰り返した。これによって生み出した技が、現在でも総合格闘技の世界でよく使われている立ち姿勢（スタンディングポジション）からの数々の腕緘《うでがら》みである。八十年も前に中学生の木村が開発した技が、今も世界最先端の格闘技界で使われているのだ。木村の天才性がわかる。

次の年、つまり木村が四年生時の帝大柔道連盟主催の全国中等学校大会決勝で、鎮西中は再び京一商と相見《あいまみ》えた。

そして京一商勢に次々と寝技で抜かれ、またしても相手方を三人残して大将木村が引っ張り出される。しかし今度は、木村は一年間練った寝技対策で京一商の中堅と副将を相手の引き込みに合わせた大内刈りで一本勝ち、そして大将がタックルに来たところを潰《つぶ》してそのまま腕緘みに極《き》めた（関節技や絞め技できめたとき、柔道などの格闘技では「決める」ではなく「極める」の字をあてる）。

〝必殺技〟腕緘《うでがら》みの完成

このあたりの腕緘み開発のいきさつを木村は後にこう書いている。

《岡山の津山中学とか特に常勝の京一商などがそうであったが、立ち会いに襟をとらせず、いきなり股《また》の間で猛烈にタックルしてきて尻《しり》もちをつかせ、ジリジリ縦四方などで抑えに来る。私が三年のときは一人二人抜いたあと、京一商の副将に私が引き分けられて優勝を逸したと記憶する。そこでこれに対抗して、できるだけ体力を消耗せずに勝つ方法として、腕緘みを研究・錬磨したのである。

相手がタックルで来るとき、左足を一歩下げて倒れぬようにしつつ、わが右足をとりに来るその左手首を右手で握り、左手を上からこじ入れてわが右手首を握り、後へ引き上げる。あるいは、同じくタックルにきた相手がこちらの足をとれぬため「亀《かめ》」の状態になって、それから起きようとする。そのとき相手はどうしても手を畳につく。腕が直線的に伸びる。その一瞬に、やはり右手で相手の左手首を握って、腕緘みに入るのである》（『高専柔道と私』）

平成二十一年（二〇〇九）、ＩＪＦ（国際柔道連盟）はこのタックルの他、相手の下半身を直接攻撃する技、すなわち朽《く》ち木倒《きたお》しやすくい投げなども実質的に禁止した。さらに数カ月後、今度は相撲のように相手の上半身に抱きついて倒しにいくこと、つまり胴タックルまで制限する。

講道館はこれらＩＪＦの動きに追従し、ＩＪＦルールより禁止事項の少ない講道館ルールで行っていた全日本柔道選手権にもＩＪＦルールを採用することを決定した。今回のＩＪＦによるタックルの禁止は、相手の襟と袖《そで》を持って技を掛け合うものこそ柔道とする考えからきたものだが、本質は「テレビ映えする」のを目的とした、つまり五輪や世界大会でスポンサーがつくために観戦する側が美しく感じる背負投げや内股《うちまた》などが決まりやすいようにするルール改正である。

しかし、これは格闘技としては異常事態である。

このルール改正問題が浮上した頃、私は東大の松原隆一郎《りゅういちろう》教授（社会経済学者）と

『ゴング格闘技』誌上で対談したことがある。

松原教授は言った。

「レスリングJUDOと言われるものがいけないという意見がありますが、実戦性を考えると、レスラーともし町中で喧嘩《けんか》になった時に『お願いだからタックルはしないでくれ』とは言えない」

松原教授は、自身、極真空手から派生した投技や寝技も許された着衣の総合格闘技である大道塾《だいどうじゅく》「空道《くうどう》」（東孝《あずまたかし》主宰）の競技者（ビジネスマンクラス師範代）であるからこそ、こうして正鵠《せいこく》を射ることができるのだ。理論派として知られる筑波大学の山口香准教授《じゅんきょうじゅ》（ソウル五輪柔道女子五二キロ級銅メダリスト）も「競技として危険だからその技を禁ずるという理由ならわかるんです。でも今回のタックル禁止は見栄《みば》えをよくするため。こういうことがあると、今後も次々と技が減らされていくことを危惧《きぐ》するんです」と私との『月刊秘伝』誌上での対談で語った（さらに平成二十五年からは返し技も含め相手の帯から下に手や腕を使う行為はすべて反則負けとなった）。

ある格闘技で新しい戦法ができたら、それに対する技術が開発され、技術合戦のせめぎ合いのなかでその格闘技の技術水準が上がっていくのである。実際、柔道もそのような経緯のなかで打撃なしの着衣格闘技としては最高度の発達を遂げてきた。

いま木村政彦が生きていてタックルが禁止された柔道を見たら大いに嘆くだろう。講道館の開祖嘉納治五郎も、ますます護身性の低くなっていく今の柔道を見たらどう思うか想像に難くない。

木村政彦は鎮西中の練習だけではものたりず、こうして五高や警察に出稽古《でげいこ》に行って年長者と稽古していた。町道場も又蔵の昭道館から川北道場に移った。川北道場の方が大人の修行者が多かったからだ。

拓大予科に入学後、一日十時間を超える伝説の練習をするようになるが、この中学当時でも木村の練習量は五時間はあった。十代前半の少年が、無理強いされたわけでもなく長時間のきつい練習に打ち込むモチベーションは何だったのだろうか。さすがに小学校四年生のときの担任田川先生への復讐心《ふくしゅうしん》は消えていただろうが、強さに対する渇きが、常人とは違うレベルにあったのだろう。

鎮西中時代の木村が、すでにどれほどの練習量をこなしていたのか、エピソードをひとつ紹介しよう。

二段昇段時の紅白戦で熊本武徳殿へ行った際、鎮西中顧問の小川信雄教諭に会った。小川は木村の道衣が濡《ぬ》れているのでどうしたのかと聞いた。木村が「警察の道場で二時間ほど稽古してきました」と言うと、小川が驚いて「体力を消耗するから試合前に練習するな」と注意した。しかし前述のようにこの武徳殿での紅白戦では四人を抜き切って抜群で二段に昇段している。

このとき木村はすでにして、どんなに疲れていても絶対に負けない自信を持っていた。誰とやっても勝つ自信を持っていた。その自信は誰よりも多い練習量にあった。

柔道だけではない。喧嘩もずいぶんやって、そのすべてに勝っている。素手だけではなく刃物との喧嘩も二度とも制している。

木村がまだ鎮西中二年生に編入して二カ月ほどのことである。柔道部の同級生飯田と喧嘩をした。飯田は木村が鎮西中に編入するまでは二年生部員の実力ナンバーワンだったが、木村の入部で格落ちし、機嫌を損ねていた。その飯田が二学期の全校大掃除の日に「木村、ちっと面《つら》ば貸せ」と教室まで呼びに来た。

木村は「喧嘩だな」とすぐにわかった。

飯田は校庭の隅の物置に入っていった。その中には地下室もあった。

「ぬしゃ生意気だ。いっぺん食らわすぞ」

飯田が振り向きざまに殴《つ》りかかってきた。木村はその拳《こぶし》を避け、肘関節《ひじかんせつ》を極《き》めて飯田の上半身を階段から吊り下げた。

「悪かった」

飯田が謝ったので、木村は技をといて外に出ようとした。そのとき飯田がポケットからジャックナイフを出して木村に切りかかった。木村の左腿《ひだりもも》に刺さった。血がズボンを濡らした。

飯田が走って逃げ出した。木村は追った。興奮で痛みはさほど感じないが、少しずつ下半身の力が抜けてきて走れなくなった。しかたなく途中の病院に入った。

「こんな傷のまま走ってきたのか」

医者は驚いて止血し、包帯を巻いてくれた。傷はかなり深かった。

「動いたらまた出血して死んでしまうぞ」

医者はそう言って、「どうしてこんな怪我《けが》をしたんだ」と聞いた。木村は曖昧《あいまい》に答えて病院を出、執念で歩き続け、飯田の家まで辿《たど》り着いた。怖《おそ》ろしい負けず嫌いであった。飯田の両親が驚いて木村を家に上げてくれた。飯田は家の中で寝ていた。手に包帯が巻いてある。

「許してはいよ」

飯田は素直に謝った。

「ぬしばナイフで刺したとき、手ん滑って、指切っちしもうた。ぬしが腿は鉄んごたっけん、ナイフ跳ね返されちしもうた」

飯田の傷は木村以上に酷《ひど》く、しばらく学校を休み、そのまま学校を辞めることになった。

木村のもうひとつの刃物との戦いは熊本商業のKという生徒とのものである。当時熊本県下の中学を喧嘩で制圧していたKは、柔道で名前が聞こえだした木村が気に入らず、短刀を手に付け狙《ねら》いだした。

三年生のある日、木村が熊本武徳殿への出稽古を終えて帰る途中、目の前にそのKが現れ、短刀を抜いた。木村は初対面だが、すぐにKだとわかった。短刀を手に突っ込んでくるKをかわし、体落としで叩《たた》きつけ、右腕をねじ上げた。

「わしゃKじゃ。参った。おまえは強い」

これ以来、木村に喧嘩を売ってくる者はいなくなった。柔道でも喧嘩でも、木村の前に立ちはだかる敵はいなかった。

熊本の怪童。

柔道の天才児。

ありとあらゆる賛辞がおくられた。木村は肩で風を切って熊本の街を闊歩《かっぽ》していた。

上級生となり、鎮西中学を大将として率い団体戦日本一に導いて優勝旗を持つ木村政彦。16歳くらいの頃。「熊本の怪童」として全国に名を轟かせ、すでに敵なしだった。しかし、「柔道は中学まで」という家族との約束があり、中学を卒業したら、貧しい家計を助けるため柔道をやめて父の砂利採りの仕事を継ぐことになっていた。(写真提供＝木村家遺族)

第3章　鬼の牛島辰熊《うしじまたつくま》

師弟の邂逅《かいこう》

昭和九年（一九三四）初夏。

拓殖大学柔道部師範の牛島辰熊は、熊本の母校鎮西中学にスカウトに出向いた。目的は、もちろん怪物木村政彦である。

中学四年で四段という驚異的なスピード昇段記録を作った木村を、そのまま中学四年修了で引っ張ろうと、すでに全国の学校がスカウト合戦を繰り広げていた。当時の旧制中学は五年制だったが、単位さえ取得すれば四年で卒業できたのだ。

牛島は木村の鎮西中入学時からその才能に惚《ほ》れ込み、帰省のたびに稽古《けいこ》をつけていた。他の学校に横取りされるわけにはいかない。今回のスカウトで絶対に木村を肯《うなず》かせねばならない。牛島には、どうしても木村が欲しい理由があった。

久しぶりに見る木村は、さらに力を伸ばし、腰の強靱《きょうじん》さに磨きがかかっていた。五高に通って磨いた寝技もずいぶん伸びていた。

稽古が終わると、牛島はいつものように訓話を始めた。

牛島を見る生徒たちの眼差《まなざ》しには憧《あこが》れの色があった。牛島はこの年五月の天覧試合こそ病気のため敗退したが、明治神宮大会を三連覇、さらに全日本選士権も二連覇し、日本一に五度ついている柔道界のスーパースターだった。

帰る道すがら、牛島の頭は木村のことで一杯になっていた。

ついに翌日まで我慢できず、その日の夜、川尻駅から道を尋ねながら木村家を訪ねた。急なことで、木村親子は面食らっていた。

「遅い時間にすいません」

六畳ほどの居間に上げてもらった。

牛島はあらためて頭を下げ、「私に政彦君を預けてくれませんか」とストレートに切り出した。正座した木村少年は頭を垂れたまま横目で両親を窺《うかが》っている。

両親がそろって溜息《ためいき》をつく。

「誘ってくんなっとは嬉《うれ》しかばってん……」

すでに早稲田、慶応、明治など、官立以外の全国のほとんどの大学がスカウトにきていた。そして入学金も授業料も免除すると言っていたが、木村家は貧しすぎた。両親は牛島に言った。できれば進学させてやりたいが、金銭的なことを考えるととても無理です、と。授業料が免除されても、下宿代はもちろん食費すら仕送りできないのだ。鎮西中学の学費でさえ兄が新聞配達をして払っていた。政彦本人も柔道は中学まででやめることを承知しているという。

牛島は畳に手をついた。

「そぎゃんこつは気にせんでください。私の家から通えばいいんですから。飯も食べさせますし、小遣い銭も渡します。彼は柔道界の至宝です。柔道を続けさせてやってください。私に預けて頂ければ、政彦君ば必ずや日本一の柔道家にします」

木村の目が輝いた。

鬼の師弟誕生の瞬間である。

このとき牛島が三十歳、木村が十六歳だった。

今では、柔道の鬼というとたいてい木村政彦のことを指すが、実は講道館柔道の歴史で鬼の名を冠された者は四人いた。牛島もその一人である。

▽横山作次郎《さくじろう》（一八六四〜一九一二）
▽徳三宝《とくさんぽう》（一八八七〜一九四五）
▽牛島辰熊（一九〇四〜一九八五）
▽木村政彦（一九一七〜一九九三）

それぞれが一時代を築いた強豪中の強豪で、鬼と謳《うた》われるからには、ただ強いだけではなく、一癖も二癖もあった。

徳三宝が体重一トンを超える軍馬を素手で張り倒したエピソードは有名だが、その徳三宝のライバル中野正三《しょうぞう》をして「徳に凄《すご》みをプラスしたのが牛島辰熊だ」と言わしめた。

実力は間違いなく日本一だったが、そのアグレッシブな柔道スタイルで、人気もまた日本一だった。鬼の名だけではなく、〝猛虎《もうこ》〟〝不敗の牛島〟とマスコミは牛島を囃《はや》したてた。

闘魂。闘志。豪傑。勇猛。猛将。剛勇。闘将。剛毅《ごうき》。

牛島を評した文章には必ずこんな大時代な文言が並ぶ。

たとえば講談社の『昭和天覧試合』では牛島をこう記す。

《頭髪はさか立ち、眼光けいけい、けわしい鼻、濃いマユでキッとにらみつけた。虎《とら》

のような目をまたたきもせずにスキをうかがう。火のような闘志だ》

ステレオタイプともとれる表現だが、現実に牛島に会った人間は「あれほど迫力のある人間には後にも先にも会ったことがない」と口を揃《そろ》える。

牛島の教え子は笑って言う。

「風貌《ふうぼう》からして普通じゃありませんからね。あの殺気をはらんだ目を見れば誰でも射すくめられます。東條英機《とうじょうひでき》を暗殺して戦争を止めようとしたんですよ、普通であるはずがないでしょう」

日本人離れした彫りの深い顔立ちに口髭《くちひげ》をたくわえ、眼窩《がんか》の奥から睨《ね》め付ける眼光は肉食獣そのものだった。はっきりと《容貌魁偉《かいい》》と書いている資料もある。現代の人間が見ても目立つその顔は、外国人の顔を見ることは滅多になかった当時の人が魁偉と思ってもしかたない。

凄みとは、見た目だけのことではない。

とにかく気が強い。正義感も強く、言うべきことをはっきり言うため、講道館では常に傍流を往《い》った。昭和八年末竣工《しゅんこう》の水道橋畔講道館建設を門弟全員の記念昇段による昇段登録料で賄《まかな》おうとした嘉納治五郎館長に反対の狼煙《のろし》をあげて睨《にら》まれ、実に十六年間もの長きにわたって六段位に据え置かれることになる。

《牛島辰熊氏ほど明治的気骨を感じさせる人は少ないだろう。一面がんこさを持ってはいるが、正しいと信じれば断固として突き進むという正義漢である。ある意味ではこのような向こう見ずが、歯に衣《きぬ》を着せない言動となって現われ、ときには周囲の人に煙たがられることもある》（日本経済新聞昭和三十四年一月八日付）

この日経の記事を読み進めると、牛島の柔道人生の概略がつかみやすいので、もう少し引用する。

《父は剣道家だった関係で幼いころから武道には親しみを持っていた。熊本の警察と五高の師範として鍛えるかたわら、夏は東京の講道館、冬は京都の武専と本場の空気も存分に吸って氏の柔道はぐんぐん伸びて行った。実力を認められて皇宮警察の師範にばってきされ、さらに昭和六、七年の全日本選手権に優勝して柔道界での地位を不動のものにした。二回の決勝戦とも寝技で勝っているが、これは東京柔道の弱点を衝《つ》いたものだった。ただがむしゃらに勝負をいどむのではなくて、相手のスキにつけ込む理法を会得《えとく》したのが進歩を早めたと氏は回想している。

現役を引退してからは、国事に奔走するかたわらもっぱら後輩の養成に力をそそいで幾多の名選手を出したが、中でもキリン児とうたわれた木村政彦七段を生んだことは有名である。寝技、立ち技を通じて最高の技術を駆使した点では、木村が第一人者であろうと氏は考えている。終戦後、柔道家がいずれも失業状態に陥っているとき、滅びかけた伝統の柔道を残す意味でもなんとかしなければと思いたったのがプロ柔道である》（同前）

「寝技は戦国の組討《くみう》ちだ」

牛島が熊本県横手町で生まれたのは明治三十七年（一九〇四）三月三十日。大正六年（一九一七）生まれの木村とは十三歳離れている。辰熊という名前をつけたのは父彦次郎の友人、剣道家大渕竜太郎だった。

「今年は辰年だけん、強い名前ばつけてやろう」

名字の「牛」も含めると、四文字のうち三文字が動物の名である。あまりにもてらった名だったが、牛島少年はその名前に恥じない男に育っていく。まわりの大人がそれを知るのは、牛島少年がまだ小学校二年生のときであった。

ある大雨の日、近くの井芹川《いせりがわ》の堤防が決壊しそうだとの報に、町民たちが駆けつけた。堤防すれすれに、倒木やトタン板などを飲み込んで赤土色の濁流が轟々《ごうごう》と流れている。その濁流に小学校三年生の男の子が滑って落ちた。

「子供が落ちたぞ！」

大人たちは大声を出して岸を走るが、どうしようもない。子供はどんどん流されていく。もうだめだとみんなが思ったそのとき、牛島少年が着物を脱ぎ捨てて流れに飛び込んだ。

「危ないっ！」

「戻ってこい！」

岸から声が飛ぶ。

だが、牛島少年は、少年の帯をつかんで、流れに浮きつ沈みつしながらついに岸まで引っ張ってきた。このことで牛島少年は熊本県知事から表彰され、十歳にも満たぬうちに県下に男を売る。

牛島がはじめに修行したのは剣道だった。古流柔術を習いだしたのは鎮西中学四年のときだ。扱心流《きゅうしんりゅう》の江口道場に通った。

前章の木村政彦の項でも言及したが、当時の熊本には、この江口道場（扱心流）の他に矢野道場（竹内三統流《たけのうちさんとうりゅう》）、星野道場（四天流《してんりゅう》）があって、それぞれ名門古流として栄えていた。肥後藩はこの三家を三百石から四百石で召し抱えて盛大に藩士を鍛えていた武道王国であった。

講道館柔道の進出も早かった。嘉納治五郎が明治二十四年（一八九一）八月から一年半、五高の校長として赴任したのだ。嘉納は、官舎の物置に畳を敷いて、そこに古流柔術の心得のある学生を集め、彼らと稽古《けいこ》した。すぐにこの臨時道場は手狭になり、四十畳敷きの道場瑞邦館《ずいほうかん》を作って教えだす。

半官半民の武道奨励団体大日本武徳会《ぶとくかい》が京都にできたのは明治二十八年（一八九五）四月だったが、その二年後の明治三十年四月にはすぐに熊本支部ができた。この熊本のあまりに早い対応には全国の武道家たちが驚いた。このときの熊本支部の会員数は三千五十六人で、本部の京都武徳会や福島、新潟、埼玉を抑えて堂々の一位だった。いかに熊本の武道が盛んだったかわかるだろう。

日の出の勢いの講道館も、この武道王国熊本では人気はいまひとつだった。

武徳会熊本支部の柔道教授だった藤芳太直はこう言う。

「なにしろ熊本は古い土地柄だけに新しい講道館柔道は人気がなかったね」

彼ら古流は講道館柔道を、こう言って馬鹿《ばか》にした。

「あれは軍鶏《しゃも》の喧嘩《けんか》だ」

足払いや支え釣り込み足などの足技に長《た》け、組み合うや下を向いて足を蹴《け》り合う乱取《らんど》りスタイルを揶揄《やゆ》するのだ。

半身になってフットワーク軽く動き回る講道館柔道と戦うとき、彼ら古流は相手の後ろに回っての「後ろすくい」という技で対抗した。これは、巴投《ともえな》げを背中側からかける感じの技で、相手をまともに後頭部から叩《たた》きつけ、失神させるのを目的としていた。実戦の想定こそ古流の真骨頂である。

講道館が進出する以前から、この三流派は互いのメンツをかけて、文字通り命をかけて対抗戦をしていた。

判定勝利はなく、「参った」のみで勝負を決する。ときには、腰に短い木刀を差して組み合い、投げて寝技で組み伏せ、最後はその木刀で相手の首を掻《か》き切る動作をしてはじめて一本勝ちとなるルールでも戦った。柔《やわら》は、あくまで武士が戦場で使う殺人技術だとしていたのである。

この三流派の中でも最も講道館を嫌っていたのが牛島の学んだ江口道場である。

そのためもあったのだろうか、牛島が講道館に入門したのはかなり遅い。実は大正十四年（一九二五）の明治神宮大会で優勝して初めて日本一に就いたとき牛島は講道館の段位を持っていなかった。白帯に優勝をさらわれては面目が立たないので、講道館は特例でいきなり四段に編入させた。

全盛期に一七〇センチ八五キロ。当時は今より成人男性の平均身長が一〇センチほど低かったので、現在でいえば一八〇センチ一〇〇キロといったところか。当時としても柔道家としては大柄とはいえないが、鍛え上げられた筋肉質の体は「まるでギリシャ彫刻のようだ」と例えられた。

その激しい稽古は語りぐさである。

朝は六〇キロあるローラーを牽《ひ》きながら走りこむ。日中は出稽古して回り、深夜になると裸になって庭の大石を抱え上げて筋肉を鍛え、さらに三〇キロの槌《つち》を両手に持ってぶんぶん振り回した。それが終わると、今度は御茶の葉を嚙《か》んでその苦味で自身を奮い立たせ、うなり声を上げて大木に体当たりを繰り返す。そして仕上げはその大木に帯を縛り付けて背負い投げ千本の打《う》ち込《こ》み（投技《なげわざ》のフォームを固めるためにフルパワーで投げる寸前まで技に入る柔道の練習法。通常二人一組になって人間相手に行う）である。

極限まで稽古すると隠されていた潜在能力が湧《わ》き出してきて再び立ち上がることができる――。これを牛島は「生の極限は死」「死の極限は生」であるとし、死の極限を乗り越えた先の生、すなわち「死の極限は生」を武道家の理想の境地とした。

試合の前夜にはスッポンの肉を食して血をすすり、当日はマムシの粉を口に含んで試合場に上がる。

そして開始の合図と同時に突進して、マムシの臭《にお》いを撒《ま》き散らしながら相手に躍りかかった。内股《うちまた》と背負い投げを得意としたが、本当の武器は寝技だった。相手が膝《ひざ》や手を着くと、寝技に引きずり込んで立たせず、徹底的に攻めて抑え込み、あるいは得意の送り襟絞《えりじ》めで絞め落とした。

「寝技は戦国の組討ちだ。組み伏せて首をかくのである。ともに疲れ果てて立つこともできず、しかもなお勝敗を決しなければならぬときは寝技によるほかはない」

牛島はこう言って、柔道はあくまで武道であり、殺し合いであると言ってはばからなかった。ここには、はじめに修行した扱心流柔術の思想がそのままある。

荒々しい試合はいくつも伝えられている。

たとえば大正十三年（一九二四）の満州朝鮮対抗団体試合。長兄を頼って満州に渡った際、たまたま開かれたこの試合に満州チーム側で参戦し、二人を抜いた。疲れた牛島は、朝鮮の三人目小玉達夫に送り襟絞めを決められたが、裂帛《れっぱく》の気合いもろとも小玉を担《かつ》ぎ上げ、後ろに倒れて小玉を失神させて抑え込んでしまった。

大正十五年の明治神宮大会では、曾根幸蔵《そねこうぞう》ともつれて二メートル下のコンクリート床に落ち、牛島が頭を打って動かなくなった。絶命したのではと審判たちが慌《あわ》てふためいてまわりを囲んだが、突然目をカッと見開いた牛島は畳の上に跳び上がり、猛獣のように咆哮《ほうこう》を上げて曾根に襲いかかった。

昭和二年（一九二七）の第四回明治神宮大会決勝で、天才と謳《うた》われた大谷晃《あきら》を抑え込んで三連覇を決めた試合では、抑え込みながら大谷の道衣を歯で噛《か》んで離さなかったのも有名な話だ。

《大谷必死となってもがけども牛島はいまや時到《いた》れりと自らを励ましつつ、がっちり姿勢を整え、襟を噛んであごを大谷の脇腹《わきばら》にあててもはや寸隙《すんげき》もなし。万事決す。このときまで六分五十秒なり》（『第四回明治神宮体育大会報告書』）

まだ全日本選士権《せんしけん》のないこの頃の明治神宮大会は、事実上の日本一決定戦であった。この大会を三連覇した後、全日本選士権が始まるやその第二回（昭和六年）、第三回（昭和七年）も連覇して、牛島辰熊の勇名は全国に轟《とどろ》いた。今でいえば全日本選手権を五回獲得していることになる。

当時は「選手権《せんしゅけん》」ではなく「選士権」と称し、「士」の名のとおり現在より武道色の濃い大会で、出場者も選りすぐりの精鋭だった。

▼昭和六年（一九三一）全日本選士権　優勝

一回戦　牛島辰熊◯（崩横四）佐藤勝太郎

準決勝　牛島辰熊◯（崩上四）菊地揚二

決　勝　牛島辰熊◯（横四方）島崎朝輝

▼昭和七年（一九三二）全日本選士権　二連覇
一回戦　牛島辰熊◯（優　勢）水口正吉
準決勝　牛島辰熊◯（優　勢）山本正信
決　勝　牛島辰熊◯（横四方）荒井一三

しかし牛島は明治神宮大会と全日本選士権でこれほどの強さを見せながら、天覧試合だけは勝てなかった。

天覧試合は、ただの日本一を決めるだけの大会ではない。

天皇制時代の武道天覧試合のステイタスは現在では想像もつかないほど高かった。その頃の新聞を手繰ると、試合の何カ月も前から連日大きく報道され、現在のオリンピックやサッカーW杯以上の注目を集めていたのがよくわかる。

「野球は格闘技だ」

「サッカーは格闘技だ」

そう例えられる。

しかし、あたりまえのことだが、たとえではなく、戦う技術そのものが柔道なのである。富国強兵を眼目とするこの時代に武道がどういった位置を占めたか想像に難くない。なにしろ天覧試合の選に漏れた剣道家が失意のあまり割腹したという話まで伝わっているくらいなのだ。

まだ西洋のスポーツも根付く前である。いまプロ野球やJリーグ、ラグビーやアメフトなどに行くフィジカルに優れた青年たちもすべて柔道か剣道を修行していた。競技人口はとてつもなく多く、レベルもとてつもなく高かった。そのチャンピオンはあらゆる賞賛と名誉を手にできた。

己の分身を探し求めて

第一回武道天覧試合は昭和四年（一九二九）五月四日、五日の二日間行われた。日本一を決める柔道専門家部門の指定選士三十二人には、岡野好太郎《よしたろう》、須藤金作、阿部大六、天野品市《しないち》、柏原俊一、古沢勘兵衛、小谷澄之、栗原民雄《くりはらたみお》、佐藤金之助ら、当時の超一流がずらりと並ぶ。

牛島は二十五歳の全盛期だ。専門家の多くが「優勝は牛島で決まりだろう」と予想していた。その予想に違《たが》わず、牛島は四人による予選リーグを得意の寝技でオール一本勝ちしてベスト8に残った。

決勝トーナメントの準々決勝は、こちらも人気選手〝四国の鷹《たか》〟と謳《うた》われた柏原俊一と実に四十五分の最長時間レコードで、牛島が内股《うちまた》で投げ、優勢勝ちを決めた。準決勝の佐藤金之助戦は闘志で勝った牛島が判定勝利。

決勝では武専《ぶせん》教授の栗原民雄とまみえる。

栗原は、武専（武道専門学校＝後に詳述）入学以来一度も敗れたことがないという強豪で、牛島も武専に赴いて何度も稽古《けいこ》を願っていた。不敗同士の戦いである。観衆は息をのんだ。

牛島右組、栗原左組の喧嘩《けんか》四つだ。

猪《いのしし》のような体軀《たいく》の栗原が左釣り込み腰の巨砲を放てば、牛島は内股で応じて寝技に引きずり込もうとする。ともに唸《うな》り声を上げての熱戦の末、終了の鈴《すず》。二十五分の試合時間が終わった。

両者別れて判定を待つ。

どちらに判定が下ってもおかしくない。

永岡審判が静かに採点板前に立ち、「優勝栗原民雄」と墨で黒々と記すと会場がどよめいた。牛島はがっくりと肩を落とした。

名勝負であった。

しかし、勝利にのみ価値を認める牛島にとって二位など何の価値もない。

▼第一回天覧試合「御大礼記念天覧武道大会」昭和四年（一九二九）

予選リーグ

　牛島辰熊◯（上四方）馬場寿吉

　牛島辰熊◯（横四方）久永貞男

　牛島辰熊◯（横四方）丸山三造

決勝トーナメント

準々決　牛島辰熊◯（優　勢）柏原俊一

準決勝　牛島辰熊◯（判　定）佐藤金之助

決　勝　牛島辰熊●（判　定）栗原民雄

試合後、牛島は地元紙にこう語っている。

「田舎のことで稽古も十分できませんでしたが、この光栄を機会に東京か京都へ出て一層斯道《しどう》の研究をつみたいと存じてをります」

牛島は雪辱を期して、この年の八月、東京に移り住む。

まだ二十五歳ながら、しかし天覧試合準優勝の肩書きで、師範として引っ張りだこであった。皇宮警察、警視庁、東京商大、学習院、拓大の師範を兼ねた。

牛島は、その伝説的な猛稽古にさらに磨きをかけた。出稽古に回って毎日六時間以上の乱取り《らんど》（スパーリング）をこなす。名前が売れているだけに徹底的に回され、最後はボロ雑巾《ぞうきん》のように投げられた。

稽古後は消耗して階段も昇れず、食事は粥《かゆ》しか喉《のど》を通らない。朝起きると手の指が固く縮こまってしまって開かず、湯につけて暖め、少しずつ伸ばさなければならなかった。

この猛稽古が実って昭和六年と七年、全日本選士権を連覇したのである。

ただ、天覧試合というのは全日本選士権のように毎年あるものではなく、皇室のなんらかの記念として宮内省が執り行うものである。たとえば第一回大会は「御大礼記念天覧武道大会」といった。いつあるともしれない次の天覧試合を待って、牛島はただただ稽古に打ち込んだ。

昭和八年（一九三三）、待ちに待った第二回天覧試合が翌九年五月五日に挙行されることが決まった。正式名称を「皇太子御誕生奉祝天覧武道大会」という。

牛島はさらなる鍛錬を続けこれに備えたが、悲運が襲った。

試合を半年後に控えた昭和八年暮れ、突然胸の激痛に襲われた。病院へ行くと、肝臓ジストマと胆石、肋膜炎《ろくまくえん》の併発であった。あまりの猛稽古で体の機能が衰えていたのだろう。そのまま入院加療となったが痩《や》せ衰えていくばかりで練習が再開できない。

しかし、そこに天皇が牛島を心配しているという話が伝わってきた。

熊本日日《にちにち》新聞社が連載した『熊本の体力』を開くと、そのいきさつが詳述されている。

《如何《いか》なる豪傑も病気には勝てない。牛島は昭和八年十二月、胆石を病んで、日比谷の胃腸病院に入院していたが、明けて昭和九年一月五日、皇居では新年会があり、天皇陛下を囲んで高官たちの世間話がはずみ、たまたま柔道の話になって、陛下から

「今、日本一の実力者はだれか」

との御下問、そこで白井皇宮警察部長が、

「いま、皇宮警察の師範をして居《お》ります牛島辰熊が一番強いとの評判でございます」

とお答えした。

「牛島はこんどの試合に出るのか」

と重ねてのご質問である。

「ただいま胆石とかの病気でふせて居りますが、試合までになおりますかどうか」

すると陛下は
「惜しいことだ」

とご心配のようす、ややあって、

「そうだ、胆石なら京都の松尾内科がよいではないか。八田侍医に云《い》って療法を教えてやるがよい」

とのありがたいお言葉である。白井部長はさっそく、その足で陛下のこの有難いお言葉を伝達に日比谷の病院に行った。思いがけない暖かい陛下の御配慮に、牛島は病床にガバと身をおこして感激にうちふるえながら皇居の方を伏しおがんだ》

牛島は、これは死しても出場せねばと松尾内科で診察を受けたが、それですぐに病気が治るわけでもない。ジストマは当時かなりの難病だった。

このときすでに牛島の体重は九キロも減っており、歩くことすら満足にできなかった。

しかたなく沼津の清閑院の岡谷宗念老師を訪ね、三日三晩座禅を組む。さらに牛臥《うしぶせ》海岸の洞窟《どうくつ》に籠《こ》もって自炊しながら一カ月間筵《むしろ》の上で座禅し、宮本武蔵《むさし》の『五輪書《ごりんのしょ》』を朗唱して試合に備えた。体が動かぬのを精神で補おうという壮絶な決意である。

火のような闘志と人は牛島を讃《たた》えるが、ここまでくるとすでに人間の能力を超えている。

「和香《わか》さん、今度負けたらあなたを恨みますよ」

試合が近づくと和香夫人宛《あて》に熊本の牛島の母から手紙が届き、長兄の義一は遠く満州から応援に駆けつけた。牛島家の激しいサムライ魂に、日本屈指の名家阿蘇家で姫君として育てられた和香夫人は圧倒されっぱなしであった。

試合当日。和香は、牛島は生きて帰ってこられないのではないかと思った。牛島の後ろ姿が死を覚悟したものに見えたからである。見送った後、仏前に「武運強かれ」と祈り続けた。

はたして、さすがの牛島もこの体では勝てなかった。

四人による予選リーグで遠藤清には判定勝利を収めたが菊地揚二に攻め込まれて判定負け、大谷晃には支釣込足《ささえつりこみあし》で一本負けした。こうして予選リーグすら突破できず、皇宮警士の肩に担《かつ》がれて家に戻った。

長兄義一は和香に行き先も告げず、黙って牛島を身延山に連れていく。

「人間の力ではどうしようもないこともある」

義一はそう言って励ました。

牛島兄弟はそのまま身延山に籠もり、水をかぶりながら南無妙法蓮華経《なむみょうほうれんげきょう》を唱え続けた。

一週間絶食しての行の後、牛島は開眼し、山を下りる。

高僧と対話し、懊悩《おうのう》のすえ辿《たど》り着いた結論は「得意冷然、失意泰然」の境地だった。肉体は衰える。今回の病気だけではなく、すでに牛島は自身の体力が衰え始めていることに気付いていた。次回いつ開かれるともしれない天覧試合では、この肉体ではもはや十分な用をなさず、若い選手の体力に振り回されるに違いない。

ならば己の代わりになる弟子を育てて天覧試合を制すしかない。目標は定まった。牛島は有望な弟子を捜し続け、木村政彦という稀代《きたい》の駿馬《しゅんめ》を得て、牛島二世をもって天覧試合を制さんとするのである。

牛島にとって木村政彦は、たんなる柔道の弟子ではなく自らの完全なる分身であった。

鬼の異名も、常勝軍の名も、立木に対する毎日千本の打ち込みも、死の極限は生だとする思想も、木村のオリジナルではなく、すべて牛島のコピーであった。奇《く》しくも、全盛時の一七〇センチ八五キロという体のサイズまでまったく同じだった。

第２回全日本選士権を制し優勝旗を持つ全盛期の牛島辰熊。
(写真提供＝牛島家遺族)

第4章　武徳会《ぶとくかい》と阿部謙四郎《あべけんしろう》

「東京では参ったなしだ」

牛島辰熊の妻和香《わか》が木村政彦に初めて会ったのは昭和十年（一九三五）二月のことである。

玄関の引き戸を開ける音がしたので出てみると、三人の汚い若者が立っていた。三人とも柔道衣の上に粗末な木綿の着物と袴《はかま》、足元は垢《あか》まみれの朴歯《ほおば》の下駄である。顔は蒸気機関車の煤煙《ばいえん》で黒くすすけていた。

そのうちの一人が言った。

「わたくしどもは、これから牛島先生の塾に入れていただこうて思うて、東京駅から真っ直《す》ぐにお訪ねしてきました。牛島先生の母校鎮西《ちんぜい》中の後輩でござります。わたくしは船山辰幸《ふなやまたつゆき》と申します。こるが木村政彦、そるが甲斐利之《かいとしゆき》でござります」

牛島は木村の一学年上の五年生の二人、船山と甲斐も一緒にスカウトしていた。二人は木村の陰に隠れているが、ともに旧制鎮西中を中学団体日本一に導いた大砲だった。

拓大予科《たくだいよか》の「予科」とは今でいう付属高だ。私立の旧制高校である。当時の旧制高校は三年制で、大学も三年制だった。木村はこの牛島塾から学校に通い、六年間を過ごすことになる。

拓大には体育科など柔道専門の学部がないので、木村たち三人は一般の受験生たちと同じ試験を突破しなければならなかった。だが、まったく自信がなく、どうしようかと思案していた。

しかし試験が始まるや、試験監督が他の受験生の答案を見ては木村たちに小声で答を教えてくれた。柔道部の先輩だったのだ。木村たちは言われたとおりに答案を埋めていくだけでよかった。

次の日、牛島は三人を講道館《こうどうかん》へ出稽古《でげいこ》に行かせた。

この頃は、柔道人気が最も高かった頃で、総本山講道館には東京中の強者が出稽古に来て、芋を洗うような乱取り《らんど》風景であった。牛島はそこで強い大学生や警察官に稽古をつけてもらえと言ったのである。

夕方になって塾に帰ってきた木村は十数人と乱取りしましたと牛島に報告した。

「東京には強か人が仰山《ぎょうさん》おると思っとりましたが、そげん強か人はおらんですね」

木村は一度も投げられなかったのである。

「ほう。本当にそう思うのか」

牛島が言うと木村は不敵に肯《うなず》いた。

「今から警視庁に行くから、柔道衣を持ってついてきなさい」

牛島が言った。

警視庁に着くと、牛島は師範室に木村を招じ入れて一緒に柔道衣に着替えた。

牛島が道場の真ん中まで誘った。警察官とやらされるのだろうと思っていた木村は不思議に思いながら頭を下げた。組み合った木村は驚いた。体全体の力、いわゆる柔道力に差がありすぎて何もできない。

「いくぞ」

瞬間、木村は内股《うちまた》で畳に叩《たた》きつけられた。立ち上がると今度は背負い投げ、さらに引きずり上げられて足払《あしばら》い、大内刈《おおうちが》り、まさに目の回るほど投げられた。格が違った。

寝技に持ち込まれた。すぐに牛島が木村の背中につき、指先を顎《あご》に滑り込ませてくる。絞めに入られた。木村は手を叩いて参ったしたが、牛島が静かに耳もとで言った。

「東京では参ったなしだ」

地獄のような苦しみのなか木村の意識は遠のいていった。活《かつ》を入れられて息を吹き返すと、また引きずり上げられて叩きつけられ、悶絶《もんぜつ》のうちに絞め落とされた（絞め技で失神することを柔道では落ちるという。相手の頸動脈《けいどうみゃく》を圧迫して脳への血流を止めることによって気を失う）。木村は悔しさに涙と鼻水を袖《そで》で拭《ぬぐ》いながら向かっていく。

「よし。今日はこれまでだ」

数時間に及ぶ乱取りをこなした後、やっと牛島が言った。木村は朦朧《もうろう》としながら牛島の背中を見送った。木村は後に「あのとき世の中にはこんなにも強い人がいるのかと驚いた……」としみじみ語っている。

牛島辰熊という絶対的に強い師がいなければ後の不敗の柔道王木村政彦は生まれなかった。

拓大関係者から何度か同じ話を聞かされたが、みな同じことを言うのだ。

「牛島先生がいなくとも木村先生は強くなっていたでしょう。天才ですから。柔道のために生まれてきたような人です。でも十五年間不敗のまま引退するような史上最強の鬼の木村は誕生しなかったでしょう。たくさんいる強豪の一人として名を残しているだけだったと思います」

格闘技では、球技と違い、たとえ引退していても弟子より弱い師匠は、弟子が馬鹿《ばか》にしてしまう。はじめに天狗《てんぐ》の鼻を折ってしまわないと後々取り返しのつかないことになる。

最近では、大相撲の千代の富士と千代大海《ちよたいかい》の師弟関係が有名である。大分で有名な不良だった千代大海は子供の頃から図抜けて体が大きく、怖いものなしだったが、入門初日に千代の富士に潰《つぶ》されて、以後、師匠と仰ぐのだ。

昭和十年四月、木村政彦は鎮西中学四年修了で拓殖大学商学部予科に入学し、船山、甲斐とともに赤坂台町の「牛島塾」で起居するようになった。木村十七歳の春である。その頃の牛島塾は二階建ての一軒家の一階部分であり、二階に牛島の家族が住んでいた。塾生が増えて隣の別棟を借りるのはしばらく後のことだ。

牛島塾に入塾してすぐ、木村は拓大の先輩たちと連れだって春の講道館紅白試合に出かけて行った。木村は四段八人を抜いて、九人目についに息絶え力尽きて明治の学生に投げられたが、五段に抜群昇段した。そのあまりの強さに先輩たちも歓喜した。そして木村を連れて飲み屋で祝杯をあげた。ほろ酔い気分で牛島塾に帰った木村は勇んで牛島に報告した。

しかし、試合の詳細を聞いた牛島は木村をいきなり殴り倒した。そしてこう言った。

「試合は武士が互いに白刃《はくじん》の刀を抜き放って殺すか殺されるかの真剣勝負をするのと同じだ。相手を投げるということはすなわち殺すことであり、投げられて負けるのは殺されるということだ。おまえは八人殺して九人目に殺された。木村という人間はいまごろ地獄の三丁目あたりをうろついているんだ。いいか、おまえが柔道を志す人間なら、試合ではどんな強敵が何十人いようと、投げ倒してしまうか、それとも中途で引分けをするかによってのみ命をながらえることができると思え。わかったか」

牛島は、ことあるごとにこうやって木村に勝負の厳しさを叩き込んだ。容赦のない稽古をつけた。

とくに寝技は壮絶を極めた。牛島は木村を抑え込んで顔面や脇腹《わきばら》に肘《ひじ》や拳《こぶし》を落とす。古流柔術出身だということもあり、牛島は乱取りでやたらと当て身を使った。試合にはルールがあって審判が守ってくれるが、稽古に反則はない。

「俺はもう現役じゃないんだぞ。おまえはチャンピオンを目指してるんだ。もっと強くなれ！」

木村は必死に暴れるが牛島の抑え込みは鉄壁だ。木村が動かなくなると、馬乗りになって拳の雨を降らした。動けなくなってからの稽古が「死の極限は生」という状態であり、本番で生きてくるというのが牛島の持論である。

「動け！」

木村の口から鼻から大量の血が噴き出す。木村が必死に下を向いてカメ（四つん這《ば》いになって守る姿勢）になると、牛島はその背中につき、送り襟絞《えりじ》めですぐに絞め落とした。そして活を入れ、木村が息を吹き返すとまた殴り、嫌がるところを抑え込んで「逃げろ！」と木村の口を腹で押さえ呼吸を邪魔する。

「完璧《かんぺき》にはきまっていないぞ。逃げろ！　動け木村！　もっと強くなれ！」

牛島は稽古をつけながら、感極まっては涙を流した。

日本一の師匠と日本一の才能を持つ青年がこんな練習を毎日繰り返していたのだから強くならないわけがない。木村は午前中は講道館へ出稽古に行き、午後は拓大での通常稽古、そして夜は深川にあった満蒙《まんもう》開拓義勇軍道場へ行って稽古した。鎮西中時代に五時間だった練習量は六時間から七時間というとてつもない量になり、順調に伸びていった。

木村を子供扱いした男

牛島は柔道の修行以外の塾生のバンカラを喜んで見ているところがあった。悪戯《いたずら》盛りの彼らが、いつも問題を起こしては師の牛島が尻《しり》を拭《ふ》いてやっていた。たとえば銭湯での行状である。当時、銭湯は四銭だった。木村たちはその四銭を持っていない。

「足だけ洗わせてくれ。一銭しか持たんけん」

木村は番台の若い娘に言う。

そして、さっさと娘の前で着物を脱ぐ。

木村の持ち物はとてつもなく巨大だった。これは多くの関係者から私は聞いている。

「あんな大きな人は見たことがないです」と。

木村はその大きな物を番頭の娘の前でばっと裸になって見せてしまうのだ。男の裸に慣れている番頭の娘もさすがに恥ずかしがって視線をそらす。木村はその隙《すき》に風呂《ふろ》に飛び込み、「足だけ洗わせてくれ」と言って入ったくせに悠々と湯船で浪曲を口ずさむ。銭湯の経営者はときどき牛島家にツケを貰《もら》いに来る。それも「十四円五十銭也《なり》」などという高額な請求書を持って。日本酒一升が一円の時代である。牛島は黙ってそれを和香に払わせていた。

あるとき木村が「態度が悪い」と言って銭湯の番台に座る親父《おやじ》を小突いて帰ってき

た。しばらくすると警察が来て、木村は引っ張られ、留置場に入れられた。

「元気がよすぎるみたいなので、二、三日泊めてやってください」

牛島はそう言って大笑いし、すべてを警察に委《ゆだ》ねた。

だが、翌朝早く警察官が訪ねてきて「釈放してもいいですか」と懇願するように言う。理由を聞くと、木村は腕を組んで留置場の真ん中に座り、一晩中浪曲を吟じていたという。当時、二代目広沢虎造《ひろさわとらぞう》はスーパースターで木村も広沢の大ファンだった。

他の罪人たちは眠れないが、怖くて木村には直接怒ることができず、留置管理の警察官に相談した。しかし警察官が注意しても木村は馬耳東風でがなり続け、困ってしまったという。まだ少年といっていい年齢の木村が一晩で牢名主《ろうなぬし》になり、両腕を組んで泰然として浪曲を唄《うた》うのだ。結局、木村はやっかい払いのような形で留置場から追い出されてしまった。

毎晩、木村は夕食時に最低十二杯の飯を食らった。ある日、木村が十七杯という新記録を作った。

牛島が驚いて言った。

「今日は馬鹿《ばか》に飯を食うな」

「食欲増進になるというので『わかもと』を飲んだんです」

「そうまでして食わんでいい！」

こんなこともあった。ひいき筋の酒席に木村、船山、甲斐が三人で呼ばれた際、牛島の悪口を言う者がいた。それに怒った三人は鍋《なべ》をひっくり返して表に出た。ムシャクシャしているところに数十人の愚連隊の集団がたむろしていたのでそこで喧嘩《けんか》が始まった。殴り倒したり投げ飛ばしたりしていたら、警察官が大挙してやってきてそれを治めようとした。しかし三人で千切っては投げ千切っては投げを繰り返し、ついに愚連隊も警官隊も全滅してしまったという。牛島は関係各所に頭を下げて回ったが、内心は「可愛《かわい》いやつらだ……」と嬉《うれ》しかったに違いない。

こんな牛島と木村の鬼の師弟に、大きなターニングポイントがおとずれる。

宮内省主催の五段選抜試合だ。正式名は宮内省皇宮警察部武道大会。木村の二冊の自伝やそこから引いた関連本ではすべて拓大予科一年の昭和十年となっているが、その記録はない。丹念に探すと翌昭和十一年六月一日の朝日新聞に《済寧館《さいねいかん》武道大會》という一段見出し十三行の小さな記事が載っているのを見つけた。木村が予科二年のときである。

全国の若手五段から強い選手を選んで毎年行われるグレードの高い大会だった。エキシビションで五人掛け試合をやるために招待された牛島（当時六段）は、無事役目を終えると、そのまま木村の試合を観戦した。まず負けないだろうと牛島は楽観的に考えていた。牛島が思ったとおり、木村は予選トーナメントは簡単に勝ち抜いて五強リーグに入った。

しかし、この試合で木村は生涯一度、完敗するのである。

相手は武専《ぶせん》助教の阿部謙四郎《あべけんしろう》だ。

朝日新聞の記録はこうなっている。

《1阿部（武専）四戦四勝　2大澤（警視廳《ちょう》）3木村（拓大）4村田（樺太《からふと》廳）5佐野（皇警）》

大澤貫一郎にも負けたが、これは大外刈《おおそとが》りを返されたもので、未熟ゆえのミスといってもいい。しかし、阿部にはオモチャにされた。

牛島辰熊もこの試合だけはよほどの痛恨だったのだ、試合後二十年も経《た》ってから、作家の白崎秀雄にこう語っている。

「木村は東京へ来てから、誰にもほんとには負けたことはなかったですけど、ただ一ぺん済寧館で武専の阿部と試合したときだけはですね、阿部に完全にあつかわれて投げられたとです。阿部は足の捌《さば》きがまるで蝶々《ちょうちょう》んごと、軽うて早かったですなあ」

天才阿部謙四郎の名は東京にも聞こえてはいた。昭和四年の第一回天覧試合で牛島を破って優勝したあの栗原民雄は武専の教授だが、阿部の才能に惚《ほ》れ込んで娘婿《むすめむこ》にしたいと熱望しているという。しかし牛島は、それでも木村の力の方が上だと思っていた。だが、試合を見る限り、実力差は歴然、完敗であった。

木村は自伝で書く。

《彼と組み合ってまず驚かされたのは、ふんわりとしか感じられない組み手の力と柔軟さだった。試合ともなれば誰しもがある程度両手に力を込めて握ってくる。当然、肩や足腰にも、相手の動きに対する警戒心から多少の力が入るのだが、彼の場合はどこにも硬さというものが感じられなかった。文字どおり摑《つか》みどころのない感触で、どんな技でも簡単に吹っ飛びそうな気さえした。

これはたやすい。私は思い切って得意の大内刈り、大外刈りを放った。次いで一本背負い。しかしどうだろう。まるで真綿に技をかけたようにフワリと受けられ、全然効き目がない。かける技かける技すべて同じ調子で受けられてしまう。グンと弾《は》ね返されるならまだしも、これではまるで一人相撲ではないか……。私は焦《あせ》った。その瞬間、ピュンと跳ね上げられた。ようやくのことで腹ばいになって逃れる。跳ね腰だ。次に大外刈り。これも私は、危うく半身になって難を逃れた。しかし阿部五段の攻撃は矢継ぎ早につづく。内股《うちまた》、大内刈り。私はかろうじて腹ばい、または半身になるのが精一杯であった。相手の技に対して戦々恐々、防戦一方で試合は終わった。結果はもちろん、私の判定負けである》（『わが柔道』）

この試合を観《み》た人間によると、阿部は他の三人もそれぞれ一、二分で片付けている。

講道館を脅《おびや》かした巨大組織

木村を子供扱いしたこの阿部謙四郎とはどんな男だったのか。

大正三年（一九一四）徳島県生まれで、木村政彦の三つ上、新設された旧制麻植《おえ》中学（現在の川島高校）に三年生で編入して柔道部に入部。陸上競技に長じ、身体能力の高かった阿部は、三年で初段、四年で二段、五年で三段になる。木村が中学四年で四段になったのに比べると見劣りするが、当時、中学生の三段というのはほとんどいなかったし、柔道を始めたのが中学三年であるからしかたあるまい。

中学を出ると、全国の俊英が集まる京都の武徳会《ぶとくかい》附属武道専門学校（通称「武専《ぶせん》」）に実技二番で入学した。

当時の武専の定員は柔道二十人、剣道二十人。専門家を養成する機関としては他に東京高師体育科（現在の筑波《つくば》大学）、国士舘専門学校（現在の国士舘大学）、東京体育専門学校（現在の日本体育大学）があったが、最も入学が難しかったのがこの武専で、全国から俊英が集まっていた。京都武徳殿の裏に、当時としては近代的な鉄筋二階建ての校舎があり、二百五十畳の大道場を備えていた。

現在の柔道史では、明治中期以降に古流柔術諸流派を駆逐した後は講道館柔道が柔道界を制圧してしまったようにされているが、実はそうではない。

たしかに古流柔術は政治力の弱さを主因として次第に講道館柔道に脇《わき》に押しやられてしまったが、しかしその流れとは別に、明治期、二つの新しい〝流派〟が勃興《ぼっこう》してくるのである。ひとつは半官半民の組織である武徳会の柔道。そしてもうひとつが帝国大学柔道連盟が主催した高専柔道である。つまり、古流柔術が衰退しても第二次世界大戦が終わるまで、柔道は、講道館柔道の他に二つあったのである。そしてこの二つの〝流派〟は、講道館を脅かすほど巨大なものになっていた。

この章では、まずは阿部謙四郎が所属した武徳会について詳説しよう。

講道館が嘉納家の経営する一家元なのに対して、武徳会は公的な性格を持つ団体だった。ここに衰退しつつあった古流柔術各流派の大家が集まり、反講道館のために結束していく。

大日本武徳会は、講道館設立に遅れること十三年、明治二十八年（一八九五）に平安遷都《せんと》一千百年を記念し、武術教育による鍛錬とそれを支える団体を組織するために作られた。運営は会員から会費（義費）を募ることで行い、会員活動の活発な地域から順次支部道場を建設していった。たとえば木村政彦が鎮西中時代に出稽古《でげいこ》に通った熊本武徳殿や紅白戦で四段即日昇段した佐賀武徳殿などである。

明治四十二年（一九〇九）に財団法人化されて飛躍的に発展し、昭和十七年（一九四二）には会員数二百二十四万人、資金量五百五十九万円（現在なら五十億円相当）という超巨大組織になる。

京都武徳殿の本部を中心にして、東京、朝鮮、台湾に地方本部を置き、本部直轄《ちょっかつ》支部が五十以上、地方本部運営支部も次々とできて百カ所を超えた。さらには満州、青島《チンタオ》、上海《シャンハイ》、樺太《からふと》、南カリフォルニア、シアトル、ハワイなどにも勢力を伸ばしていく。

附属の武術専門学校が大正八年（一九一九）に武道専門学校と改称したのを機に、柔術を柔道に、剣術を剣道に、弓術を弓道に、それぞれ改称した。もともと武徳会設立時には嘉納治五郎も参画し、講道館からも磯貝一《いそがいはじめ》ら懐刀《ふところがたな》を送り込んだが、武専の卒業生が全国に散らばって指導者となっていくにつれ、講道館の力は及ばなくなってきた。

さらに武徳会が範士、教士、錬士の称号の他、講道館独自の制度だった段まで発行するようになり、講道館と対立する組織となっていた。前に書いたように牛島辰熊は初めて日本一に就いたときには武徳会の段位しか持っていなかったし、木村政彦も四段までは武徳会の段位である。彼らトップ柔道家たちが武徳会の段位を持っていたことからも、当時いかに武徳会と講道館の力が拮抗《きっこう》していたかがわかる。

阿部の強さの秘密

阿部謙四郎はこの武専に入学して順調に実力を伸ばし、卒業するとそのまま助教として迎えられた。

木村が「組んだとたんふわっとしていて、どこからしかけてよいかわからないような感じ」を受けたというこの阿部の体捌《たいさば》きは、いったいどうやって身に着けたのだろう。白崎秀雄は「当時はまだ珍しかった縄跳びで身に着けたものだ」というが、本当だろうか。その程度のトレーニングで、木村の〝剛〟を制しえたとはとうてい思えない。

木村と試合をした者、あるいは乱取りをした者に聞くと、その強さの秘密をみな「パワーが違う。岩と組みあっているようだった」と口を揃《そろ》えるのだ。

「木村先生の強さの秘密は腕力ですよ」

佐藤宣践《のぶゆき》（一九七四年全日本選手権優勝、一九七三年ローザンヌ世界選手権軽重量級優勝）もそう断言する。

山下泰裕《やすひろ》、柏崎克彦《かしわざきかつひこ》、井上康生《こうせい》ら柔道史に残るチャンピオンを多数育てた佐藤は戦後屈指の寝技師である。現役時代、木村得意の腕緘《うでがら》みをマスターしようと拓大生の練習を観察していたがよくわからない。そんなとき、専門誌の『近代柔道』（現在の同名の雑誌とは無関係、近代柔道社発行）が木村の腕緘み特集を組んだ。木村の説明は論理的で実にわかりやすかった。そのうち寝技のなかでの腕緘みは乱取りで使えるようになり、すぐに試合でも使えるようになった。だが、どうしてもできなかったのは立ち姿勢から腕緘みをかけて引き込み返しをすることだった。

「あれは木村先生の並外れた腕力があったからこそ可能だったもので、他の人間は乱取りで使えるようになっても実戦ではとても使えるものではなかったんです。柔道家の腰というのはとにかく強いですから、それを腕緘みをかけながら引っ張り込むというのは不可能なんです」

本書のカバーや二百四十四ページに掲載されている裸の写真を見てもらえればわかるとおり、木村は現在のトップ格闘家やボディビルダーと比較してもまったく遜色《そんしょく》ない体つきをしている。この体は乱取りだけで作られたものではなく、明らかに日本ではまだ普及していなかったウェイトトレーニングによって培《つちか》われたものだ。

日本ボディビル界の重鎮で、あの伝説の若木竹丸《わかきたけまる》に師事した窪田登《くぼたみのる》（元早稲田大学教授）は、こんなことを覚えている。

「僕が早稲田大学に入ったのが昭和二十五年ですから、二十六年だったか二十七年だったと思います。当時まだ早稲田にはボディビル部がなくて、ある日、私は柔道場に置いてあるバーベルで上半身裸になってトレーニングしていたんですよ。そうしたら、髭《ひげ》を生やした眼光の鋭い男がじっとそれを見ているんです。かなり長い間そうやって見ていて、唐突に『君はいい身体《からだ》をしているな。木村政彦を知っているか』と声をかけてきたんです。『はい。もちろん存じ上げてます』と答えると、『君は木村の身体つきにそっくりだよ』と言うんです」

それが牛島辰熊だった。牛島は窪田に「柔道には圧倒的なパワーが必要なんだ。だからバーベルを使ったトレーニングが必要なんだ。そのパワーで大根を引っこ抜くようにグーンと投げてしまうのがいい柔道なんだ」と言った。豪快な人だなと窪田は思った。

当時、窪田は週に二、三回は若木竹丸のところに通って教えを受けていた。若木は身長一六二センチと小柄ながら胸囲一三二センチ上腕囲五一センチ、寝差《ねざ》し（ベンチプレスではなく床に寝てのプレス）で二七八キロを挙げている。若木が日本初のボディビル技術書『怪力法並《ならび》に肉体改造体力増進法』を出したのが昭和十三年（一九三八）である。牛島と木村はこの若木にトレーニング法を習っていたと窪田は言う。

「おそらく『怪力法』を読んでいたんでしょうね、戦前、若木先生のところに行っていたみたいです。戦後も行っていたんじゃないかな。若木先生がストレートアームプルオーバーで一〇五キロを挙げていましたが、木村さんも九〇キロを挙げていたようです。これは驚異的な数字です。仰向けに寝て両腕を頭の方にまっすぐ上げ、その位置でバーベルを持って腕を伸ばしたまま胸の上の方まで半円を描くように持ってくる運動ですが、広背筋と大胸筋、それから肩関節の柔軟性と強靭《きょうじん》さが要求されるんですね。私が最高で六〇キロです。木村さんの記録がいかに凄《すご》いかわかります」

ウェイトトレーニングの重要性に気づいていた牛島は牛島塾にバーベルを置いていた。

木村はそれを使って毎夜トレーニングをやった。そのやり方も尋常ではない。たとえば八〇キロのベンチプレスを連続して六百回挙げた。これだけで一時間かかったという。

他にもトロッコの車軸など、ウェイトトレーニングに使える物が牛島塾にはたくさん置いてあった。木村は八〇キロから百数十キロ、ときには二〇〇キロを超える重量で数百回数千回という単位で延々とベンチプレスなどをこなし、しかも寝る前には腕立て伏せ千回も日課として繰り返した。拓大関係者によれば、全盛期の木村はベンチプレスで二五〇キロ挙げていたという。握力を測ろうとしてもすべて握力計は壊れてしまった。「握力は二〇〇キロを超えていたのではないでしょうか」という関係者もいる。

全盛期の木村の裸はゴリラそっくりだった（二百四十四ページの写真参照）。肩や胸の筋肉は大きく太く、腰が細く締まっている。右肩幅は左肩よりかなり長かった。これは、怪我《けが》を庇《かば》いながら右の大外刈りや一本背負いの打ち込みをし過ぎてのものだった。骨格さえ変えてしまうほどのトレーニング量だったのだ。

こうして鍛えた怪力にはいくつもの伝説がある。

重量挙げオリンピック代表がデモンストレーションをやっていたときに牛島におまえもやってみろと言われ、スナッチで軽く頭上に差し上げた。立った姿勢で両腕を前に出し、その上に一〇〇キロのバーベルを載せて手首から肩へゴロゴロと何度も転がすことができた。障子の枠を左右から押し潰《つぶ》すことができ、太い鉛の棒を飴細工《あめざいく》のように曲げることができた。夏の暑い日、道場で牛島に団扇《うちわ》で扇《あお》いでくれと言われた木村は畳を持ち上げ、その縁を持って扇いだ——。

この木村の桁外《けたはず》れのパワーをふわりと受け流してしまう阿部謙四郎の柔道の秘密とは何であったのか。

私は阿部について調べるうち、不思議なところに辿《たど》り着いた。イギリスの合気道である。阿部は昭和三十年（一九五五）に渡英している。

イギリスの合気道家ヘンリー・エリスが教えてくれた。

「イギリスでは、阿部先生は非常に優れた柔道家として、また、初めて合気道を持ち込んだ武道家として有名なんです」

しかし、阿部が合気道をやっていたという日本の資料はない。

「阿部先生は京都の武専を出た柔道の専門家です。いったいどこで合気道を習ったのですか？」

疑問をぶつけてみると、エリスは数十年前そのいきさつを阿部に直接聞いたと言う。

阿部は拙《つたな》い英語でエリスにこう説明した。

阿部が二十歳前後で、武専の学生だった頃の話だ。

柔道の試合のために夜汽車に乗っていた阿部の向かいの席に、髭を伸ばした老人が座っていた。

目が合うと、老人が言った。

「私は君を知っているよ」

「私は柔道のチャンピオンですからご存じなんでしょう」

阿部はあくまで慇懃《いんぎん》に答え、礼儀として老人に名前を尋ねた。

「あなたの名前も教えていただけませんか」

「植芝盛平《うえしばもりへい》だ」

阿部は植芝の名を知らなかったので、興味を覚えず、「疲れているので眠らせていただきます」と言った。すると、植芝が阿部の顔に小指を突き出した。

「この小指を折ってみなさい」

阿部はその非礼にいらついて、植芝を黙らせるために思い切り小指を握った。その瞬間、阿部は車両の床に組み伏せられた。驚いた阿部はその場で植芝に弟子入りし、十年間合気道を習うことになった。

あまりにもできすぎた話で、にわかには信じがたかったが、エリスは「阿部先生はたいへん控えめな方です。自分からこういう話をしたりはしなかったので、疑問に思った私が聞いてみたんです」と言うから、脚色なしの真実だろう。

阿部は柔道と並行して植芝に合気道も習っていたのである。阿部の柔道には合気道の血が流れているのだ。

戦前、植芝は合気道を広めることに積極的ではなく、たくさんの弟子もとっていなかったが、思うに、たまたま会った天才で聞こえる阿部謙四郎を「欲しい」と思ったのではないか。だからこのような挑発的な行動をとったのかもしれない。

木村は、阿部が合気道も習っていたことを死ぬまで知らなかった。

親友、塩田《しおだ》剛三《ごうぞう》

この五段選抜試合での対阿部謙四郎戦敗北に、木村はよほどショックを受けたようだ。

牛島塾に帰ると、荷物を行李《こうり》に詰めはじめた。もう柔道をやめて熊本に帰ろうと思ったのである。行李に紐をかけようとしているところに、ちょうど坂口鎮雄が訪ねてきた。坂口は同郷熊本出身の早大剣道部ＯＢで、皇宮警察警視、天皇陛下御用掛である。牛島を皇宮警察と警視庁の師範として推挙した、東京の後見人だった。挙措から武士然としており、天皇が外出するときは日本刀を持って扈従《こしょう》していた。

坂口は木村が「熊本に帰る」と言うのを聞き、叱《しか》りつけた。

「馬鹿者《ばかもの》！　はじめから日本一の柔道家なんているはずがあるまい。たかが一回の試合に負けたからといって早くも挫《くじ》けてしまうとはなにごとだ」

木村はこの言葉で目が覚めた。

実は木村と合気道との関わりは、この阿部謙四郎との戦いだけではなかった。

拓大予科の同じクラスに塩田《しおだ》剛三《ごうぞう》がいたのである。

塩田は旧制東京府立六中（現在の新宿高校）時代に、父親の経営する道場養神館《ようしんかん》で剣道と柔道を修行していた。中学五年のとき、六中の校長に紹介されて植芝盛平道場を知り、そこの門弟となった。そのうち拓大予科を二年間休学して内弟子となり、復学したときに木村と同期となって出会うのである。

この二人が学生時代に腕相撲をやって塩田が圧倒したのは、武道マニアには有名な話である。

《木村　塩田は俺と腕相撲で勝負したこともあった。いや、強かったな。俺は身長一七〇センチで八五キロだったが、塩田は一五四センチで四七キロだった。

塩田　木村は十回やって十回負けたとどっかでしゃべってたが、実際は三回やって初めの二回だけ俺が勝ったんだよ。もっとも、三回目は手を抜いたけどな。（笑）》

（『フルコンタクトKARATE』№10、一九八六）

私たち柔道経験者の感覚で考えると、筋量が違いすぎて木村の勝ちは動かないと思うのだが、木村が自分の口ではっきり言っているので間違いなく事実だ。木村が力を出すその寸瞬前に一気に力を出したりしたのだろうか。阿部謙四郎が合気道をやっていたことは知らなかった木村だが、この塩田との腕相撲では驚いたに違いない。

木村と塩田は親友だった。

漫画家の板垣恵介（『グラップラー刃牙《バキ》』シリーズ）は生前の塩田剛三と交遊があり、何度も木村の思い出を聞いている。

当時は電車の吊革《つりかわ》の握る丸い部分がプラスチックではなくアルミ製だったが、木村はそのアルミを鷲《わし》づかみにしてグシャリと潰《つぶ》したという。実際に塩田剛三が一緒に電車に乗ったときに見ていたというので、間違いない。板垣によると、木村はそういった力を見せつける悪戯《いたずら》が大好きだったと塩田はよく語っていたという。

以下の話も板垣が塩田から聞いたことを私に教えてくれたものだ。

ある日、植芝盛平が演武で弟子たちを縦横に投げるのを見ていた牛島辰熊が「信じられぬ」と思い、植芝にこう申し出たという。

「これから私の一番強い弟子をここに呼びますので、その男と立ち合ってもらえますか」

植芝が肯《うなず》いたので、牛島は横に座る自分の付き人に何事か頼んだ。その付き人が立ち上がり、道場の外に出ていった。

塩田は牛島が言う一番強い弟子というのは木村のことだとすぐに察し、若い者を呼んで「木村のところに急いで行ってこい。牛島先生が立ち合わせようとしている植芝先生は塩田の師匠だから絶対に来るなと言ってこい」と、その若い者を木村のもとに走らせた。

結局、木村はいつまでたってもやってこず、牛島は怒ってしまったという。

木村政彦vs植芝盛平、格闘技ファンにとってはまさに夢のような戦いだ。だが、夢は夢のまま終わってしまった。

柔道家や空手家、ボクサーなどは、競技として戦わない合気道を馬鹿にして信じないところがある。実際、確かに木村は腕相撲では塩田に負けたが、試合形式で実戦をやれば、いくら合気道に当て身があってもフィジカル（体力、パワー）の差で圧倒して寝技に持ち込んでしまったかもしれない。植芝の小指を握って組み伏せられた阿部謙四郎についても、合気道に詳しいある人に話したら「指を握ってみろというのは合気道のひとつの手口だよ」と言われた。自身の一個所を持たせて相手をコントロールするのは合気道の得意とするところだという。

柔道や空手、総合格闘技など競技格闘技の書籍を書く場合、合気道に触れることはある意味タブーでもある。目の肥えた読者の失笑をも買いかねない。

だが、阿部謙四郎が植芝盛平に組み伏せられたことも、木村政彦がその阿部に試合で弄《もてあそ》ばれたことも、そして木村が腕相撲で塩田剛三に敗れたこともすべて事実なのだ。もうひとつ、合気道には離れた間合いで相手をコントロールする技術があるからこそ嘉納治五郎《かのうじごろう》は「これぞ理想の柔道」と非常に興味を持ち、富木謙治らに「技術を学んでこい」と言って植芝の内弟子として送り込んでいるのだ。簡単に切り捨てていいものではあるまい。実際に木村政彦と塩田剛三の同期の空手部員で当時「拓大三羽烏《さんばがらす》」といわれた空手家が「柔道や合気道などたいしたことない」と吹聴《ふいちょう》することに頭にきた塩田が体育館で喧嘩《けんか》し、これを一蹴《いっしゅう》していることも木村×塩田の対談で明らかになっている。

とにかく木村は阿部と塩田を通して植芝盛平という巨人の影と戦っていたのは間違いない。

先の白崎秀雄に牛島辰熊は言った。

「しかし木村はですね、私もよう怒りつけたし、本人も発奮して、後はもうだれにも負けなんだとです」

木村は騒がれ、天狗《てんぐ》になりかけていたのだ。この阿部謙四郎戦は木村の負けじ魂に火をつけた。

木村は、まず敗因を徹底的に分析した。

その結果、木村の柔道自体に重大な欠陥があることがわかった。

いや、木村は講道館柔道の技術体系自体に間違いがあるとまでいう。

「引くとみせて押す、右技をかけるふりをして左技をかける。そうやって相手をだまして技をかけていてはだめである。たしかにだまし技は成功することもある。だが、本当に強い相手、日本一を狙《ねら》ってしのぎを削るトップクラスの選手たちには通用しない」

これは初めての師木村又蔵の柔道を否定した論理と同じである。

たしかに柔道の崩しのひとつのパターンは、木村の言うだまし技で成り立っている。たとえば背負い投げをごく単純にモデル化すると、相手を押す↓相手が押し返してくる↓その力を利用して前へ引っ張って背負うというプロセスになっている。

しかし、このように相手が押し返してくるところを狙ったりすると、相手がこちらの思うとおりに反応してくれないと投げることはできない。また、一度はかかっても、手の内がわかると二度とかからない。つまり、絶対投げることができるわけではなく、相手が反応しない場合投げることはできないというグレーゾーンがあるのである。投げることができるかどうかは運でしかないのだ。

こういう柔道を、木村は〝だます柔道〟と呼ぶ。

そして、この〝だます柔道〟を排除することによってしか本物の強さは身につけられないと木村は考えた。どんな体勢だろうと、こちらが投げたいときに投げることができなければ、それは本当の技とはいえない。機敏に動き、相手の機先を制することも否定した。相手の技を真正面から受け、それを跳ね返す力を求めた。

つまり、変化球のような兵法を使わず、技そのものを磨き上げて、直球勝負で勝ちたかったのだ。

阿部謙四郎に負けたのは、木村がこの〝だます柔道〟に則《のっと》った稽古《けいこ》をしていたため、相手が思ったように反応してくれず、逆にバランスを崩されて投げられたのである。

伝説の深夜の打ち込み

木村は〝だます柔道〟からの脱却に必要なものを考えた。達した結論は強く柔らかい腰であった。

強さと柔らかさ。

木村が考える柔道には、この矛盾した腰が二つながら必要なのである。強い腰があれば相手のパワーに崩されない。柔らかな腰があれば相手の思わぬ動きにバランスを崩されない。この腰を作るために徹底したのが、二つの特殊な打ち込み稽古《げいこ》だ。

ひとつはモミジの巨木への打ち込み。

もうひとつは竹林の中での柔らかい若竹への打ち込み。

立ち木への打ち込みは、もちろん師牛島辰熊の現役時代の伝説的稽古法に倣《なら》ったものだ。牛島塾のモミジは高さ一〇メートル以上あったというからかなりの巨木だ。その幹に道衣の帯を縛り付けて、腰の当たる部分には古い座布団《ざぶとん》を巻き付けて打ち込んだ。だが帯は木村の腕力に負けてすぐに切れてしまう。しかたないので今度は丈夫な麻の太いロープを探してきて仮想道衣に見立てた。

打ち込むたびに予想以上の痛みが脳天まで突き抜け、百回でその場にへたり込んだ。次の日は二百回、さらに次の日は三百回と増やしていき、最終的には一本背負いを千回と釣り込み腰を千回、合わせて二千回の打ち込みを毎日やるようになった。

そのうちに幹に巻いてあった座布団も外した。打ち込むたびにガツンッという音が響き、樹上の小枝が騒ぐ。あまりの衝撃で木村は失神し、その場で朝まで目が覚めなかったこともある。

腰から背中にかけて皮が剝《む》け、その血が木の幹を赤黒く染めていた。かさぶたができても次の日には破れるので、また出血し、いつまで経《た》っても治らない。しかし、半年もする頃には腰の皮膚は足の裏のように角質化して、どんなに打ち込みをしても怪《け》我《が》をしなくなり、逆に木の幹のほうが凹《へこ》みだした。そして、ある日、ついにこの木は枯れてしまった。

このトレーニングが、もともと子供の頃の砂利採りで鍛えられていた木村の腰を、爆発的に強靭《きょうじん》なものに作り替え、どんな大きな相手とやってもふらつくことがなくなった。

もうひとつの打ち込み、若竹へのものは柔らかいバランスを養うものである。細くてしなる若竹を相手にすると、よほど柔らかく動かないと、逆にこちらがひっくり返ってしまう。相手がどんな動きをしてきても正確に技に入るには、相手の出方で崩れないバランスがなくてはならない。体重一〇〇キロの選手をこちらに引いて崩そうとする場合、こちらはその一〇〇キロの重さを想定して引く力を出している。だが、見た目は一〇〇キロだが、実は三キロも無い発泡スチロールでできた人間だったらどうだろう。一〇〇キロを引っ張るつもりで強く引いたら、かえってこちらが体勢を崩してしまう。相手がこちらに向かって動いているときは発泡スチロールを引っぱっているのと同じことなのである。この若竹への打ち込みを繰り返すうち、木村は力が余ってもバランスを崩すことはなくなった。

モミジへの打ち込みで腰を鍛え、若竹相手の研究を繰り返し、技を練り上げた木村は阿部謙四郎に雪辱する機会を待っていた。

試合から一年ほど経った頃、阿部が慶応のコーチに来た。それを牛島が見つけて声をかけた。

「講道館にはいつ行くのかね」

「明日、行こうと思っております」

牛島は帰ってくると、それを木村に教えた。

翌日、木村は講道館へ行き、道場で着替えて待っていた。そして阿部が来ると、走っていって「お願いします」と頭を下げた。

阿部はその視線を真正面から受け、鷹揚《おうよう》に肯《うなず》いた。

「よしっ」

五百畳の大道場に広がって乱取りしていた者たちはみな稽古をやめ、木村たちを遠巻きにしだした。名の通った一流選手同士が乱取りを始めると、たいていこんな具合になる。ここでやられれば、木村の名は永久に浮かばれない。

組んだ。阿部の持ち手はあいかわらず柔らかく、腕にまったく力が入っていない。阿部がゆっくりと左へまわりだす。これについていくと相手の思うつぼだ。

木村は機をみて思い切って大外刈りにいった。阿部は後ろに下がって大外を外そうとしたが、腰から崩れるように羽目板に背中をぶつけた。木村の技は柔らかくなり、下半身の安定感が増していた。そこからは木村が圧倒した。

二十分間さんざん投げたところで、阿部の方から「もうやめよう」と言ってきた。

木村が牛島塾に帰ると、牛島が待っていた。

「どうだった」

「羽目板に十一回、畳に六回叩《たた》きつけました」

牛島は相好を崩した。

木村の立技は、こうして天才阿部謙四郎対策によって練り上げられ、爆発的に強くなっていく。

木村の立技が阿部謙四郎越えから至った境地だとすると、寝技は高専柔道と関わることによって身に着けたものだ。次はその高専柔道での知られざる活躍を書く。

京都武徳殿での高専大会で新兵器「前三角絞め」を繰り出す六高選手（下の選手。技をかけられている上の選手は松山高）。脚で正に三角を作りロックする。英語ではトライアングル・チョークと呼ばれている。高専柔道では凄まじいスピードで寝技技術が発達した。この前三角絞めは、柔道のみならず、いまではブラジリアン柔術や総合格闘技の選手にも必須の技となっている。（写真提供＝著者）

第5章　木村政彦と高専《こうせん》柔道

世界の寝技の源流

木村政彦は、自伝で「柔道の最盛期は高専柔道があった時代である」と断言している。

《柔道は講道館の始祖嘉納治五郎《かのうじごろう》が創始し、明治、大正にかけて盛んになった。そして、大正十五年、四帝大《していだい》柔道連盟による高専大会がひらかれるにおよんで、柔道熱は急速にたかまった。（中略）柔道の最盛期は、昭和四年（増田注＝実際には大正三年）の高専大会にはじまり、昭和十二、三年頃が、その黄金時代であった。そして、終戦後の衰亡時代をへて今日にいたっている》（『鬼の柔道』昭和四十四年刊）

木村は柔道史研究家ではなく、この自伝を代筆したゴーストライターもきっちりと調べてはいないので誤記もあるが、柔道史上最強を謳《うた》われる木村が「柔道の最盛期は高専柔道にはじまり高専柔道の消滅とともに終わった」とまで言うのだ。木村がいかに高専大会に参加していたことを誇りに思っていたのかがわかる。すでに消滅して半世紀以上たつので高専柔道のレベルを疑問視する声もあるが、そのレベルの高さを証明するに、木村のこの言葉ほど確かな証言はなかろう。

木村の五期下で〝木村二世〟とまで謳われた強豪平野時男《ときお》も『高専柔道の真髄』のなかで「高専柔道の初段が講道館の四段に、二段が五段に勝つ力を持っていた」とレベルの高さを力を込めて主張する。後に欧州に渡った平野は四十代の体でオランダのウィレム・ルスカに稽古《けいこ》をつけ子供を扱うように寝技で取りまくっている。

ここに面白いデータがある。

木村の生涯戦績の決まり手数を多い順に並べたものだ。

1　腕緘《うでがら》み
2　大外刈《おおそとが》り
3　絞め技
4　抑《おさ》え込《こ》み技《わざ》
5　一本背負《いっぽんぜお》い

最も多いのが腕緘みである。木村柔道の代名詞になっている大外刈りでさえ、実は二番手である。その次に絞め技、抑え込みと、やはり寝技が続く。試合でいかに木村が高専柔道仕込みの寝技を頼りにしていたかがわかる。

この高専柔道は、戦後次第に、その存在した史実さえ忘れさられていったが、第一回UFC（一九九三）でのグレイシー柔術の登場と、それに続く七帝《ななてい》柔道出身の中井祐樹《ゆうき》（北大OB）の活躍で一気に注目度が高まり、多くの寝技技術書やDVDが発売された。

このように高専柔道は「寝技が強い」というイメージで格闘技ファンに名前を知られることになったが、ではいったいそれが具体的にどういうものであったのかということは、まったく知られていない。

高専柔道の誕生と消滅の歴史を語ることは、木村政彦の寝技の源流を探るだけではなく、講道館柔道、古流柔術、ブラジリアン柔術、サンボなどの世界の組技系格闘技の歴史と、さらには現在の総合格闘技の寝技技術のルーツを語ることにもなるので、少し詳しく説明していく。

高専大会でいう「高専」とは、現在全国に六十余校ある五年制の高専（高等専門学校）とはまったく別ものだ。これを勘違いしている者は意外に多く、たとえばプロレスラーの小川直也が雑誌上で「明大時代に高専柔道の人と練習した」とコメントしていたが、前後の文脈を読むと、明らかに高専柔道の老OBでも七帝柔道の選手でもなく、現在の高等専門学校の選手のことを言っていた（ただ、小川は高校時代に国際武道大に遠征に来ていた東北大学柔道部と練習試合を行った際、次期キャプテン岸文雄と七帝ルールで戦って引き分けに持ち込まれている）。

中日ドラゴンズ元監督の落合博満の甥《おい》、ジャイアント落合（二〇〇三年没）も高専柔道出身を売りにしたプロレスラーだったが、これも高専柔道ではなく、現在ある秋田工業高等専門学校の柔道部で普通の柔道をやっていただけである。

高専柔道の「高」は戦前の旧制高校、「専」は同じく旧制の専門学校のことを指す。旧制中学は五年制だったため、旧制高校生や専門学校生の年齢は現在の大学生くらいに相当する。

旧制高校の教師は教授と呼ばれ、戦後は帝国大学に吸収されたり新制大学に昇格している。そういう格を考えても、現在の大学だと考えて差し支《つか》えないだろう。旧制専門学校も現在の専門学校のイメージとは違い、現在の大学医学部の前身や、私大の前身となっている。例えば徳島医学専門学校は徳島大学医学部に、同志社高等商業学校は同志社大学に戦後それぞれ昇格している。木村政彦のいた拓大予科《よか》とは、今でいう大学の付属校のようなものだと思えばいい。

高専大会の嚆矢《こうし》は明治三十一年（一八九八）の一高vs二高の第一回定期戦にまで遡《さかのぼ》る。

本書では、この一高など、戦前ナンバースクールと呼ばれた官立の旧制高校八校が何度も登場するのでまとめて紹介しておくと、戦後の学制改革で一高は東京帝国大学に吸収され現在の東京大学教養学部の前身となり、二高は東北帝国大学に吸収され東北大学教養部に、三高は京都帝国大学に吸収され京都大学教養部に、四高《しこう》は金沢大学に五高は熊本大学に六高は岡山大学に七高《しちこう》は鹿児島大学にそれぞれ昇格、八高は名古屋帝国大学に吸収され名古屋大学教養部となっている。これら八校の旧制高校はナンバースクールと呼ばれ学力入試レベルが非常に高く、その下のレベルに松本高校（現在の信州大学）や佐賀高校（現在の佐賀大学）などネームスクールと呼ばれる官学の旧制高校が全国にたくさんあった。

この一高vs二高の定期戦が始まると、六高vs大阪医専、五高vs七高、三高vs四高vs五高vs六高など、各地で多くの学校が同じルールで定期戦を始めた。これが高専柔道の揺籃期《ようらんき》である。

大正三年（一九一四）、京都帝大（現在の京都大学）がこれらの定期戦を統合し、京都武徳殿において第一回高専大会を開き、四高が優勝した。そのまま長く京都帝大が大会を主催していたが、大正十四年（一九二五）に京都帝大と東京帝大（現在の東京大学）の共催となる。

そして翌大正十五年になると、さらに東北帝大（現在の東北大学）と九州帝大（現在の九州大学）も参画、四帝大柔道連盟を結成して、高専大会を運営するようになった。さらに後には北海道帝国大学、名古屋帝国大学、大阪帝国大学も参画し、七帝大柔道連盟ができる。

参加校も年々増えていき、全国を東部、中部、西部の三地区に分けて予選を戦い、その優勝校が京都武徳殿で日本一を争うようになった。さらにこの高専大会に参加していた旧制高校や旧制専門学校が独自に地元の旧制中学を集めて高専ルールの中学大会を開き、有望な選手を集めるようになった。これによって、高専ルールは旧制中学から旧制高校、帝国大学と、全国で通用する、当時、公式試合競技人口の最も多い競技ルールになった。

こうして華やかに開かれていた高専大会だが、昭和十六年（一九四一）、戦局の悪化のため中止され、さらに終戦後、ＧＨＱの学制改革によって旧制高校が消えてしまったので、復活することなく静かに消えていった。ただ、高専大会を主催していた旧帝国大学が、高専大会がなくなったのを惜しんで自分たちで高専ルールで大会をやるようになった。それが、私が北海道大学時代の生活を描いた自伝的小説『七帝柔道記《ななていじゅうどうき》』の舞台となった、北海道大学、東北大学、東京大学、名古屋大学、京都大学、大阪大学、九州大学の旧七帝大で現在も続いている七帝柔道だ。たった七校になってしまったので戦前の高専柔道とは実力では比ぶべくもないが、その特殊な精神性と技術を百年を超える伝統として脈々と受け継いでいる。今では七帝戦は他のスポーツも含めた総合体育大会になっているが、もともとは柔道を真似《まね》て他の運動部に徐々に広まり、それを統合したのが始まりだ。

作家の井上靖《やすし》も経験者

講道館ルールやＩＪＦルールとの主な違いは以下の点である。

1　有効などの細かいポイントがなく、勝負を決するのは一本勝ちのみ。

2　寝技への「引き込み」が許されている。そのため、たいていの試合は組むや両者が寝技に移り、立技《たちわざ》の攻防が非常に少ない。

3　場外がない。試合中、観客席の方に突っ込みそうになると審判が「そのまま」

と宣し、選手が組み合ったままの姿勢で試合場の真ん中に引きずってきて試合を再開させる。

4　寝技の膠着《こうちゃく》状態による「待て」がない。そのため試合開始時から試合終了まで両者は審判に止められることなく延々と寝技で戦う。

いわば審判は一本勝ちを見届ける立会人でしかなく、どちらが強いかを決める完全決着ルールである。試合は十五人の団体抜き勝負で、一人あたりの試合時間も長く、大将戦は三十分（古くは一時間）、副将戦は二十分もあったため、団体戦一試合を終えるのに半日かかった。

そもそも高専柔道が寝技中心になっていったのはなぜなのか。

作家の井上靖は四高で高専柔道を経験して自伝的小説『北の海』に描いているが、入学した年の高専大会で松江高校（現在の島根大学）の選手を投技《なげわざ》で三人抜いたときの話をエッセイで書いている。試合後、先輩から厳しくこう叱《しか》られたという。

「君はたまたま君より弱いやつにぶつかったので相手を投げたのだ。もし、君より強いやつにぶつかっていたら、君は投げられていたろう。そんな危険な試合の方法はやめるべきである。これからは絶対に立ってはいけない。いつも這《は》って行って相手の脚にしがみついて、寝業《ねわざ》に引き込んでしまえ」（『青春を賭《か》ける一つの情熱』）

高専大会も黎明期《れいめいき》は普通に立技の攻防が見られる大会だった。たとえば第三回大会（大正五年）には決まり技における立技の比率が三二・四パーセントあった。しかし翌第四回大会では一気に一〇パーセントまで減少し、その後は減少の一途を辿《たど》る。私の手持ちの北大予科の昭和五年〜昭和十六年の高専大会最盛期十二年間のすべての決まり技を集計すると、寝技二百三十九に対して立技はわずか九試合しかない。

つまり、寝技をやるための大会ではなく、チームの勝利を得るために自然に寝技中心に移行していったのである。

十五人団体戦の抜き勝負で、チームの勝ちを優先する場合、立技にはリスクがあった。

どんな強い人間でも、立技でいけば、技を返されたりすかされたりする危険が伴うものだ。現在の七帝戦でも、有名選手が立っていって内股《うちまた》をすかされたり、背負投げで投げた後それが一本にならずそのまま相手に背中につかれて五分以上かけて絞め落とされたりする試合をときどき見る。そういうリスクを避けるために寝技を重視するのである。寝技には紛れが起きにくく、強い選手が必ず勝つし、引き分ける力の強い選手は必ず引き分けることができる。チームの勝利のためには戦力が計算できる寝技である必要があったのだ。

各チームは、選手を攻め専門の「抜き役（取り役）」と守り専門の「分け役」に分け、その守りと攻めを徹底させた。抜き役の中でもとくに強い選手、つまり木村政彦などは、巨大戦艦になぞらえて超弩級《ちょうどきゅう》と呼ばれた。

入学試験が難しく、既成の強い選手が滅多に入学してこないという旧制高校の特色もあって、白帯からスタートする選手が多くの割合を占めるのも寝技中心になった大きな理由である。その白帯の一年生も、はじめは多く入部するが、あまりの稽古《けいこ》の凄《すさ》まじさに、そのうち数人に減少してしまう。だから十五人のメンバーをすべて強い上級生で固めることはできず、新入生の白帯をすぐに選手に仕立てるために引き分けるための寝技のテクニックを徹底的に教えた。そのため、その引き分ける力の強い選手に勝つ攻撃力のある技も徹底的に研究され、技術が上がっていくのである。各チームは毎年防御法の確立していない新技をひっさげて大会に臨んでいる。

前三角絞《まえさんかくじ》めの誕生

その新技のなかで最も有名なのが六高の「松葉搦《まつばがら》み」だ。

この技は、神戸一中時代の早川勝と六高の一宮勝三郎が考案したもので、その後、六高に進んだ早川が金光弥一兵衛《かねみつやいちべえ》師範と改良を加えて完成させた。

この松葉搦みこそ、いまやブラジリアン柔術、いや世界中の総合格闘家たち必修の技となっている前三角絞めである（百五十七ページの写真参照。開発当初は松葉搦みと呼ばれたがすぐに前三角絞めの名前が定着した）。

柔道でも総合格闘技でもブラジリアン柔術でも前三角絞めとその変化技は現在でも多用されているが、百年近く前に開発された技がこれだけ通用するということはそれだけこの技の完成度が高いことを証明している。

大正十一年（一九二二）の高専大会で初めて登場したときは防ぎ方がわからないので百発百中で、大旋風を巻き起こし、以後、他のチームも研究を重ね、横三角絞《よこさんかくじ》めや裏三角絞《うらさんかくじ》め、後三角絞《うしろさんかくじ》めなどのバリエーションと、それに対する防御法も考えられていく。膝十字固《ひざじゅうじがた》めなどの脚関節技《あしかんせつわざ》も、今ではサンボで有名になったが、もともとは高専大会で使われた技のひとつである。

四高柔道部ＯＢの神島尚はこう書く。

《かつて旧制高校は毎年新しい「技《わざ》」の創造に苦心を払った。新しい技の行くところ、その年に限っては天下無敵であった。でも、次の年にはその技の逃げ方は研究しつくされて、もう通用しなくなってしまった。そして次にまた新しい技が誕生していた。毎日の練習後、部員が集まって行う〝技の研究〟は必死であった。「どの角度からの極《き》め方が一番有効であるか」理科の連中は毎日のように宿題を持って帰って力学的数学的にその角度をきめてきた。それを積み重ねてよりベターな道を見出《みいだ》す努力が続けられた》（柔道新聞昭和三十九年十二月一日号）

理科（現在でいう理系のこと）の学生が物理学の計算式を使って極める角度を研究していたというこの向上心こそ、高専柔道の驚くべき技の進化スピードの秘密のひとつだろう。

また、これはほとんど知られていないが、現在、柔道の抑え込みのなかで最も多く使われる技のひとつ崩上四方固《くずれかみしほうがた》めもまた高専柔道が産み落とした新技である（武徳会の形《かた》には同名の技が存在していたが、現在の崩上とは違い、相手に大きく覆《おお》いかぶさる正上四方《せいかみしほう》に近い、似て非なる技だった）。

《駒井重次先輩がはじめて崩上四方固めを用いたとき、審判はその技が〝固め技〟として採用出来るかどうか、延々二時間にわたって協議した結果、ようやくこれを正式の固め技として認めた、というエピソードが残っている。いまの講道館には過去の栄光を追うことのみ汲々《きゅうきゅう》として〝新しき創造〟は何ら行われていない。近年、新しい技が生まれたという話はいっこうに聞かない》（同前）

引き込んでからの下からの返し技（ブラジリアン柔術でいうスイープ）にも、たとえば浅野返しという妙技が開発されたし、抑え込み技にはベンガラやホッテン、イタチ抑えなど個性的な技が開発された。

木村政彦も自分が上になった場合と下になった場合に分けた各種の腕緘《うでがら》みのバリエーションをパターン別に細かく研究し、さらに「腕緘み引き込み返し」や「腕緘み後袈裟固《うしろけさがた》め」などの新技術を開発している。相手が自分の帯を持ってこちらの腕緘みを防いでいるときに、反対側に一瞬振ってすぐにまた逆を極《き》めにいくと相手が握っていた帯が外れるのは今では常識だが、この方法も木村が考案したものだった。また、横三角絞めの体勢から相手の腕を道衣や帯で縛って抑え込みに変化するのも現在ではあたりまえのように外国人選手も使うが、これも実は木村が開発した新技術だ。発想の転換が素晴らしい。

高専柔道技術研究会編の文集『高専柔道と私』（非売品）で、木村政彦は、高専柔道の選手たちが、そして自分が、いかに技の研究に重きを置いたかを述べている。

《昭和十年、中学四年修了で拓大予科に入ってから、私は立ち姿勢から腕緘みに入る研究とけいこを重ねた。（中略）私のようなものが戦前に研究した腕緘みは、それを技術的に克服して、さらに巧妙な腕緘みが生まれてしかるべきだと思うのに、私の腕緘みにさえ遠く及んでいない現役選手たちの不勉強は、心細いかぎりである》

高専柔道の選手たちはこれらの新技と膨大な練習量で圧倒的な寝技を身に着け、講道館や武徳会の脅威となっていく。

寝技中心の古流柔術出身者も大勢いた武徳会は、全体的に講道館よりかなり寝技が強かった。しかしそれでも、高専柔道と較《くら》べると実力は一段も二段も落ちたようである。あの、木村政彦に勝った阿部謙四郎でさえこう言っている。

「三高に出稽古《でげいこ》に行くと、寝技ではまったく歯が立たなかった」

三高は高専大会の参加校のなかではとても強豪と呼べるレベルになかったから、トップ高のレベルの高さが想像できよう。

最近、柔道の歴史をよく知らない人たちが「そんな技は誰でもやってるではないか。高専柔道がどうのこうのと言ってもフィジカルに優れた今の五輪選手に勝てるのか。七帝《ななてい》柔道の選手が五輪代表になれるのか」と批判する。だが、これは的外れである。現在の柔道の寝技技術は、そのほとんどが高専柔道で開発され、後に武徳会や講道館の体力がある柔道家たちが真似《まね》して吸収し、現在に至っているからだ。

井上靖が「現在の柔道の寝技を作り出したのは武専や講道館の専門家ではなく、私たち旧制高校の選手だったのである」とエッセイで書いているが、まさにそういうことなのだ。

講道館からの圧力

かつての講道館ルールは数項目程度のもので、立技や寝技の境目がなく自由な攻防を認めていたが、大正十三年（一九二四）四月に細かいルールが正式に制定された。

新ルールへの最も大きな変更点は「引き込み」を禁止したことである。引き込みとは、立技を避けていきなり自分から寝て寝技に誘うことだ。新ルールでは、投技をかけて倒れた場合以外は寝技へ移ってはならないという、現在のルールと同じ条項が盛り込まれた。

講道館がこのようにルールを変えてまで寝技の封じ込めをはかったのは、高専柔道の選手たちがあちこちで講道館系の強豪選手を寝技で屠《ほふ》りだしたことにあった。

たとえば強豪の六高がらみだけでも以下のようなことがあった。

大正九年（一九二〇）、大遠征に出発した六高軍は、まず三月二十八日に京都で武徳会に試合を挑み、三十三人戦の抜き勝負で二人残しで破る。さらに東京へ着くと講道館に挑戦したがこれを拒まれ、四月五日、当時最強をうたわれた警視庁と二十五人抜き勝負を行い、五人残しで圧勝した。これは、現代に置き換えれば東大柔道部が警視庁柔道部に勝ったようなもので、翌日の新聞は大きくこれを報じた。当時の高専柔道の寝技はそれほど講道館や武徳会を凌駕《りょうが》していたのである。

大正十一年七月の京都武徳殿演武会の試合では、六高現役とOBの連合チーム「六《りく》華会《かかい》」が、高専大会に参加せず講道館派の学生柔道界の雄だった早大現役とOBの連合チーム「大化会」を、全員が寝技に引きずり込んで一―〇で破った。六高側には初段と二段しかおらず、逆に早大側には有名選手がずらり並んでいたにもかかわらずである。段位も体格も断然、早大側が上だった。早大選手は立って投げようにも思い通りにならぬ六高選手に怒って当て身まで使ったという。

早大・大化会　0―1　六高・六華会
四段　中瀬　（引　分）　桜田　初段
三段　田中　（前三角）○早川　初段
三段　鷹崎　（引　分）　佐々木二段
三段　伊藤　（引　分）　佐藤　二段
四段　結城　（引　分）　一宮　二段

同じ年の講道館秋季紅白戦に六高生四人が出場したときには、試合前に「六高のやつらは松葉搦《まつばがら》み（前三角《まえさんかく》）で抜く気らしい」という噂《うわさ》が広がった。警戒した講道館側は六高選手が出場する場面で主審の三船久蔵《きゅうぞう》に試合を一時中止させ、みんなにその逃げ方を教えた。

六高師範だった金光弥一兵衛は言う。

「これは（増田注＝試合を中断させて技の講習をすること）講道館創始以来はじめての前代未聞《みもん》のことなのじゃが、面白かったのはその逃げ方が反対のことを教えている。つまり技が効く方への逃げ方じゃったので皆んなで苦が笑いした」（『第六高等学校柔道部部史』）

六高選手たちはあまりに可哀相《かわいそう》なので前三角は使わないことにし、それでも四人で実に二十四人を抜いてしまった。引き込んでは返し、引き込んでは返し、抑え、絞め、関節を取ったのである。

これらの出来事に講道館関係者はショックを受けた。

「今の自由なルールでは寝技中心の高専柔道に勝てない……」

その事実を眼前にはっきり突き付けられたのだ。

これは、グレイシー柔術が登場した頃、寝技に引きずり込まれて何もできずに負け続けたボクサーや空手家たち打撃格闘技側の気持ちに近いものだったに違いない。

ちょうどその頃、武徳会が第一回明治神宮国民体育競技大会（大正十三年）に出るよう要請を受けながら参加を拒否した。

武徳会の言い分はこうである。

「柔道は競技ではなく武道である。したがって競技大会には出場しない」

嘉納治五郎館長は「武徳会には武徳会の考えがあるのだから……」とその考えを認めたが、内心では講道館から次第に離れていく武徳会に複雑な思いがあった。

このまま放っておけば柔道界のイニシアティブを高専柔道と武徳会に奪われかねない……そういう嘉納館長の焦《あせ》りをよそに、講道館が作った「引き込み禁止」の新ルールは高専大会で完全に無視された。困り果てた嘉納治五郎館長は大正十五年（一九二六）、わざわざ京都帝大まで足を運んで、帝大柔道連盟に対し新ルールの励行を要求する。

「柔道における立技《たちわざ》と寝技は車の両輪のようなもので、その片方に偏することは好ましくない。講道館が制定した新ルールで試合を執り行ってほしい」

しかし帝大柔道連盟は頑としてこの圧力に屈しなかった。

「柔道には立技と寝技があるのですから、立技から始めようが寝技から始めようが自由ではありませんか。私たちのルールは立技を制限しているわけではありません。立技から始めてもいいのです。選手自身が好きな方を選びなさいというルールなのです。むしろ、『寝技から始めてはいけない』と寝技を制限する講道館が立技に偏しているといわざるをえません」

嘉納治五郎は何度か京都帝大を訪れたが、帝大柔道連盟の姿勢は変わらず、高専大会はそのままのルールで試合を続けた。

最終的に講道館が、こう通達を出した。

「出場選手はみな講道館に入門している門弟である。講道館ルールに従うのは当然である」

この主張に、それまで紳士的だった帝大柔道連盟が怒った。

「高専柔道の選手が講道館に入門しているからそのルールに従わなければならないというならば、明日にでも全員で段位を返上し、講道館を脱退します。そして帝大柔道連盟が独自に段を発行することにしましょう」

昭和五年、講道館は組織の基盤である段位発行という最も痛いところをつかれ、ついに手を引いた。これによって高専柔道はさらに盛大なものになっていく。

このように戦前の柔道界は、講道館柔道、武徳会の柔道、高専柔道の三つの勢力が、今われわれが考えるよりも小差でしのぎを削っていた。

講道館は東京学生柔道聯合会《れんごうかい》（東京学生柔道連盟の前身）を完全掌握していたが、武徳会本部がある関西以西はまだまだ古流柔術の力が強く、また付属の武専の卒業生たちも散らばっていたので、講道館勢力の西限は長く名古屋だった。講道館はそこから西にはほとんど進めない状態だった。

牛島辰熊が扱心流《きゅうしんりゅう》柔術、木村政彦が竹内三統流《たけのうちさんとうりゅう》柔術をはじめに修行したのも、当時の熊本ではまだ古流柔術が優勢だったからである。

講道館と武徳会の日本列島を東西に分けるこれらの確執をよそに、帝大柔道連盟は独自のルールで高専大会を発展させ続け、北は北海道帝国大学予科から南は鹿児島の七高まで、そして講道館お膝元《ひざもと》の東京の商大専門部（現在の一橋大学）や武徳会本部のある京都の三高まであまねく全国に広がっていった。

その頃の講道館も寝技をやってはいた。しかしそれは、高専柔道の本格的な寝技技術とは似て非なるものであった。

何が違うのか。

高専ルールは寝技への引き込みが許されていたため、自分から寝て相手の下になり、前三角絞めや関節技を極《き》め、あるいは相手を下から返して抑え込むのを基本としていた。一方、講道館の寝技は、投げておいて上から覆《おお》い被《かぶ》さり抑えるだけの寝技が主流だった。返しだけでなく、下からの絞めや関節もほとんど見られなかった。

第一回天覧試合で牛島辰熊と寝技勝負を展開し優勝した武徳会の栗原民雄の言葉を引こう。

《寝技には、上から攻める寝技と、下で守る寝技がある。昔の高専の寝技は守りが完《かん》璧《ぺき》になってから攻める。今やっている者は、上からは攻めるが、下になったら守りが出来ていない。（中略）寝技は守りから入ったものは本当のもので、上から攻めるだけでは駄目。（中略）神永君（増田注＝東京五輪でヘーシンクに抑え込まれて敗れた神永昭夫）も見方によっては、そういうことがいえるのではないだろうか》（柔道タイムス三百五十六号、昭和四十一年）

高専柔道でもブラジリアン柔術でも、常に議論されてきたことがある。それは、寝技において、上の者が有利か下の者が有利かということである。講道館柔道の感覚からいえば、上の者が絶対的に有利である。だから相手を投げて上から攻めたいのだ。しかし、本当に上の者だけが有利ならば、講道館はルールを変えてまで高専柔道の下からの寝技の封じ込めをはかる必要はなかったはずである。下からの寝技に対抗できなかったからこそ引き込みを禁止したのだ。

木村政彦の寝技も単に立技の強い選手が上から攻めるだけのものではなく、高専柔道のなかでも守りから入った本物の寝技だ。下になることを怖《おそ》れなかったので、思い切った立技、思い切った寝技の攻めを仕掛けることができた。

すでに一流だった木村はどこへ出稽古《でげいこ》に行っても攻められることはほとんどなかったが、彼の上には牛島辰熊という大きな壁があった。牛島に抑えられ、絞め落とされ、関節を取られしながら、下からの寝技も覚えていった。

こうして木村政彦は、拓大予科入学後、牛島辰熊に徹底的に寝技を鍛えられた。

だが、その牛島は鎮西中学を出てから旧制高校には進んでいないので高専柔道は経験していない。では、どこでその精緻《せいち》な寝技を学んだのかと淵源《えんげん》を辿《たど》っていくと、やはり高専柔道にいきつくのである。

六高の超弩級《ちょうどきゅう》、野上智賀雄《のがみちかお》

牛島辰熊が初めて高専柔道に交わるのは大正十四年前後だ。

熊本から明治神宮大会に上京のたびに岡山の六高に立ち寄って稽古《けいこ》に参加していた。

高専大会を連覇中だったその頃の六高には、野上智賀雄、中川励三、根本一郎ら、実力的には師範金光《かねみつ》弥一兵衛をしのぐ学生がごろごろいた。鬼の牛島とて前三角を知らねばいくらフィジカルが優れていても防ぎ方もわからなかったであろう。彼らと寝技乱取りを繰り返すうち、牛島は高専柔道独特の粘っこい寝技に慣れ、自信をつけていったに違いない。

そのうち、明治神宮大会の直前だけではなく、機会を見つけては繁《しげ》く六高に通いだす。

とくに重量級の野上智賀雄の技術に惹《ひ》かれ、彼が京都帝大に進むと、それを追って今度は京都まで通うようになる。明治三十八年生まれの野上は歳《とし》は牛島の一つ下だが、牛島は頭を下げて技術指導を請《こ》うた。その豪放さから牛島を煙たがる人間も多かったが、牛島は柔道に対してとことん真摯《しんし》であった。

この野上智賀雄の寝技こそ、つまり牛島の弟子木村政彦の寝技の原型になっている。

六高OB（昭和二十二年卒）の奥本定行はこう言う。

「（牛島が通っていた）あの頃は六高の全盛時代で、野上さんを含めて、根本さんとか青木さんとか中川さんとか、前後に五人くらい強い先輩がいました。私が一年生の頃に野上さんが（OBとして）道場に来られて『おまえらは立技と寝技がばらばらだ。もっと連携して動かなければだめだ』と言われたのを覚えています。とにかく大柄な人でした。牛島先生がよく六高に来られて練習していた話は伝説として私たちの時代になっても延々と伝わっていました。野上さんとやるといつも牛島先生が逃げ回っていたとか、いやそうでもなかった、牛島先生も強かったとか、いろいろな話が伝わってますが、実際に私たちが見たわけではないので、本当のところどうだったかはわかりません。とにかく野上さんは寝技はもちろんですが、立っても内股《うちまた》が切れて強い人だったそうです」

野上の名は旧制岡山一中（現在の岡山朝日高校）時代から鳴り響いており、大正十三年、中学五年にして第一回明治神宮大会少年の部に出場し圧倒的な強さで決勝に進出、高専大会きっての強豪旧制松山高校（現在の愛媛大学）の超弩級としてならした銅金擢《どうがねよう》一《いち》と堂々と渡り合って惜しくも敗れている。誘われて早稲田に進むが、六高柔道部はどうしても野上が欲しくて説得を重ね、早稲田を中退させて一年遅れで入学させた。六高に入学した野上は恵まれた体格とそれに見合う膂力《りょりょく》で、豪快無比の攻撃型寝技を身に着け、超弩級として高専柔道界に君臨していく。

木村政彦は自著の中で、はっきりと史上最強の柔道家の一人として挙げている。《私は人に、これまでの柔道家で一番強かった者は誰か、とよく聞かれる。牛島辰熊、野上智賀雄、栗原民雄、大谷晃《あきら》と名選手の名は浮かぶが……》（『わが柔道』）

また、金光弥一兵衛は新聞にこう寄稿している。

《日本で立っても寝てもやり、寝て抑え、絞め、逆（関節技）を完全にやって来たという人は十段磯貝一《いそがいはじめ》、十段永岡秀一、十段三船久蔵、九段小田常胤《じょういん》、八段二宮宗太郎、八段牛島辰熊、八段野上智賀雄、七段木村政彦ぐらいだろう》（柔道新聞昭和三十二年一月一日号）

他のメンバーをみれば、ここに列される野上がいかに強かったか想像できる。

磯貝一（後の十段）も、こう断言する。

「寝技においては、野上の前に野上なく、野上の後に野上なし」（柔道新聞昭和四十九年七月十日号）

そして同じこの柔道新聞紙上において、信越柔道連盟副会長（当時）の井上清一（四高柔道部OB、東京帝大卒。元内閣官房副長官、元参院議員）は、わざわざ阿部謙四郎と並べ、こう書いている。

《立ち技では、阿部謙四郎氏という天才柔道家が出たが、寝技においては野上智賀雄に比肩する人は現れていない》（同前）

後に立技と寝技の両方に秀《ひい》でて完璧《かんぺき》な柔道家になっていく木村政彦が別格なのは異論をまたないが、野上がとてつもない寝技師であったのは間違いない。

六高OB（昭和二年卒）の青木直行はこう言う。

「日本柔道がヘーシンクに負けてしみじみ思うが、立っても寝てもヘーシンクに対抗出来るのはまあ野上、牛島、それに木村だろう。殊《こと》に野上をヘーシンクとやらしてみたかった。野上がヘーシンクの支え釣込み足をいかにさばいて寝技にもち込むかだが、寝たら格段の相違で簡単にとったろう」

昭和二十五年卒の佐野隆雄も断言する。

「私の見るところ、野上さんや根本さんクラスなら、間違いなくヘーシンクを抑えるなり、あるいは逆（関節技のこと）、絞めで取ったでしょうね。東京五輪で負けたとき、袈裟固《けさがた》めでしたでしょう。あのとき『袈裟で取られるようではもう日本の寝技も終わったね』という話が出たことを覚えています。袈裟は逃げられる技ですから」

ヘーシンクのあの抑えは「胸固め」という新技だという話もあるが、袈裟固めの変形であるに変わりはない。

野上智賀雄は高専大会には合計すると十試合近くに出ているが、在学中は六高の全盛時代で、大将に座る野上まで出番が回ってこなかったため、ほとんど試合はしていない。六高が高専大会六連覇を決めた野上が二年生の年、全国決勝戦の北大《ほくだい》予科戦で初めて七将に出て、驚異の四人抜きで満場の度肝を抜いた。これが高専大会で野上が戦った最初で最後、ただ一度の試合であった。

抜き勝負、特に寝技の抜き勝負は体力を著しく消耗するので、一人抜くことさえ大変なことだった。やっと一人抜いても、疲れて敵方の次の選手に抜き返されてしまう、あるいは分け役に引き分けに持ち込まれるのがせいぜいだ。しかも、舞台は寝技最高峰の高専大会全国決勝戦である。野上の四人抜きは驚嘆すべきものだった。

六高時代同様、京都帝大進学後もやはり公式戦ではほとんど戦っていない。伝統の京都帝大vs東京帝大の定期戦も三年連続で出場したが、京都帝大の三連覇で大将野上はすべて不戦だった。昭和五年（一九三〇）の明治神宮大会で優勝し、昭和六年には全日本選士権一般壮年前期で優勝（専門は牛島が優勝）したのが大きなものである。

だが、この昭和六年には京都武徳殿で牛島辰熊と名勝負をしている。

この試合は柔道の試合では初めてラジオで生実況されるほど注目された。

試合開始直後、野上が寝技に引き込む瞬間、牛島が大内刈《おおうちが》りで合わせて上になったが、そのまま牛島は腰を落として背を伸ばし、野上の前帯をつかんで突っ張り、徹底的に守りに入った。野上は牛島の後ろ帯をつかんで下から返そうとするが、必死に守る牛島を返すことができず、ついに試合は引き分けに終わった。ラジオで聴いていた柔道ファンにとっては動きのないつまらない試合になったが、武徳殿で実際に観戦していた人たちにとっては手に汗握る熱戦だったという。攻撃柔道が信条の牛島が生涯唯一《ゆいいつ》守りにまわった試合であった。

野上は京都帝大を出て東レに入社すると、柔道部を創部し、裏方として実業団柔道の発展に寄与したが、戦後、高専柔道を雛形《ひながた》にしたノールールに近いルールへの改革を講道館に訴えて睨《にら》まれ、柔道界では傍流を往《い》った。これは武徳会の再興を訴え続けて潰《つぶ》され、イギリスに逃げるように渡った阿部謙四郎と似ている。講道館のような大組織は、天才を容《い》れえないのかもしれない。

ここまで詳述したことからわかるとおり、柔道史から消えた二人の天才、阿部謙四郎と野上智賀雄の技術が木村政彦という柔道家の技術体系の基礎には流れている。言い換えれば、阿部と野上の名前は柔道史から消えたが、そのＤＮＡは立っても寝ても史上最強の柔道家木村政彦の中に脈々として残ったのである。

第6章　拓大予科の高専大会優勝

牛島師範、もうひとつの野望

高専柔道が栄えた最も大きな理由は、十五人の団体戦というのが日本の学校チームスポーツの嚆矢《こうし》だったからだろう。

それまでの日本にはまだ本格的なチームスポーツというものが根付いていなかった。「抜き役」「分け役」の役割分担が徹底され、強い弱いに関係なく、すべての者が主役となってチームの勝ちを取りにいくという試合スタイルが、若者の心を強く捉《とら》えたのだ。しかも寝技中心で、非力で運動センスがなくとも、研究と練習量次第で一流選手並みの実力を獲得しうるとなれば、学生のモチベーションが高まるのは当然であった。

こうして高専柔道が栄華を誇る一方、東京では早大と慶大のＯＢらが中心となって講道館のバックアップを得、大正十二年（一九二三）に東京学生柔道聯合会《れんごうかい》（現在の東京学生柔道連盟の前身）が設立された。これによって学生柔道が帝大柔道連盟主催の高専柔道と東京学生柔道聯合会というルールの異なる二つに分かれたため、学生柔道の全国的な組織はいつまで経《た》ってもできず、剣道のように文部省の後援も得ることができなかった。

大正十三年暮れには東京学生柔道聯合会主催の第一回大会が開かれている。しかし、参加したのは早稲田、慶応、法政、明治、体操学校（現在の日体大）の五校だけだった。決勝は早大と明大で争われ、早大が一対〇で優勝した。七人戦で、現在の東京学生優勝大会のまさに母体になっている。その大会ルールには、対帝大柔道、対高専柔道を睨《にら》んでの一項目がはっきりと記されていた。

《試合は投げ技よりはじめ、固め技は、投げ技が相当に効果を奏したる場合、または相手が技をかけんとして倒れるか、あるいは倒れかかった場合よりはじむべし》

だが、この東京学生聯合会主催の大会は、いつまで経っても高専大会のような盛況には至らなかった。

第二回大会からは大学と専門学校を分け、大学を一部、専門学校を二部として実施したが、一部の参加は三校、二部も三校に止《とど》まった。第三回大会も一部に二校、二部に三校、第四回は一部の出場校なし、二部は四校、第五回は一部は一校、二部は六校とまったく増えていない。高専大会には最高五十数校が参加し、延べ出場数は七十四校にのぼったのに較《くら》べるとあまりに寂しい数だ。まだ学校数が少なかった当時としては七十四校という数字は驚異的で、ほぼ全国すべての学校が参加したといってもいい。当時、学生柔道といえば、それは講道館ルールの試合ではなく、高専柔道のことを指したのである。

牛島辰熊も、隆盛を極める高専大会への拓大予科参戦を秘《ひそ》かに狙《ねら》っていたふしがある。

昭和九年（一九三四）七月二十二日。

まだ木村政彦が鎮西中学四年、すなわち拓大予科入学の前の年のことだ。牛島はわざわざ熊本まで木村を迎えに行き、京都武徳殿で北大予科vs松山高の決勝戦を観戦させている。木村が北大予科と松山高の熱戦に見入っているのを確認して牛島は安心し、期するものがあったに違いない。

牛島は、木村だけでなく、鎮西中から甲斐利之《としゆき》と船山辰幸《たつゆき》（ただし船山だけは予科ではなく専門部なので高専大会には不出場）を、また松江中学（現在の松江北高校）から西原基之《もとゆき》を引っ張り、拓大全体の力を上げようとしている。甲斐と船山も寝技が強かった。

西原基之は中学時代から松江高校（現在の島根大学）の練習に参加して本格的な寝技の練習を積み、寝技師としてその名は聞こえていた。弟子に天覧試合を制覇させるという目的だけならば木村一人で充分だったはずだ。牛島がこうして寝技のできる選手をかき集めたのは、いつか高専大会に参加してやろうという野心があったのだ。

他の東京学生聯合会加盟各校も高専大会出場に色気を持ってはいたが、講道館ルールにしばられて寝技の練習をおろそかにしていたため、とても勝てるようなチーム状態にはなかった。拓大もしかりである。

だが、それを承知のうえで、昭和九年、牛島辰熊は相沢小寿監督と組んで拓大を東京学生柔道聯合会から脱退させ、高専大会への参加を帝大柔道連盟に申し出た。原因は東京学生柔道聯合会主催の試合中の些細《ささい》な審判裁定であったが、むしろこの機をうかがっていたに違いない。

しかし、この拓大予科の高専大会参加表明は、大会を主催する帝大柔道連盟と参加チームに波紋を広げた。

ちょうどその頃、高専大会に、いわゆる「高専分離問題」が浮上していたからだ。これは、簡単にいうと、官立高校と専門学校の大会を分けて、高専大会は官立高校だけでやるべきではないかという議論である。当時、旧制中学の有名柔道選手をスカウトして無試験で入学させる旧制専門学校の同志社高商や関学高商《こうしょう》などが力を伸ばしてきており、入学定員削減などもあって入試のますます難しくなった官立高校の不利は明らかだったのだ。すでに柔道以外の陸上や野球、水泳など、ほとんどのスポーツが分離開催になっていた。

《従来高等学校は特別な技術の研究錬磨と、精神教育とによって、高専大会で高商や私大専門部を抑えて来たが、年とともにいよいよ狭き門となり、入学が困難となって、せっかく各高校の柔道部が自分の合宿に入れてまで教育して来た中等学校の優秀な選手たちが、高商や私大に流れて行くようになったことと、高商や私大が高校の練習方式や精神教育までも取り入れて鍛え始めたので、ますます高校との差を増して、最早や各高校は新入生の中から、体格のよさそうなもののみを選んで鍛錬させるだけでは、間に合わなくなって来た》（柔道新聞昭和三十八年六月十日号「古豪逸材の思い出」連載第45回、湯本修治）

高専分離問題は、後に強豪松山高の金子幹太校長が全国高校長会議の席上で公式発言し、さらに大きな問題になる。問題紛糾中の拓大予科の参加表明が各方面から反発されたのは致し方なかった。

牛島は窮地に追い込まれた。

高専大会に参加できなくとも、いまさら東京学生柔道聯合会にも戻れない。そうなると、今後どの公式団体戦にも出ることができなくなる。

「牛島師範はいったい何をしているんだ」

もともと独善的なきらいがあった牛島に対する風当たりが拓大ＯＢの間で強くなる。牛島は拓大ＯＢではなく、雇われ師範でしかない。牛島としては、何としても高専大会に参加し、そこで好成績を収めて東京学生柔道聯合会脱退を是と示さねばならなかった。

牛島は焦《あせ》ったに違いない。

だからこそ、まだ中学生だった木村政彦を熊本から連れてきて武徳殿で高専大会を見せたりしたのである。

翌昭和十年（一九三五）。

木村が拓大予科に入学した年のことである。

松山高、四高《しこう》、六高、五高、北大《ほくだい》予科などのＯＢが集まって審議した結果、多数決で拓大予科の加盟を認めようではないかということになった。さらに九州勢に対するアンケート調査で、七高、佐賀高、福岡高なども高専分離に反対する意向を示した。それを受けた帝大柔道連盟は正式に拓大予科の高専大会参加を許可した。過去、強力な反対にもかかわらず関学高商や関大予科の出場を認めた経緯もあり、高専分離問題が過熱してきたからといって、いまさら排斥する理由がなかったのである。

牛島は勇んで参加準備を始めたが、二カ月や三カ月では高専大会の寝技にとても対応できないので、翌昭和十一年からの参加を目指し、一年間かけて高専大会用の寝技技術を徹底的に高めていくことになった。

練習量がすべてを決定する柔道

拓大の寝技の練習とはいったいどんなものだったのかを木村政彦の五期下の平野時男が自著で書いている。コミカルなタッチだが、よく読むと苦しみが伝わってくる。平野は講道館の紅白戦で木村の記録を破る十五人を抜き、木村二世と呼ばれる実力を持っていたが、それでも先輩たちに寝技乱取りで弄《もてあそ》ばれた。あまりに苦しい練習に、みんな「死んだほうがましだ」と思っていたという。

《そのころ拓大は「寝技の拓大」といわれていたくらい選手たちは皆、寝技に強く、一般からも恐れられていた。私も予科一年に入学してからそれまで七カ月の間というものは、先輩から押え込まれ、絞められ、落とされどおしで、その苦しさといったら泣きだしたくなるくらいだった。（中略）時どき顔をみせる木村、甲斐先輩の力の強いのにはおどろいた。菅沼、河道先輩が力が強いと思っていたが、その二倍ぐらいも強いのである。それに少しの容赦もしないで、こちらが死にものぐるいで逃げようとするとぶんなぐられる》（『柔道世界投げ歩る記』）

道場の隅には絞め落とされた人間がいつも五、六人転がっていた。あまりの辛《つら》さ、あまりの恐怖に、そのうち道場から走って逃げようとする者も出てくる。そうすると先輩たちはそれを捕まえにいって、また道場に引っ張ってきて絞め落とすのである。

牛島辰熊は学生たちにとっては最も怖い存在で、睨《にら》まれただけで震え上がった。そして《その攻めのものすごさといったら、まるで猛牛が角を振り立てて突っ込んでくるというか、鷲《わし》が獲物を見つけてつかみかかってくるような勢い》（同前）で唸《うな》り声をあげてみぞおちに拳《こぶし》を入れる。これで倒れると横四方に入るのである。

延々と続く寝技乱取りで学生たちの道衣は乾く暇がなく、二人で両端を持って絞って急場をしのぐが後から後から吹き出す汗に《濡《ぬ》れた柔道衣の中で体はビニール袋に詰められたウナギのようにヌルヌルすべる》（同前）状態だった。

高専柔道は、その寝技に特化しているという特殊性から技術論で語られる場合が多いが、もうひとつ重要なことがある。井上靖が高専柔道を〝練習量がすべてを決定する柔道〟と呼んでいるが、彼らはフィジカルで劣るのを補うため、練習時間を講道館や武専の専門家たちより圧倒的に多くし、それによって精神力を鍛えた。

牛島辰熊は、六高に通いだした頃、イタチ抑えの開発者として有名な山本峰雄（当時六高学生）にこう語ったという。

「試合の直前にここに来るのは新技を覚えるためだけではない。この六高道場の張り詰めた空気を感じて、そのまま試合に臨みたいんだ」

闘志の権化《ごんげ》と謳《うた》われた牛島にこう言わしめるほどの学生のファイトが、高専大会参加校の道場には満ち満ちていた。

高専柔道が開発した練習方法に〝飛行機〟と呼ばれるものがあった。いわゆる掛かり稽古《げいこ》、台稽古である。一人が前に立ち、それを相手に他の選手が交代で徹底的に乱取りを回し、ぎりぎりまで追い込む稽古だ。現在では全国の大学や高校がこの練習法を取り入れているが、これはもともと六高が始めたものであった。四高に連覇を許している頃、なんとかこれを破ろうと工夫して始められたものだ。飛行機と呼ばれたのは、戦地で地上の戦闘員が飛行機が飛んでくると隠れたことになぞらえて「今日は飛行機をやるのだろうか」という部員の恐れをあらわしたものらしい。

当時の四高の練習日誌にこうある。

《二木飛行機を行ふ。元気なること驚く。試合時間五分。一時間五分にて墜落す。鶴《つる》

締められて落ちること五秒》（『旧制第四高等学校のスポーツ活動研究』大久保英哲、論文）

二木は十三人に対し九勝二敗二分けで、十四人目に掛かってきた鶴に開始四分で絞め落とされて〝墜落〟したと続く。墜落しないかぎり、この飛行機稽古はたいてい二時間以上続いたようである。ちなみにこの二木とは『北の海』（井上靖の自伝小説）に出てくる長身の抜き役伏木、鶴は一年生の鳶永太郎のモデルである。

ここで注目したいのが、二木が鶴の絞めで落とされることが淡々と書かれているところだ。

グレイシー一族が簡単には参った（タップ）しないのは有名だ。桜庭和志のホイラーに対する腕緘《うでがら》み、吉田秀彦のホイスに対する袖車絞《そでぐるまじ》めのときも、これでずいぶんもめた。「タップしていないのになぜ止める！」。マスコミもグレイシー一族のこの抗議を異様なものとして書いてきたが、こんなことは高専柔道では当たり前のことであった。あそこで試合を止めるレフェリーがおかしいのであって、グレイシー側の主張は当然である。

高専柔道では試合中に参ったする選手はおらず、絞められれば落ちるまで、関節技が完全に入れば、それは骨折を意味した。練習中も関節に関しては試合に障《さわ》るので参ったが許されたが、絞めはもちろん落ちるまでである。

大正七年（一九一八）十二月、四高《しこう》と五高の対抗戦の記録にこうある。

《つづいて四高は山口四郎、五高は新井源太郎の2番手段外同士となった。山口は小兵で初陣ながらも、果敢に引っ込んで寝技に誘うも、応じないと見る間に、新井の左腕関節の逆にはいって、しばし審判の宣告を待った。ところが新井は頑強に頑張って「参り」をいわない。四高応援隊からは「折ってしまえ」と盛んに激励する。山口は哀れと思ったが、審判の宣告のないまま、力を入れて腕を逆に返すと、みりみりと音がして腕はだらりと垂れる。しかし新井はついに「参り」を言わなかった》（湯本修治「高専柔道の歴史的意義」、『旧制高等学校史研究』第十一号、一九八一）

木村政彦も永野重雄（六高ＯＢ、元新日鐵会長）が骨折しながら片腕で高専大会を戦ったエピソードを自伝で紹介し、こう絶賛している。

《私は柔道のダイゴ味は、ここにあると思っている。ケガをしていたから負けたとか、コンディションが悪かったから敗れたなどという弁解は、一切無用なのである》（『鬼の柔道』）

前三角絞めを開発した早川勝（六高ＯＢ、元日経連専務理事）はこう言った。

「中学時代の柔道部を心に描いて柔道部に飛び込んだ。しかし、中学とはその生活がまったく異なっていた。練習の激しさに身も心も疲れはてて、道場の裏の草むらに倒れ伏し、とぼとぼと重い足を引きずりつつ道場から帰るとき、自分達より幾倍もの苦しい練習をしている先輩が『苦しいか』と言う。この言葉に覚えず熱い涙がグッとこみあげるのを止めることができなかった。『包帯巻いたる手足を眺め　これもこの夏京都戦』。沈痛な調子でこの歌を謳うとき、つい歌の心にひき入れられて、なんともいえない悲愴《ひそう》の感にうたれ、そして『俺達は俺達の生命まで投げ出しているのだ』と想《おも》いいたったとき、むしろ限りなき歓《よろこ》びが胸の内に湧《わ》き躍った」

過剰なセンチメンタリズムだととる向きもあろうが、高専柔道関係者に聞くと、だれもがこのような感懐を持っており、いかにその練習が激しかったのかわかる。

高専柔道には、牛島辰熊だけではなく、多くの柔道専門家が様々な形で交わっているが、やはりその苦しい練習に驚いている。

小谷澄之（後の十段）は、高等師範学校（現在の筑波大学）体育科を卒業した昭和二年から二年間、熊本の五高に赴任した。道場に顔を出すと、多数の白帯も含む学生たちは血の小便を流しながら命がけで寝技乱取りをしていた。なるほど小谷が練習に参加してみると、長時間の寝技乱取りの辛さは立技の比ではなく、小谷も苦しみ抜く。一年生相手に小谷が抑え込んでも、彼らは絶対に音を上げない。小谷が「死んだのでは」と怖くなって覗《のぞ》くと顔は蒼白《そうはく》だが、それでも抑え込みから逃れようと、決して力を抜かない。小谷はこの練習によって自分の寝技と精神も鍛えていった。

澤井健一は、後に打撃技中心の太気至誠拳法《たいきしせいけんぽう》を興《おこ》し、極真空手とも交わるが、もとは柔道家で、寝技の強化のため六高の練習に単身参加したことがある。顎《あご》や鼻など顔中の皮が剝《む》けて血が滲《にじ》み、耳は内出血で膨れ上がり、ストレスから髪はすべて抜け落ちた。風呂《ふろ》に入る気力もなく、水だけをかぶっては、その場で倒れるようにして寝込むしかなかったという。

木村政彦が拓大予科の三年間を賭《か》けて修行したのは、高度な技術のみではなく特殊な精神性を持ったこういう寝技だったのである。もともと身体能力の劣る旧制高校生たちが身体能力の高い者に勝つために工夫研究して開発した寝技テクニックを、パワーファイター木村が学んで強くならないはずがない。

大将木村の圧倒的強さ

拓大予科は牛島師範のもと苛烈《かれつ》な一年の寝技特訓を繰り返し、昭和十一年（一九三六）、勇躍東部予選トーナメントに初参加し、浦和高校（現在の埼玉大学）、静岡高校（現在の静岡大学）、弘前高校（現在の弘前大学）を破り快進撃する。

▼拓大予科の東部予選
一回戦　○拓大予科（六人残し）浦和高
二回戦　○拓大予科（六人残し）静岡高
準決勝　○拓大予科（三人残し）弘前高

東部予選決勝戦は、対松本高（今の信州大学）戦で十人を残すなど圧倒的な力で勝ちあがってきた北大予科との戦いになった。

▼北大予科の東部予選
一回戦　○北大予科（十人残し）松本高
二回戦　○北大予科（四人残し）福島高商《こうしょう》
準決勝　○北大予科（四人残し）二高

北大予科は前々年の全国王者であり、東部予選では他の追随を許さず連覇を続ける名門だった。木村自身も自伝『鬼の柔道』のなかで《これが事実上の優勝戦だと思われた》と書いているとおり、この大会でも全国大会優勝候補筆頭に挙げられていた。

もちろん木村を擁する拓大予科が、初陣ながらその対抗馬である。

庄司希光《しょうじのりみつ》、猿丸貞満《さるまるさだみつ》、宮下特五郎という超弩級《ちょうどきゅう》の抜き役を三枚揃《そろ》えた北大予科が総合力で勝り、拓大予科は北大予科のこの三人をも圧倒的に凌駕《りょうが》する木村政彦という絶対の切り札でまさっていた。甲斐利之や西原基之よりは、北大の庄司・猿丸・宮下の三人の方が上だと思われていたが、拓大予科には寝技では木村と互角の高橋博義（仙台二中出身）もいた。脚が効き、拓大内では〝寝技の神様〟と呼ばれる存在だった。他にも三鋒《さんぽう》に出た西田利男ら強力な抜き役を何枚も揃えていた。

一方の北大予科は前夜、いかにして木村に対するかを付き添いの先輩たちが徹夜で議論し、「木村までに最低五人を残さなければ勝ち目はない」と悲愴《ひそう》な覚悟で、大将に庄司、三将に宮下を据え、猿丸を四鋒に持っていく奇策をとった。猿丸で最低二人抜き、他の抜き役陣で三人を抜き、五人リードを保ったまま木村にぶつかる作戦であった。木村といえども、五人の中に宮下と庄司の二枚の超弩級が入れば全員抜き去ることは不可能だと考えられた。

まずは北大予科次鋒の佐藤一郎が横四方で一人抜くが、拓大予科三鋒の西田利男に腕緘《うでがら》みで抜き返される。二人抜き要員として四鋒に置かれた猿丸は一人目を腕十字で決めるが、二人目を抜けず。

以降、北大予科はリードを一人から広げられない。中堅の大竹が吉野を崩上《くずれかみ》に抑えるが、すぐに拓大予科高橋がその大竹を絞め落とす。北大予科抜き役陣はリードを広げようと攻めに攻めるが、牛島辰熊に一年間鍛えられた拓大予科の分け役たちをどうしても取れない。後半、拓大予科ナンバー2の甲斐利之が一人抜いてついにタイになるにいたり、北大予科は絶体絶命の窮地に追い込まれた。

北大予科は宮下特五郎が最低でも二人抜きしなければ勝ち目はまったくなくなる。猛然と甲斐を攻め立てるが、甲斐も必死である。

《宮下衆望を擔《にな》って立ち、猛然と攻撃を開始した。宮下得意の返しに甲斐の巨体は宙を舞って返り、抑えたかに見えたが、宮下が足を抜く途端、甲斐は人間業とも思えぬ怪力で宮下の腋下《わきした》から、宮下を持ちあげつつ起き上がる。宮下の必死の返しに甲斐の巨体が宙を廻る事6回、死にもの狂いに6度抑えられて6度起きる。場内には悽愴《せいそう》の気が漲《みなぎ》る内《うち》に、宮下の猛攻撃も遂《つい》に巧者甲斐に阻《はば》まれて引分に終る》（『北大柔道』第3号）

ついに北大予科は大将庄司《しょうじ》希光を引っ張り出された。木村に対して五人で当たるはずが、逆に庄司が木村を含め二人を取らなければならなくなった。庄司は全国にその名を知られた寝技師で、絶対の抜き役だ。

昭和11年高専大会東部予選決勝戦

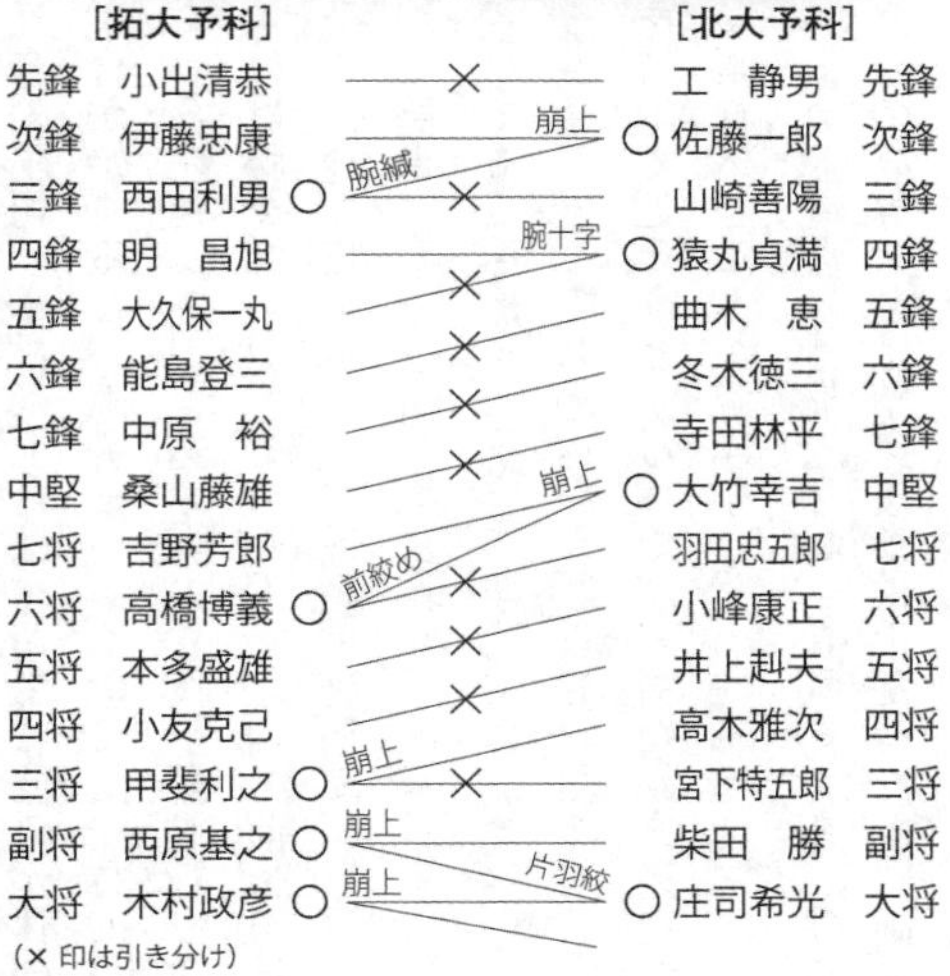

対する西原基之も超弩級。巨漢に髭面《ひげづら》をたくわえた風貌《ふうぼう》は鍾馗《しょうき》のごとく。立技も寝技も抜群に強い。

西原が引き込んだ。庄司が両脚をさばいて速攻をかけ、西原の頭までまわる。西原が体勢を立て直そうとするところ、庄司、巧《うま》く背中についてじりじりと送襟絞《おくりえりじ》めを狙《ねら》った。西原は両手で必死に防ぐが、庄司の執念の指先がついに顎《あご》にかかり、片羽絞めに変化して絞め落とした。

それを眼前で見ていた大将木村政彦は、組んでいた太い腕をほどき、立ち上がって二度、三度と足首を回した。庄司と西原の最後の礼が終わったところでゆっくりと畳に上がる。その悠然たる所作に観客席からため息が漏れた。

長身の庄司。木村は上背は庄司より低いが体の厚みは圧倒的だ。

試合が始まると、両者まっすぐ前に出、右にがっぷり組み合う。立ったら一発で投げられる庄司は、引き込み際《ぎわ》の立技を警戒してゆっくりと立て膝《ひざ》から寝技に誘った。木村は腰を低く引いて、両手で庄司の前帯を握ってグッとしぼった。庄司は木村の横帯を持って脇《わき》をすくい、下から返しにいく。上の木村が横転する。場内小さなどよめき。瞬間、庄司が胸を合わせた。またどよめく。が、木村はこれを鉄砲（腕力で強引に返すこと）で簡単に返し、また上になる。木村は鉄砲を得意としており、わざと抑えさせ、返して抑え込もうとしていたのだ。庄司は足を戻して正対し、もう一度、帯を持って返そうとする。だが、あたりまえだが木村の強靱《きょうじん》な腰はどう揺さぶっても引っ張り込むことができない。

木村が機を見て上体を下げ、庄司の下腹に密着して、じわじわと上がっていく。

当時の高専大会は禁声援禁拍手だったが、両軍その禁を破って声を限りの声援を上げる。

木村が腰を切って庄司の肩をきめた。北大予科陣営から悲鳴が上がる。木村は落ち着いて脚を抜き、横四方から崩上に変化し、がっちりと抑えた。格が違った。

《たたかいは抜きつ抜かれつの接戦が続き、先《ま》ず副将同士の熱戦は西原三段がよく頑張って相手副将を破った。しかし大将との対戦は惜しくも敗れ、結局、大将同士の対決となった。すごい決戦となったが、木村五段は実力を発揮し北大予科の庄司希光三段を抑え込んで見事に勝ち、激戦の東部地方大会を制して代表校となった》（『拓殖大学柔道部百年史』）

翌日の新聞は【大将同士の決戦拓大予科優勝す、常勝北大予科惜敗】と大きく報じた。

この試合の二年前の北大予科全国大会優勝メンバーで、試合に付き添っていた堂垣《どうがき》内尚弘《ないなおひろ》（元北海道知事）は「あれはしかたない。木村君が強すぎる。いくら庄司でも格が違った。木村の体の厚みはすでに学生のそれじゃなかった。木村の前に木村なく木村の後に木村なしっていうのは後からできた言葉だけど、高専大会でもすでに凄《すご》かったよ」と、生前、私に話してくれた。

なお、この年を最後に高専大会は東部・中部・西部の三地区予選から北部・東部・中部・西部の四地区予選制に移行するため、北大予科は北部予選に回り、拓大予科と北大予科の試合はこれが最初で最後であった。次の年から拓大予科は東部予選を六連覇することになる。

拓大予科はこの北大予科を破った勢いをかって京都武徳殿の全国戦に臨み、名古屋高商戦では大将木村に対し相手は三人残っていたが、木村が崩上、払腰《はらいごし》、枕袈裟《まくらけさ》で抜き去り、逆転勝ち。

よめく。木村は昨年秋の学生選士権試合で優勝しており超一流の選手、まず参将高橋を崩上、副将酒井敏治二段を払い腰に破って大将松浦一太三段と対したが、熱戦の末松浦を枕袈裟に降《くだ》して優勝戦進出への道を拓《ひら》いた》（『続・闘魂 高専柔道の回顧』）

《まことに目まぐるしく息づまる熱戦。拓大大将木村政彦五段が出場するや場内はど

拓大予科はなめていた名古屋高商に苦戦したことにショックを受け、決勝の東亜同文書院戦前に、徹底的に相手の寝技を研究し、それに対する対策を練って試合に臨んだ。結果、四人残しで圧勝し、初出場初優勝の栄光に浴すことになる。

▼高専柔道大会全国戦

○拓大予科（大将決戦）名古屋高商

○拓大予科（四人残し）東亜同文書院

会場の京都武徳殿から木村政彦が紫紺の大優勝旗を抱えてその後ろに全メンバーを従え、朴歯《ほおば》の高下駄の音も高らかに宿舎まで都大路を練り歩いた。今でいう優勝パレ

ードだが、これは他校が優勝してもまったく同じ、高専大会の伝統だった。
拓大予科選手は胸を張って歩きながら柔道部々歌「逍遥歌《しょうようか》」を凱歌《がいか》として歌った。

怒濤《どとう》逆巻く東雲《しののめ》の
雲紅の色に染《し》み
希望清新の香に満ちて
大日輪は現はれぬ
眠れる獅子《しし》よとく醒《さ》めよ
醒めて亜細亜《アジア》の為《ため》に泣け
泣いて叫べよヒマラヤの
峰に傾く夕日影
（『拓殖大学柔道部百年史』）

結局、大将に座り続けた木村が戦ったのは東部予選での北大予科との一試合と名古屋高商相手の三人抜きのみであったが、その強さはあまりに際だっていた。高専大会で関東勢が優勝したのは後にも先にも、このときの拓大予科だけである。木村政彦の名は、この高専大会での活躍でさらに全国に轟《とどろ》くようになる。

この優勝は牛島辰熊にとっても大きなものだった。

なにしろ東京学生柔道聯合会《れんごうかい》を脱退してまで出場した高専大会である。柔道部OBで、後に拓大理事長になる狩野敏《かのうびん》は「牛島師範は実に熱心にやってくれた。多少一方的に凝り固まって、自分の思い通りにしようとした傾きもないではない。これがとかくの批判となったが、師範としては実に名師範であった。木村を大成させたのもその現れである。武士道精神に徹し、純粋生一本であったの一語に尽きる」と言外に牛島に対するOB会の不満が多いことを述べながら、しかし狩野自身は牛島を絶賛している。

新兵器、横三角の開発

翌昭和十二年（一九三七）。

木村が予科三年のとき、拓大予科はさらに寝技を強化し、高専大会の連覇を目指した。春からすでに部員たちの練習は悲壮をきわめた。

「なんとしても連覇しろ！」

牛島は禁酒令を出し、学生たちに気合いを入れた。

道場は部員たちの呻《うめ》き声のみとなった。

そして東京帝大山上御殿道場で開催された東部予選トーナメントに乗り込む。

この大会、連覇のための秘密兵器として拓大予科は横三角絞めを開発していた。いま柔道の三角で最も多く見られるこの横三角絞めは、実は木村政彦を含めた拓大予科生たちが作り出したものなのだ。拓大予科は事前にこの新技術が漏れるのを防ぐため、出稽古《でげいこ》をすべて断り、さらに慎重を期して道場の外に下級生を立たせて練習を覗《のぞ》かれないようにした。この新兵器横三角は東部予選で圧倒的威力を発揮した。

▼拓大予科の東部予選
一回戦　◯拓大予科（記録消失）桐生高工
二回戦　◯拓大予科（四人残し）東京商大予科
準決勝　◯拓大予科（五人残し）静岡高
決勝　◯拓大予科（三人残し）横浜専門

拓大予科は大将の木村政彦を一度も戦わせることなく、京都武徳殿での全国大会へ上洛《じょうらく》する。

北部代表は北大予科、中部代表は同志社高商、西部代表は東亜《とうあ》同文書院《どうぶんしょいん》。どこも相手にとって不足はない。抽選の結果、拓大の準決勝の相手は進境著しい同志社高商となった。

同志社高商は、この大会のために新兵器〝立三角絞め〟を開発していた。これがどんな技だったのか資料がないが、おそらく飛びつき前三角、もしくは相手をカメにして立った姿勢から入る後三角のようなものだったのではないか。

試合は、拓大予科の横三角、同志社高商の立三角、新兵器のぶつかり合いとなった。

しかし拓大予科は大苦戦を強いられる。抜きつ抜かれつの乱戦となり、大将に回ったときには三人差をつけられ、木村政彦は四人を相手に戦わなければならなかった。前年の準決勝名古屋高商戦のように、またすべてを抜き去るかと場内固唾《かたず》をのんで見守るなかで木村が試合場に上がると、場内はそれだけでどよめいた。

木村、両手を挙げ、一人目の四将木村俠一に対す。

相手は必死に逃げる。かなり時間はかかったが、最後は得意の崩上《くずれかみ》に抑えた。

二人目の三将岸和田喜男はさらに徹底的な引き分け戦法に出た。組まずに場内を巧《うま》く回って逃げ、組んでも対木村用に練った引き分け戦術でなかなか極《き》めさせない。拓大予科陣営が拳《こぶし》を握りしめて趨勢《すうせい》を見守るなか、これも大将戦三十分の時間切れぎりぎりにやっと崩上に斬《き》って取った。道衣を直す木村の額から大粒の汗が滴《したた》り落ちる。

三人目の副将灘波竹二郎は分け役だったが、引き込んで下から脚を使う正統派の寝技師。

二人抜いて疲れ切った木村は、このよく効く脚に三十分間翻弄《ほんろう》されてついに脚を越えることができず。この瞬間、大将森本正一を一人残して同志社高商の勝ちが決まった。同志社高商陣営が立ち上がり大歓声を挙げた。一方、連覇にかけていた拓大予科勢は肩を抱き合って号泣した。泣いても泣いても涙は尽きず、男泣きにくれた。

木村はこの試合の三カ月後には全日本選士権を初制覇するほどの力を持っており、柔道家としての格は月とスッポンだったが、灘波は分ける技術と精神力のみで木村を止めたのである。当時の高専柔道の分け役のレベルがいかに高かったかの証左である。

同志社高商は決勝で北大予科を破り、悲願の初優勝を遂げる。

こうして、木村政彦は鎮西中時代には立技に傾いていた柔道を、高専柔道を経験することによって強力な寝技も己のものとし、立技寝技を五分五分としていく。いや、寝技こそを絶対の武器としていく。

木村が老齢になってから書いた一文を引く。

《私の柔道は元来、立技が六、七分、寝技が三、四分だったが、高専柔道を決して怖れずすすんで立ち向かい、勝たんがために寝技を一層錬磨し、おかげで一度は高専大会で全国制覇をとげることもできた。寝技の制限をはじめ、禁止する項をもっと少なくし、試合場を広く、試合時間を少なくとも十分くらいとして、勝負がつかねば延長もあることにする。立技寝技が縦横に織りまざって展開される、そういうはつらつたる試合が行われることになれば、日本民族独特の武道として発達した柔道の神髄が表現されるであろう。私はそれをひそかに切望してやまぬものである》（『高専柔道と私』）

華やかに続いた高専大会は戦争によって消滅してしまった。しかし、後の章で詳述するが、その技術は草創期のブラジリアン柔術にも大きな影響を与えていて、現在では洗練されたその技術は講道館柔道よりもむしろそちらに残されている。いま木村が生きていて、海外試合での審判裁定に振り回される日本柔道の現状を見たら、こうアドバイスするに違いない。

「ブラジリアン柔術の寝技は非常にレベルが高い。徹底的に研究して柔道に取り入れたほうがいい」

世紀の誤審といわれた篠原信一とダビド・ドゥイエのシドニー五輪での試合のよう

に、立技では「今のはいったいどっちの技だったのか」ともめたり「技有りだったのか有効だったのか」ともめたりするが、寝技で抑えたり絞め関節を取ったりすれば、審判裁定でもめることはありえないのだから。もちろん講道館ルール・国際ルールの寝技には膠着《こうちゃく》による「待て」があるため、高専柔道やブラジリアン柔術よりスピーディに極める技術が要求されるが、それに関しても、木村なら研究で何とかしようとしただろう。木村はあくまで勝負にこだわった男である。勝ちにこだわった男である。ルールや審判裁定の流れが変わったのならば、その土俵で絶対に勝てる方策を模索しただろう。

木村は柔道に対してひどくオープンな感覚を持っていた。空手、ボクシング、レスリング、サンボ、新しいものがあると躊躇《ちゅうちょ》なくそれを取り入れた。

高専大会で優勝した昭和十一年（一九三六）、拓大の学生十五人と監督狩野敏、牛島辰熊と大谷晃の両師範が、朝鮮、満州、北支へと大遠征に出ている。これは東京学生柔道聯合会《れんごうかい》から脱退していたため、東京で団体公式戦に出場できないための措置であった。この頃に警視庁などとも何度か団体戦を戦っている。

選手一人あたりの負担額は二十五円。東京―大連の三等片道汽車賃だけを持っての出発である。学校からは補助がなく、不足分は外地にOBが多い拓大の特質を生かして、現地調達しながら大陸を回ることができた。

試合は十五人の抜き勝負である。京城《けいじょう》・奉天・新京・ハルピン・大連・天津《テンシン》・北京《ペキン》の順に回り、連戦連勝だった。

唯一《ゆいいつ》引き分けたのが対大連戦である。

シーソーゲームになったが、最後は大将決戦。拓大大将はもちろん木村政彦。そして大連軍の大将は早大出身の山口利夫（このときはまだ利雄だが引用以外は利夫に統一）。〝満州の虎《とら》〟と謳《うた》われた強豪中の強豪である。後にプロ柔道で一緒になり、さらにプロレスラーにもなっていく仲になる。その出会いが、この大連での戦いであった。十九歳の木村は山口を押して何度も取りかけるが、巨体の山口の守り堅く、ついに引き分けられた。

ちなみに、木村は昭和十年（一九三五）に拓大に入学後、学生個人戦である大学高専選士権（明治神宮大会）を連覇している。高専とあるがいわゆる高専柔道とはまったく関係ない。ルールは講道館ルールである。拓大は東京学生柔道聯合会を脱退していたので団体戦には出られなかったが、この個人戦には参加できたようだ。記録が残っている昭和十年と十二年の戦績を並べてみると、広瀬巌戦の技あり（大外刈り）での優勢勝ちを除くと、すべて一本勝ちである。その十勝のうち、寝技が六つ、立技が四つである。さらに寝技のうち四勝が腕緘《うでがら》みで挙げられたものなのが光る。

【大学高専選士権（明治神宮大会）】

▼第八回大会（昭和十年、拓大予科一年時）
一回戦　木村政彦○（出足払）北川享正（大正大）
二回戦　木村政彦○（腕緘み）平　工（武　専）
三回戦　木村政彦○（大外落）鈴鹿　寿（明　大）
準々決　木村政彦○（腕緘み）沼田　正（日　大）
準決勝　木村政彦○（腕緘み）船山辰幸（拓　大）
決　勝　木村政彦○（崩　上）柳井嘉彦（早　大）

▼第九回大会（昭和十二年、拓大予科三年時）
一回戦　木村政彦　シード
二回戦　木村政彦○（大外刈）市川清矩（駒大予）
三回戦　木村政彦○（大外刈）城戸勝彦（立大予）
準々決　木村政彦○（腕緘み）尾崎稲穂（一早高）

準決勝　木村政彦○（崩上）姿　節雄（明大予）
決　勝　木村政彦○（技あり）広瀬　巌（武　専）

木村政彦は、阿部謙四郎戦の敗北から身に着けた本物の立技の力と、高専柔道で培《つちか》った本物の寝技の力を合わせ、いよいよ本格化してきた力を全日本選士権へ、そして師弟悲願の天覧試合制覇へ向けてぶつけていく。

昭和11年（1936)、拓大予科は高専柔道大会で初参加初優勝という快挙を成し遂げる。中央で優勝旗を持つのが予科２年の木村政彦。(写真提供＝木村家遺族)

第7章　全日本選士権3連覇

不敵な20連覇宣言

木村政彦の全盛期は全日本柔道選士権の初制覇から始まる。

昭和十二年（一九三七）、拓大予科三年、二十歳の秋十月である。

牛島辰熊《たつくま》師範や大将の木村だけではなく、全員が一丸となって連覇を狙《ねら》った京都武徳殿での高専大会全国準決勝戦で同志社高商に一人残しで敗れた三カ月後であった。

木村は褌《ふんどし》を締め直して猛練習を重ねる。

当時の全日本選士権で興味深いのは、大会が一般の部と専門の部に別れていたことである。

柔道を生業《なりわい》にして飯を食う専門家をプロとして一般の学生や社会人たちとは別にカテゴライズして日本一を決めていたので、戦前の柔道界、すなわち嘉納治五郎《かのうじごろう》は、プロの存在を許していたことがわかる（もちろん現在の強豪実業団や警察の特練柔道は事実上のプロなので、「プロ排斥」を公言している今の柔道界が歪《ゆが》んでいるのである）。

専門の部も一般の部も、現在より少数精鋭で争わせるよう、出場選士の数を極端に抑えた狭き門だった。木村初出場の年は、牛島が連覇した頃と同じように専門の部の出場枠はわずか八人でしかない。

学生の木村は本来なら一般の部に出場すべきだが、牛島は事実上の日本一を決める専門の部に強引にねじ込んだ。

「こいつは将来専門家になるように育てている」

牛島にしてみれば、日本一を獲《と》るために、そしていつか栄光の天覧試合を制するために、木村に英才教育をほどこしてきたのだ。一般の部で優勝しても意味がない。主催者側、役員からはかなりの反発があったが、最後は牛島の粘り勝ちだった。学生の専門の部への出場は史上初であった。

「いいか政、絶対に優勝しろ」

檄《げき》を飛ばす牛島に木村はこたえた。

初戦の柳澤甚之介を得意の立ち姿勢からの腕絨《うでがら》みで極《き》め、準決勝の巨漢上野昇五郎は大外刈《おおそとが》りで畳に叩《たた》きつけた。

講道館機関誌の試合記録を紐解《ひもと》いてみると、初出場とはいえ、一回戦と準決勝の相手とは圧倒的な差があり、相手がほとんど逃げ回るようにするのを追って追って追いまくって取ってしまったようだ。

しかし木村の体重はこのとき二十一貫（七八・七五キロ）と記録にある。全盛期は八五キロだから、まだ線が細かった。

だから決勝の相手、中島正行は荷が重かったようである。

中島はこの大会の優勝候補筆頭で、当時実力日本一と謳《うた》われていた。

久留米出身、木村より八歳上の二十八歳で体重は九五キロ。

昭和九年、十年と全日本選士権一般の部を連覇し、満州昭和製鋼所で柔道専門家になって、今回は専門の部に出場してきた。後にプロレスラーとなるあの山口利夫をも二度にわたり破った左内股《ひだりうちまた》の天才で、昭和十五年の天覧試合にも出場することになる強豪だ。準決勝で中島は、木村の目の前でその得意の内股を三発決め、二つの技ありをとって投げ勝っている。

木村右組み、中島は左組みの喧嘩《けんか》四《よ》つ。

上から奥襟を取った中島がすぐに内股にきたが、木村がかわして場外に同体となって落ちた。その後、先に道衣を握った方がすぐに得意技を放つ立技の応酬になった。

木村は喧嘩四つに対する大外刈りをまだ完成していなかったのだろう。

結局、本戦の十五分は両者決め手なく、延長戦に入った。何度ももつれて一メートル下の試合場下に落ち、そのたびに両者とも大きなダメージを負った。

二度目の延長。木村が大外刈りから一本背負いに変化して横へ巻き込むと、これが技ありになった。

木村は勝ったと思った。だが、再び立って組み合った瞬間、中島得意の内股で木村の体が半身に浮いた。懸命にこらえたが、中島はそのままケンケン内股で木村を投げ伏せた。木村は体を捻《ひね》って一本になるのを防ぐのが精一杯だった。

磯貝審判の「技あり」のコールで振り出しに戻った。

汗で目を開けていることができず、組み合いながら肩で何度も汗を拭《ぬぐ》う。立技は決まらないとみた木村は中島のくるぶしを蹴《け》って押し倒し、得意の寝技へ持ち込む。素早く上体を固めたが、必死に脚をからむ中島を抑え込むことはできず、そのまま二度目の延長時間も終えた。

両者開始線に戻って正座し、乱れた道衣を直す。木村の前腕は疲労ですでに握力が失われていた。一方の中島も道衣を直しながら脚を伸ばしてふくらはぎを揉《も》んでいた。それを見て木村は「あの疲れている脚を狙うしかない」と思った。このあたり木村の勝負師ぶりがわかる。

三度目の延長。木村は組むとみせて奇襲の双手《もろて》刈《が》り（タックル）にいった。中島がこらえるところを低い体勢のまま右の大内刈り、そして左手で中島の右膝裏《みぎひざうら》を内側からすくって右肩で押し込んで強引に倒し、そのまま縦四方固《たてしほうがた》めに入った。場外ぎりぎりだったため磯貝審判がそのままの体勢で場内へ戻し、「抑え込み」のコール。暴れる中島。一度は外れかけるが、木村は中島の頭にまわって崩上四方固《くずれかみしほうがた》めに変化し、抑え切った。

実に四十分にわたる死闘だった。今では考えられない試合タイムである。最後は高専柔道の寝技に救われた。両者とも脱水症状でしばらくは動けなかった。

二十歳一カ月、史上最年少の優勝であった。

この最年少記録は昭和五十二年（一九七七）、山下泰裕に破られるまで実に四十年間も守られることになる。

▼昭和十二年（一九三七）全日本選士権、初優勝（十月二十三～二十四日・於講道館）

一回戦　木村政彦○（腕緘み）柳澤甚之介

準決勝　木村政彦○（大外刈）上野昇五郎

決　勝　木村政彦○（崩　上）中島正行

選士権を主催する翌日付の朝日新聞は【大豪中島五段敗る／熱戦木村五段に凱歌《がいか》】と四段見出しで報じている。総評は早大柔道部OBのタレント石黒敬七、見出しは【木村に寝技の長】だ。

全日本初制覇を決めた夜、牛島塾でのささやかな宴席には鰯《いわし》と子鯛《こだい》が並んだ。木村はいつものように何杯もおかわりし、祝い酒を楽しんだ。

著書で《まさかと思われる試合に勝てたことは、まるで夢のようだった》と書いている。

その様子を見ていた牛島が怒った。

「一度くらい勝って喜ぶな。十連覇してからだ」

しかし、木村が中島正行を崩上に抑えた瞬間、役員席で牛島が涙を流したのを何人もが見ていて、木村に教えてくれていた。木村は今回こそ誉《ほ》めてもらえるだろうと思っていたので、牛島の言葉に少なからずショックを受けた。しかし、次の瞬間、木村はこう言った。

「十連覇ではなく二十連覇を狙います」

さすがの牛島もこの言葉に驚いた。

この二十連覇宣言は後の資料にいくつか出てくる。おそらくはじめに言ったときは思いつきだったのだろうが、力をつけていくうちに本気で狙いはじめたのだろう。

「三倍努力」の誕生

全日本初優勝の夜も木村は腕立て伏せ五百回と巻《ま》き藁《わら》突き（藁を巻きつけた立木を叩《たた》いて拳《こぶし》を鍛える空手の練習）五百回、ウサギ跳びを一キロこなしてから布団《ふとん》に入った。体中が火照《ほて》って、試合の興奮がおさまらない。

試合前には「一生に一度だけでいいからチャンピオンになりたい」と思っていたが、実際に優勝旗を自らの手に握ると、もう誰にも渡したくないという気持になっていた。だが……。

脳裏に昼の試合風景が浮かんでくる。

中島のあの内股《うちまた》が技ありでなく一本だったら俺は負けていた。延長を重ね、両者とも疲弊していた。若かったからスタミナ勝ちしただけだろう。では、絶対に勝つためにどうしたらいいいか。

辿《たど》り着いた結論が、有名な「三倍努力」である。

強豪選手たちが三時間稽古《けいこ》していたので木村は倍の六時間から七時間稽古していたが、倍の稽古だけでは「絶対」の境地には辿り着けない。ライバルたちも必死に努力しているからだ。二倍程度の稽古量では、なにかのはずみで勝敗がひっくり返ることもありえる。しかし三倍の九時間以上稽古をすれば、他の人間はついてはこれまい。

木村の稽古は毎日九時間以上という信じられないものになっていく。この伝説の九時間の練習量を「それは座禅やウェイトトレーニングなどの時間も入れているのではないか」と思っている者が多いと思う。

だが違うのだ。

木村は乱取り《らんど》（スパーリング）だけで毎日百本はこなした。

一本五分としても、これだけで九時間近くになる。ウェイトトレーニングなどを含めると十三時間から十四時間はこなしていることになる。

経験者ならわかるとおり、柔道の乱取りは、どれだけ長くとも五時間が限界である。球技ならともかく、投げ、抑え込み、絞めて関節をとり合って一瞬も気を抜けない柔道では、間違いなくぶっ倒れるはずだ。五時間やるとしても一週間の合宿期間だけこなすことはあるが、毎日続けるのはどう考えても不可能である。現在の強豪高校や強豪大学でも普段の乱取り量は三時間ならかなり長いほうである。

だが、木村は本当に乱取りだけで九時間やった。まず警視庁へ朝十時から出稽古へ行き、昼食を食べて拓大で三時間、そして夕方六時から講道館、そのあと深川の義勇軍道場、牛島塾に戻ってくるのは夜十一時である。

そして夕食をかき込むと、ウサギ跳びをしながら風呂《ふろ》に行き、またウサギ跳びで帰ってくる。すぐに腕立て伏せを千回やって、そのあとバーベルを使ったウェイトトレーニング、巻き藁突きを左右千回ずつ、さらに立木への数千本の打ち込みである。布団に入るのは午前二時過ぎ。そしてそこからまた頭の中でイメージトレーニングが始まった。眠ってしまいそうになると自分で体をつねってその痛みで奮起しイメージトレーニングを続ける。眠るのは四時過ぎである。睡眠時間は三時間もなかった。

木村の頭の中にはオーバーワークという言葉はなかった。それは師の牛島辰熊も驚くほどの練習量だった。

牛島が後に工藤雷介（柔道新聞主幹）にこう語っている。

「昼間、人の何倍か稽古したうえ、夜中にゴツン、ゴツンと庭で音がする。真夜中に木村が起きて巻き藁を突き、庭の大木を相手に打ち込みをしているのだ。その音で、目がさめることがたびたびあった。だが、せっかく眠らずに鍛えているのだから、やめろというわけにもいかんので、俺は布団を頭からかぶって寝たもんだ」

鬼の称号は、このときたしかに木村に引き継がれたのだ。

この九時間という信じられない練習量をこなすと人間はいったいどうなるのか。

これに近い練習を弟子たちに課した男がいる。

岡野功《いさお》である。

戦後の名選手を挙げろと言われたら必ず筆頭に出てくるのがこの岡野功である。東京五輪中量級で金メダルを獲《と》った後、一七〇センチ八〇キロという木村政彦よりさらに一回り小柄な体で無差別の全日本選手権制覇に情熱を燃やし、優勝二回、準優勝一回という輝かしい戦績を残した。

二度目の全日本制覇の後、二十五歳の若さで引退を表明し、二十六歳のときに柔道私塾「正気塾《せいきじゅく》」を起《た》ち上げた。岡野に聞くと、このとき牛島に相談にいったという。牛島塾を雛形《ひながた》にしようとしたのだ。自著『バイタル柔道』の後書きに岡野はこう書く。

《正気塾の窮極の目標はその意味での真の人間形成、人間育成であり、単なる柔道選手の養成だけが主目的ではない。人間のこころを学び柔道の技を磨くことによって伝統の真の姿を顕現したい》

まさに牛島塾の影響が見られる。

この正気塾に在籍した二宮和弘（一九七六年モントリオール五輪軽重量級金メダル、一九七三年ローザンヌ世界選手権無差別級優勝、天理大学出身）に、その生活を詳しく聞いてみた。

「毎日、八時間か九時間は練習やりました。朝五時四十五分に起きて、まず走るんです。私の塾生生活は二年間でしたけど、引退してからも、その後ずっと二十年間は毎日五時四十五分になると目がさめる癖が抜けなかったです。それくらい緊張した生活だったんですね。厳しかったですよ、岡野さん。もう、こんな厳しい先生がいるのかと思いましたから。でも、九時間もやると絶対体を壊します。みんな病気になります。普通じゃできないですよ、まともじゃない。たとえばですね、私もどこかでやった合宿で全身けいれん起こしちゃいましたから。全身がつって動けなくなったんです。塾生たちが心配してみんなで運んで、そこ温泉があったんで温泉につけたんですね。温めれば治ると思って。でも治らなかった。本当は冷やさなきゃいけなかったみたいなんですけど。それで救急車で運ばれて。医者は『もう少しで死ぬところだったぞ』って言ってましたよ」

二宮は簡単に言うが、その生活は尋常ではない。正気塾の九時間の練習は、打ち込み（投技のフォームを固めるために二人一組になってフルパワーで投げる寸前まで技をかけあう練習法）やランニングを含めてのものなので木村に比べるとやや短い。しかしそれでも、人間の限界をはるかに超えている、ありえない練習量だ。

「正気塾でのそのときの稽古量の貯金で私も世界獲れたんです。私の他に、西村（昌樹）、津沢（寿志）、上口（孝文）とかいましたけど、みんなチャンピオンになってるでしょう。柔道は極限まで練習すれば必ず強くなるんだなと、そのときはっきり確信しました。打ち込みだけで土曜日は千本、他の日も八百本やってたんですから。だからね、木村（政彦）先生の強さも十時間の練習を続けたからだと思うんですよ。でも木村先生のすごいところは、それを一人で自主的にやったことです。普通できませんよ。私たちは団体で、怖い岡野先生にやらされたからできたようなものですから。人間、そんなに強い生き物じゃありませんから。木村先生とはその差があります。木村先生の全盛時代は道衣着てるか寝てるか酒飲んでるか、その三つのどれかだったたって神話がありますよね」

二宮はそう言って笑った後、木村のエピソードを一つ教えてくれた。

「昔、武専《ぶせん》出身の先生に聞いたんですけど、ある日、木村先生が一人で出稽古に来たらしいんですよ。たった一人でですよ。当時だったら、これ、もう道場破りだと思われてもしかたないですよ。天理大は武専を復活させようというような感じで設立された大学ですから、そういう気風が私の頃にはまだ残っていたんですけど、五体満足で帰すなみたいな。それが戦前の武専ですからね。完全な道場破りです。普通の感覚ではできません。そりゃ怖かったと思いますよ。で、武専では四十人だか五十人だかの人間が三時間から四時間かけて何度も何度も木村先生に交代でかかっていくわけですよ。潰《つぶ》すために。そのまま帰せば武専の恥になりますから。でも逆にみんな木村先生の大外刈りで叩きつけられて脳震盪《のうしんとう》をおこしてあちこちで倒れていて、立てなくなっちゃったって。木村先生は容赦しないで投げますからね。でも、木村先生は終わってもけろっとして疲れてなかったらしいです。それで夜、酒席になったらしいんです。で、木村先生が『今日は体調が悪かった』と言うので熱を測らせたら三八度何分かあったということです。つまりその体調でもそれだけ強かったんですね。これはもう木村先生の抜群の練習量の賜物《たまもの》ですよ。木村先生の凄《すご》いところは、そういう練習を、たった一人でやったということでしょう」

牛島塾は正気塾と違って全員で出稽古やトレーニングをしていたわけではない。拓大での稽古と掃除など以外は、あくまで本人の自主性に任せていた。

だから木村はいつもひとりで出稽古に行った。

仲間と連れだって行くと、その仲間が休めば自分も休んでよかろうという方向に流れるのを恐れたのだ。木村はこういった他人に対する依頼心こそ勝負師にとって最大の敵であると考えていた。木村はとことん自分に厳しかった。強くなること以外はいっさい考えず、その妨げになることはすべて遠ざけ、ためになることは何でも取り入れた。強くなることだけに徹し続けた。

負けたら腹を切る

座禅を始めたのも全日本初Vの後だ。塾でもときどき牛島の指導でやっていたが、それを一人で本格的にやるようになったのである。

座禅といっても寺に入るわけではない。木村が最も恐れたのは練習量が減ることだったので、参禅のために時間を削るのは本末転倒だと考えたのである。古今の名著を読んで禅の世界に没頭した。

座禅を組むのは深夜である。

一時間から二時間。興が乗るとさらに。

こうして座禅を組むようになって一つの悟りを開いた。

負けたら腹を切る——ということである。

これまでも死にもの狂いの稽古《けいこ》を重ねていたが、そうではなく、死ぬことを前提の稽古を始めたのである。だが、本当に腹が切れるだろうか……そう思って、ある晩、宮内省五段選抜試合の優勝時にもらった短刀を押入から引っ張り出した。

両手で鞘《さや》を逆手に握り、腹に突き立ててみた。鋭い痛みが走って大量の血が噴き出し、刃に滴《したた》る。狭い部屋に血の臭《にお》いが満ちた。よし、このままズブリと刺して引き斬《き》るだけだ。いつでもできると思った。

このときのことについて後に塩田剛三（合気道養神館）との対談で、こう話している。

「刺した時、パーッと赤い血が飛んでね、きっ先を伝わって、タラタラと流れていくんだ。油を塗ってあるからスーッと流れるんじゃなく、ラセン状に血がタラタラと流れていくんだ。それを見てね、よし、あとは短刀を引っぱれば自分はいくな、と思った。そこから先は気合だからね、一気に引けばいい。そのときに安心した。よし、自分は本当に死ぬことができると確信を持った」

この日以来、いつでも切腹できるように、木村は短刀を机の上に置いておくようになる。

どうせ負けたら死ぬのだ……。

木村の稽古は命がけのものになっていく。この頃になると、木村にも牛島の言う

「生の極限は死、死の極限は生」という言葉の意味がわかるようになっていた。師弟は激しい修行をするうちに、心中に同じ結論を結んだのである。

もうひとつ、木村が座禅によって得た境地がある。

深夜に座禅して精神を統一していると、額に「勝」という文字と「負」という文字がしきりに交錯しだす。何時間も何時間も座禅を続けるうちに、最後は「勝」の文字が金色になって額に燦然《さんぜん》と輝いてくるようになったのだ。

九時間を超える乱取り量と、深夜の凄《すさま》じいウェイトトレーニングで、もともと怪物的だった木村の体はさらに脱皮し、さらに大きくさらに強くなっていく。七八キロだった木村の体は八〇キロを大きく超え、巨大な筋肉に包まれていく。

夜、牛島塾で全員で座禅を組むときは、後ろで牛島が警策《けいさく》替わりの太い樫《かし》の棒を持ってじっと塾生たちの座禅を見守る。ある日、木村が昼の練習であまりに疲れてうとうとした。

「喝《かつ》っ！」

牛島が木村の右肘《みぎひじ》を叩《たた》くと木村が驚いてカッと目を見開いた。しかし驚いたのは牛島も同じだった。

「おぬしの腕は鉄のごとある。俺の手の方がしびれてしもうた」

翌昭和十三年（一九三八）、二連覇を狙《ねら》う全日本選士権が近づく頃には、少年の残《のこ》り香《が》は消え、木村は堂々たる青年になっていた。

しかし、初優勝後の不敵な二十連覇宣言があちこちで取り沙汰《ざた》され、古豪柔道家たちの怒りを買っていた。とくに武徳会系の柔道家たちは「木村は首が甘い」と見抜き、寝技で勝負をつけるために作戦を練っているという噂《うわさ》が牛島のところにも伝わってきた。牛島は今まで以上に木村との寝技乱取りを増やし、徹底的に首を狙った。すでに全日本チャンピオンだった木村も、師匠得意の送り襟《えりじ》絞めで何度も落とされたというから牛島が引退後もいかに強かったかわかる。

試合当日。二十一歳の若き王者木村の人気は高く、試合場に出てくるだけで沸いた。

木村はその人気に応《こた》える圧倒的な強さを見せつけた。

一回戦で一戸正を寝技に引きずり込んで崩上《くずれかみ》に固め、準決勝の田代文衛は開始直後に大外刈りで叩きつけて肩を脱臼《だっきゅう》させ棄権に追い込んだ。

決勝は武専出身の小川敬一。身長一八〇センチで体重一〇〇キロを超える、当時としてはかなりの巨漢だ。小川は一回戦で前年木村が決勝で死闘を演じた中島正行に払腰で一本勝ちし、のっていた。だが、その小川も前年より一回り強くなった木村の敵ではなかった。木村は小川が内股《うちまた》にくるところを冷静に潰《つぶ》してそのまま崩上に固めた。

▼昭和十三年（一九三八）全日本選士権、二連覇（十月十六〜十七日、於講道館）
一回戦　木村政彦◯（崩　上）一戸正
準決勝　木村政彦◯（負傷勝）田代文衛
決　勝　木村政彦◯（崩　上）小川敬一

すでに実力は抜きん出ていた。

木村がまともな試合をしたのは、前年の全日本選士権決勝の中島正行戦が最後だった。後の木村はあまりに強すぎて相手と拮抗《きっこう》するということがなくなる。

平均2分で一本勝ち

翌昭和十四年（一九三九）の日本選士権。

牛島の記録を抜く史上初の三連覇なるか……全柔道家の目が木村に注がれた。そのプレッシャーをはね除《の》け、木村は圧倒的な力で優勝する。この年から出場選手枠が増えたが、そんなことは木村には関係ない。

木村のパワー、スピード、技術はどれも他を圧倒していた。史上初の全日本三連覇を達成したこの大会、すべて一本勝ちという驚異的なものだった。

▼昭和十四年（一九三九）日本選士権、三連覇（十月二十一〜二十二日・於講道館）

一回戦　木村政彦◯（大外落）中村進一
二回戦　木村政彦◯（大外落）佐藤勝太郎
三回戦　木村政彦◯（大外巻）飯田清義
準々決　木村政彦◯（釣込腰）辻本英之介
準決勝　木村政彦◯（大外落）越智正
決　勝　木村政彦◯（大外落）時實克己

（この年から全日本選士権を日本選士権に改称）

まさに鎧袖《がいしゅう》一触、実に六試合中五試合が大外刈りだ。

準々決勝の辻本英之介はかつて旧制熊本中学の教師で、木村が鎮西中時代に何度も稽古《けいこ》をしたことがあるので、中学時代には使っていなかった釣り込み腰を使ったが、他はすべて大外刈り。相手は大外刈りが来るとわかっていても防ぐことができなかった。組んだ瞬間、相手は吹っ飛んだ。

必殺の大外刈りは、相手がどう動くか、相手が何の技を掛けるか、そういうことは一切関係なく、木村が投げたいときにかければそれでよかった。

木村言うところの「だます柔道」を徹底的に排すところから生まれた「王者の柔道」は完全に完成していた。だから、初優勝、二度目の優勝のときのようにもつれて寝技で取る必要もなく、一発で背中から叩《たた》きつけた。

木村の大外は完全に完成していた。

この三連覇時の大会決勝までの六試合合計タイムは十二分五十七秒。一試合あたり平均二分九秒で決めている。後のライバル松本安市が「全盛時代の木村は勝つのに二分を要したことがない」と発言しているのは大袈裟《おおげさ》ではない。決勝の時實克己（武徳会兵庫支部柔道教師）戦は試合前、相手に「決勝では何をかける」と聞きにきた時實に「大外で決める」と不敵に宣言してのものだったので腰を引いて自護体で守る時實をとるのにやや時間がかかっているが、これがなければもっと平均タイムは縮まっている。

初優勝時からの決まり時間を並べてみよう。

◆昭和十二年（初優勝）
一回戦　三分二十五秒（腕緘《うでがら》み）
準決勝　不詳（大外刈）
決勝　延長四十数分（崩《くずれ》上《かみ》）

◆昭和十三年（二連覇）
一回戦　二分五十秒（崩　上）
準決勝　不詳（負傷勝）
決　勝　二分二十三秒（崩　上）

◆昭和十四年（三連覇）
一回戦　一分十六秒（大外落）
二回戦　四十九秒（大外落）
三回戦　一分五秒（大外巻）
四回戦　三分七秒（釣込腰）
準決勝　二分四十一秒（大外落）
決　勝　三分五十九秒（大外落）

いったい全盛期の木村の強さとはどれくらいのものだったのか想像もつかない。

木村、現代の強豪と戦わば

木村が現代の強豪、たとえば無差別の全日本選手権王者や五輪の重量級金メダリストなどのトップ選手と戦えばどうなるのか。カナダから拓大《たくだい》に留学して木村の教えを受け、実際に四十歳代の木村と乱取りもしているダグラス・ロジャース（東京五輪重量級銀メダリスト）に聞いてみた。

「無理ですよ。今の柔道家では木村先生に勝てません」

理由は？　と問うと小さく首を振って笑った。

「いま拓大の柔道部員は三十人くらいでしょうか。私が在籍した頃（昭和四十年前後）は七十人以上いました。大学にも高校にも警察にも、どこへ行っても柔道家が今よりずっとたくさんいたんです。拓大だけを見ると柔道人口が半減したように見えますが、実際はもっともっと減っています。びっくりするほど激減していますよ。でも、木村先生が学生の頃は私がいた頃よりさらにたくさんいたそうです」

私は、ロジャースと同時代に活躍した岡野功が「中央大は推薦入学の部員だけで二百六十人いたんです。キャプテンになっても全員の顔と名前を覚えられなかったくらいです」と言っていたことを思いだした。木村が「高専柔道があった頃が柔道の最盛期だった」と言うのも、この競技人口の圧倒的違いにもあるのだろう。

ロジャースは続けた。

「それから練習の量、質も落ちています。私たちがやらされた練習量は木村先生たちがやっていた何分の一かですし、今はそれよりさらに減っています。柔道人口の低下と練習量の低下で、日本の柔道のレベルは、戦前の木村先生の時代より私の現役時代の方が落ちていると思うし、今はさらに落ちているでしょう。しかも、木村先生の時代は柔道はスポーツではなく武道でした。精神的なものが違いますから」

圧倒的体格と体力で日本柔道を蹂躙《じゅうりん》し、〝黒船〟と例えられたヘーシンクやルスカが木村と戦えばどうだろうか。一七〇センチ八五キロの木村が本当にヘーシンクやルスカのような巨漢に勝てるのか。

「ヘーシンクとルスカですか。彼らでも無理ですね」

ロジャースは淡々と言った。

現役当時、ロジャースはアントン・ヘーシンク（オランダ）、ウィレム・ルスカ（オランダ）、アンゾール・キクナーゼ（ソ連）とともに外国人四強の一人に数えられた強豪で、ヘーシンクには敗れているがルスカには勝っている。東京五輪重量級では決勝で猪熊功に僅差《きんさ》負けし、銀メダルを獲得した。家庭の事情で働かざるをえなくなり、これから全盛期を迎えようとしていたときに柔道界から去った。木村が「もう少しで必ずヘーシンクに勝てる」と言っていた矢先だった。そのロジャースが言うのだから非常に信頼度の高い言葉である。

▼ヘーシンク　一九八センチ　一二〇キロ
▼ルスカ　一九〇センチ　一一〇キロ
▼ロジャース　一九〇センチ　一一八キロ

三人は、ほぼ同体格だった。

「グレイシーとの試合のビデオ観《み》たことがありますか？」

ロジャースが言った。

一九五一年（昭和二十六）十月二十三日、ブラジルのマラカナンスタジアムで行われた、あの木村政彦vsエリオ・グレイシーのことだ。

私は肯《うなず》いて、もちろん観ましたと言うと、ロジャースは右手の人差し指と中指をテーブルの上に立て、中指を動かして大外刈りの動きをしながらこう続けた。

「大外のスピード、凄《すご》いでしょう。あの引きつけ、崩し、投げるまでの迫力は今の選手には出せません。木村先生はあのとき、もう全盛期から十年も経《た》っていたし、その十年の中には戦争で柔道衣を着ないブランクを六年も七年も挟んでいるんですよ。現役時代の実力がどれだけあったか想像もできないでしょう」

ロジャースは続ける。

「私が初めて拓大道場を訪ねたとき、木村先生はすでに四十代半ばを過ぎていたので立技乱取りは軽く流すだけでしたけど、その打ち込みのスピードと正確さ、迫力は、現役の五輪代表選手にも見たことがないほどのものでした。一本一本がとにかく速くて正確なんです。私たちの打ち込みは一回ずつ数センチは違う動きをするでしょう。でも、木村先生の打ち込みは一ミリとして狂わないんです。柔道用にできた正確なマシーンのようでした。これはもう、若い頃の練習量の圧倒的な差からくるものでしょう。柔道のために体の動きが適応して、完全なマシーンなんですよ、人を投げるための。そんな完璧《かんぺき》なマシーンは木村先生以外に見たことがありません。ヘーシンクもルスカも、そして私も、とてもそんな域には達していません。寝技だったら、木村先生はもっと簡単にヘーシンクやルスカを取るでしょう。私自身、先生に取られまくってましたから。木村先生と寝技をやると私は赤ちゃんになってしまうんです（笑）。赤ちゃんみたいに何もさせてもらえないんです（増田注＝木村に寝技で取られまくっていたこのとき、すでにロジャースは五輪重量級銀メダリストだった）」

その他の木村の弟子たち、岩釣兼生《いわつりかねお》（一九七一年全日本選手権優勝）や蔵本孝二《くらもとこうじ》（一九七六年モントリオール五輪軽中量級銀メダル、一九七五年ウィーン世界選手権軽中量級三位）に聞いても、木村との寝技乱取りで「子供扱いされボロボロにやられました」と言う。岩釣が学生時代は木村は四十代後半、蔵本が学生時代には木村は五十代半ばである。

蔵本は言う。

「僕が五輪や世界選手権で戦った選手たちより五十代の木村先生のパワー、圧力の方がずっと強かったですから。現役時代の強さは想像もできないですよ」

木村政彦の強さは、まさに規格外だった。

全盛期の頃の木村政彦（左端）。肩幅や広背筋だけでなく、太腿の筋肉の発達も凄まじい。他の２人が貧弱に見えるが木村の体が人間離れしているのだ。真ん中の甲斐利之は拓大ナンバー２の強豪で全日本クラスの柔道家、右端の坂口鎮雄は皇宮警察警視の剣道家である。（写真提供＝木村家遺族）

第8章　師弟悲願の天覧試合制覇

大日本帝国最強の男を決める大会

木村政彦が全日本選士権三連覇を達成した翌昭和十五年（一九四〇）は、神武天皇が大和《やまと》の国橿原《かしはら》で即位の大典を上げてから二千六百年に当たるとされる。戦時でもあり、数年前から宣伝されていたので、正月元旦《がんたん》の橿原神宮には百五十万人が参詣《さんけい》し、また全国十一万の神社でも盛大に大祭が行われた。

この紀元二千六百年を記念し、春、第三回の天覧試合の開催が決まった。木村はもちろん指定選士に選ばれた。

正式名を「紀元二千六百年奉祝天覧武道大会」（宮内省主催）という。

昭和三度目の天覧試合である。

過去、第一回（昭和四年）と第二回（昭和九年）に優勝を逸している牛島辰熊は、この日のために木村をスカウトし、自分の分身として鍛え抜いたのである。

　この大会は前二回の大会より規模が大きく、柔道と剣道のほか弓道も加わり、六月、皇居内の済寧館《さいねいかん》で三日間にわたって執り行われることになった。

　宮内省が監修した『紀元二千六百年奉祝昭和天覧試合』の中の「大会の趣旨」には以下のように書かれている。天皇制時代の雰囲気と、大会のグレードの高さが伝わってくる。

《皇紀二千六百年来《きた》る矣《かな》。雄々しく、華々しく、颯爽《さっそう》たる足取をもつて、進み来る矣。アジヤの中空に、まがつ雲はびこると雖《いえど》も、旭日曈々《きょくじつとうとう》、これを照破するところ、ここに新しき天地を開拓せんとして、今、我々の眼前に迫り来る矣。……》

牛島の天覧試合の項に書いたように、当時の天覧試合は、全国民が注目する、とてつもない大試合であった。現在の五輪やサッカーW杯どころではない。昭和天皇をエンペラーとして戴《いただ》く大日本帝国の、大東亜共栄圏最強の男を決める世紀の祭典であった。

　師弟は緊張感ある稽古《けいこ》をこなしていく。

この試合が木村の最後の試合になるかもしれない……師弟ともにそう思っていた。

拓大予科三年と拓大三年、つまり牛島塾生活六年間の総決算である。

昭和十二年（一九三七）の盧溝橋《ろこうきょう》事件に端を発した日中戦争は泥沼化していた。年が明けて卒業すれば応召する可能性が高いし、そうすれば最低三年間は道衣を着ることができない。いや、戦死もありうるのだ。

師弟の乱取《らんど》りは壮絶なものになった。

とくに寝技は凄《すさ》まじいものだった。

牛島はかつて熊本の虎《とら》と謳《うた》われたが、対する木村は長髪で、たてがみを振り乱すライオンのようだった。虎と獅子《しし》の咆吼《ほうこう》を聞いてまわりの人間は震え上がり、畳の上を転がり続ける二人に場所を譲った。すでに柔道の稽古といえるものではなく、己の全存在を賭《か》けた二人の男の殺し合いだった。

「どうした木村！　動いてみろ！」

牛島が木村を抑え込む。

寝れば牛島はまだ一線級である。

二人は道場の土間に落ち、顔から道衣まで全身土まみれになっても寝技乱取りを続けた。

「貴様このざまじゃ勝てないぞ！」

牛島が大声を上げて攻める。木村は牛島の絞めを防ぎながらごろごろと道場の建物外まで横転して逃げる。それでも二人は寝技を続けた。

「木村！　動け！」

豪雨の日でも外で延々と二人は戦った。

拓大道場の外は雨の日はぬかるむ赤土だったが、それでも二人は唸《うな》り声を上げて寝技を続けた。阿修羅《あしゅら》の形相の牛島が肘《ひじ》で木村の頭部を叩《たた》きながら首を狙《ねら》い続ける。それが奏功しないとなると、今度は手の平で木村の鼻と口を塞《ふさ》ぐ。木村が牛島の腕を両手で引き下げてくぐり、立ち上がって師弟は泥の上で組み合う。

立技をかけようとしてぬかるみに滑ってまた水たまりに突っ込む。二人の乱取りは延々と続き、互いに疲れ果て、いつしか死の極限へ……。

仕上げは木村一人だけ残って十人掛けだ。

十人とは牛島、大谷晃《あきら》の両師範と大隈、嘉月、内藤の指導陣にプラス学生の最強五人である。木村はすでに講道館など各所への出稽古で疲弊し、さらに牛島との乱取りで朦朧《もうろう》としている。そこでさらに十人に回されるのだから意識はすでにない状態だっただろう。

木村の乱取りはこの天覧試合前、実に十時間半に達していた。

だが木村も人間である。苦しんでいた。

後にこう述懐している。

「オレは本当に人間だろうか。もしそうなら、何か人間としての幸せがあるはずだ。たまには楽しさを味わってみたい、と何度も思った」（朝日新聞昭和五十八年二月二十一日付）

牛島も言う。

「彼には死の極限ともいうべき訓練をした。鍛えがいのある男と見たからこそ、他のやつ以上のことをさせたのだ」（同前）

深夜の水垢離《みずごり》

戦っていたのは、しかし木村だけではなかった。

牛島和香《わか》夫人は、家族同様に育てて帰国したタイの青年ルーパン宛《あて》に手紙でこう書いた。

《おじ様（辰熊）は毎晩十時頃になると私共女子供を退けて一人階下の座敷へ端座して居《お》られました。

「はて毎晩、何をなさるのか知ら？」

二階の寝室から私はそっとカギ型の方向にある階下の座敷の気配に神経をとがらせたのです。おじ様は中国から買っていらした白檀《びゃくだん》の香を炊《た》き、宮本武蔵の五輪の書を拡《ひろ》げていらっしゃるのです。それは雑念を払い心を澄まそうとなさるかの如《ごと》く思われました。間もなく縁側に出て着物をぬぎ裸になって庭へ降りられました。

松の根もとに三貫位の力石が置いてあったのを覚えていますか？　ほら何時《いつ》もハダシで持ち上げていらしたあの稽古石《けいこいし》の事です。

あの石を十ぺん、二十ぺん、三十ぺん、四十ぺんと持上げるのです。だんだんと荒くはずんでゆくおじ様の呼吸が乱れて四月の静かな夜空へ消えてゆきます。松の木を相手に背負い、足掛、打込の稽古など。

やがて風呂場《ふろば》で水をかぶる音がします。前二回の御前試合に出場なさったおじ様の鍛錬の厳しさを想像し乍《なが》ら、私は思わず北の窓をあけ、隣棟の塾の木村さんの部屋を見ました。

彼は早や今日の稽古の疲れを夢に託しているのでしょう、灯の消えた室は静寂そのものでした。

御前試合の重任を弟子にのみ背負わせず師も共に鍛えんとする深夜の息詰まる錬磨。師の弟子への心苦しき迄《まで》の愛情。

夜な夜な寝につかれるおじ様の表情はとぎ澄まされた名刀といった感じでした。私は密《ひそ》かに床の中で合掌して、「必らず木村さん優勝して下さい」と祈りました》他の選手たちとの差は開くばかりで、天覧試合が近づき激しさを増す木村の練習相手はいなくなってしまった。

「大外刈《おおそとが》りは勘弁してくれ」

講道館でも警視庁でもみんな怖がって理由をつけては断ってくる。それを何度も拝み倒して組み合うや、木村は片っ端から大外刈りで叩《たた》きつけた。あまりに失神者が多いので講道館では木村の大外はかけてはならないことになった。脱臼者《だっきゅうしゃ》も続出し、腕緘《うでがら》みも禁じられた。

「大外刈りだけは勘弁してくれ」

警視庁でも木村が大外のモーションに入るだけで猛者《もさ》たちがその場にへたり込んだ。

この木村の大外刈りの威力については正気塾での九時間の練習時間について話してくれた二宮和弘（一九七六年モントリオール五輪軽重量級金メダル、一九七三年ローザンヌ世界選手権無差別級優勝）が晩年の木村にアドバイスを受けたことを覚えている。二宮は戦後最も鋭い大外刈りの名手として知られる。

「（木村が）私にテーブルに手を着けてみなさいって言うんですよ。そして木村先生は手の平で私の腕をサッと払った。『これが君の大外だよ』って言うんです。次に空手チョップのようにして水平に私の腕をガツンと打ったんです。私は、もう痛くて痛くて腕を抱えてしまいました。木村先生は『痛いだろう。これが俺の大外だよ』って笑うんですね。同じ大外でもそういう相手を壊すというか痛めるというか、とにかく強烈なのが木村先生の大外ですね。踵《かかと》で打撃を加えて相手の脚を壊すんです」

木村の大外の特徴は、この踵での打撃の痛みだけではない。投げる角度が鋭いため、相手は受身をとれず脳震盪《のうしんとう》を起こすのだ。

この大外刈りで木村は攻めに攻めた。

とにかく攻める。

《心臓とまって攻撃止《や》む》

牛島辰熊の柔道の信条である。

「鬼の牛島」の攻撃精神を受け継ぐ「鬼の木村」の柔道も、攻撃につぐ攻撃で、相手が攻める隙《すき》を与えず攻めぬいた。

《怖《おそ》ゆるところなく、白刃《はくじん》を踏み、砲丸を冒し、突進し、邁進《まいしん》して、かつて後退せざる戦闘的精神は、師匠牛島教士の気魄《きはく》をそのままうけついでいる》（『紀元二千六百年奉祝昭和天覧試合』）

攻撃精神こそ鬼の師弟の真骨頂であった。

しかし攻撃だけが木村柔道ではなかった。木村がこだわったのは勝負であった。勝ちに対する執念であった。自伝で試合前の調整法を細かく六点挙げているが、過敏ともとれるほど細かい。

《一、試合への闘争心をあおるため、吉川英治の『宮本武蔵《むさし》』『真田幸村《ゆきむら》』などを読む。

二、無防備の状態で前絞《まえじ》めで四十回落ちる寸前まで絞めて首の筋力強化。

三、試合三日前には稽古《けいこ》を三時間に減らし、二日前は三十分の打ち込みのみ、前日には準備運動だけを行う。リラックスし、必要以外は口もきかない。

四、立ち木への打ち込みもウェイトトレーニングも腕立て伏せも、十日前から中止する。

五、試合三日前に爪《つめ》を切る。短すぎるとそこから力が逃げる。爪に及ぼす力といえど無駄にはできない。試合当日にちょうどいい長さにするためには三日前が最適である。

六、入浴しない。湯冷めして体調を崩す恐れがあるし、体から脂肪分が抜け、筋肉がほぐれすぎて気怠《けだる》くなるからだ》（『わが柔道』）

この第三回天覧武道大会、柔道の部は府県選士の部（三府四十三県と樺太《からふと》・北海道・台湾・関東州および満州国の代表）五十二名と、指定選士の部（宮内省選定）三十二名の二つに分かれて争われる。最強を決めるのは、もちろん木村が出場する指定選士の部である。

自伝『わが柔道』には《柔道は六月十八日と十九日の二日間で行われた》、同じく自伝『鬼の柔道』にも二日間連続で行われたように書かれているが、これは間違いである。

当時の新聞を調べると、十八日に一回戦から三回戦、翌十九日を挟んで、二十日に準決勝と決勝が行われている。十八日の試合は昭和天皇は観戦せず、二十日の準決勝以降が天皇が玉座に座る天覧試合であった。

大会の前日十七日、牛島が言った。

「そんな頭で天覧試合に行ってはだめだ。もう少し綺麗《きれい》にしていけ」

木村はたてがみのような伸び放題の頭を散髪してもらいにいき、きっちりと七三に分けた。床屋から戻ると牛島が待っていた。

「俺が天覧試合に着ていった紋付袴《もんつきはかま》の着物がある。あれを着ていけ」

そう言って奥から藍微塵《あいみじん》の紋付袴を出してきた。

「俺は二回も出場して本望を遂げることができなかった。おまえはしっかりやってくれ」

牛島はその夜も水垢離《みずごり》をした。

一方の木村も寝床に入る前に、暗い部屋でいつものように布団《ふとん》の上で座禅を組んだ。

夜が明けた。

牛島の紋付きで正装した木村は、座敷で師と向かい合った。

一七〇センチ八五キロになった体は牛島の全盛時とまったく同じ、その着物は木村が着てくれるのを待っていたかのように体にぴったりだった。

和香夫人が土器を乗せた三宝《さんぽう》を運んできた。これは武士の門出を祝う盃《さかずき》であり、別れの盃でもある。朝食には出征祝いを模した尾頭つきの鯛《たい》と赤飯が並んだ。

「学生最後の花を咲かせろよ」

牛島は一言だけ言った。

この天覧試合が最後の大勝負、最後の檜舞台《ひのきぶたい》の可能性が高い。翌三月に大学を卒業すればおそらく兵隊に取られ、もう柔道はできないかもしれない。木村は赤飯と鯛を噛《か》みしめた。

玄関で下駄を履きながら塾生たちに送られていると、和香夫人が「これを履いていきなさい」と、牛島の草履を出してくれた。牛島の着物に牛島の履き物、木村の心は師の思いとともにあった。この晴れ舞台のためだけに、師弟は六年もの間すべてを犠牲にして猛練習に打ち込んできたのだ。

午前十時、済寧館《さいねいかん》は熱気にあふれていた。

ルールは一本勝ちのみ。技ありは取らなかったと当時の活字に残っている。以下、当時の活字資料と関係者の証言から試合を再現してみよう。

トーナメント一回戦はスピード柔道が信条の緒方惇一。体操学校（現在の日体大）の学生で木村と同郷熊本の産、木村と同じ歳《とし》、二十二歳の新鋭だ。

両者、畳に上がる。

木村の間合いを外そうと左半身に浅く組んできた緒方に対し、木村は組むやフルパワーの大外刈り。緒方は肩から激しく叩きつけられるが一本にはならず。緒方が焦《あせ》って釣込腰にくるのを返して木村の一本勝ち。格が違った。東京朝日新聞は十九日付で《払釣込返》という技名で、東京日日新聞（現在の毎日新聞）は《大外返し》と報じているが、これらは柔道を知らない記者が書いたものだろう。釣込腰を返したのだから、足払いか後《うし》ろ腰《ごし》あたりか。

二回戦の高村徳一（海軍呉《くれ》海兵団柔道教員）は現役の軍人。

牛島と共に拓大師範をつとめる大谷晃《おおたにあきら》が試合前にわざわざ木村に助言にきた。

「彼は体落《たいおと》しの名手だ。俺は彼とやって、たて続けに四度も投げられた。油断は禁物だ。早く勝負をつけろ」

前回の天覧試合覇者の大谷が言うのだからよほど強いのだ。

だが、やはり木村の敵ではなかった。

組むや木村すぐに大外を連発。速い。高村横転。木村、腕絨《うでがら》みを狙《ねら》うが高村必死に場外へ逃げる。磯貝審判が立たせた。再び組み合うやまた木村が大外刈り、そして身を翻《ひるがえ》して内股に変化すると高村は背中から落ちた。これは一本にならず。だが、立ち上がって組み直した瞬間、大外刈りで叩きつけた。一分三十五秒。

三回戦は大館《おおだて》勲夫（武専）。一八〇センチを超える長身に大きな筋肉をまとった巨漢だった。二回戦で古豪曾根幸蔵を左払腰で破っている。木村はここでも大外刈り、大外、大外、大外と連発につぐ連発。大館は腰を引いて必死に逃げ回る。木村は一本背負いで飛び込むや素早く大外落しに変化して叩きつけた。大館は頭と肩を強打してしばらく動けなかったと新聞にある。
木村はオール一本勝ちで予選トーナメントを突破した。
▼一回戦　木村政彦◯（返し技）緒方惇一
▼二回戦　木村政彦◯（大外刈）高村徳一
▼三回戦　木村政彦◯（大外落）大館勲夫
この大館戦のことを試合後の座談会で工藤一三と、審判をつとめた飯塚国三郎が語っている。いかに木村がアグレッシブな柔道をしたかわかるので引いておく。
《工藤　木村君と大館君との試合ですね、あれは木村君が追つて行つたので、大館君が逃げたのかも知れませんが、場外でひどくやられた。あゝいふのは審判がもう少し真中に入れるやうにしたらどうでせうか。
飯塚　いや、大いに入れてをつたけれども、入れるより速く、兎《と》に角《かく》猛撃の為《ため》に、今まで立派な態度だった大館君も、木村君の攻め方の強い為に、どうも退くより外なかつたらしい。中へ引き出しても直《す》ぐ押されてしまふ》
翌々日二十日の晴れの天覧試合に出場する四選士は以下に決まった。

平田良吉（武徳会六段）
石川隆彦（講道館五段）
広瀬　巌《いわお》（武徳会五段）
木村政彦（講道館五段）

平田と広瀬は武徳会の段位である。天覧試合の四強のうち二人が武徳会の段位を持っていたことをみても、当時いかに講道館と武徳会の力が拮抗《きっこう》していたかわかる。木村も四段までは武徳会の段位だった。

さて、木村の準決勝の相手は広瀬巌だ。

東京朝日新聞が《柔道指定選士の横顔》として四人を紹介している。

《▲鹿児島縣出身選士教士六段平田良吉（三二）京都市左京区北白川西町七九武道専門学校助教授▲香川縣出身選士五段石川隆彦（二四）東京市世田谷区世田谷町一ノ一、○○六、國士舘専門学校柔道助教▲宮崎縣出身選士教士五段廣瀬巌（二六）▲熊本縣出身選士五段木村政彦（二四）東京市赤坂台町二四牛島方拓大生》

年齢は当時の数え歳である。木村は二十四歳とあるが、九月十日生まれなのでこの時点では満二十二歳である。

「作戦を言ってみろ」

天覧試合を翌日に控えた十九日の夜、木村と牛島は準決勝、決勝の作戦を練った。

準決勝の広瀬巌（武専助手、大阪府警察部・大阪商大柔道教師）は二十五歳。宮崎県出身の五段。木村は過去二度戦って二度とも優勢勝ちしていた。一本取れなかったのが不安だが、木村も以前の木村ではない。あくまで大外刈りでいこうという話になった。

決勝には石川隆彦（国士舘専門学校柔道教師）が上がってくるはずだが、木村はこの石川にも大外刈りと釣込腰で過去二戦二勝していた。だが、石川は天覧試合制覇に向け激しい猛訓練を積んできていると伝わっていた。

石川は一か八かの勝負を打ってくるだろう。

「石川はどうだ」

牛島が訊《たず》ねる。

「自信はありますが……」

「作戦を言ってみろ」

「彼は大外刈り対策で上襟を先に取って引き付けてくるはずですから、先手をとらせて彼の右腕を引っ張り出して、そのまま一本背負いを狙《ねら》うつもりです」

牛島は肯《うなず》き「それがいい。長引かせるな」と言った。木村は、この日のために新技を開発していた。

大会三日目の二十日。

いよいよ天覧試合である。

木村は早朝四時には目覚め、前夜練った作戦をさらに綿密に組み立て直し、会場の皇居内済寧館に入った。

一日目と二日目は大会関係者が入場券を配る方式をとったが、三日目の天覧試合の観客は宮内省から招待された八百九十二人のみ。そのほか選士の座る二百四十二席、プラス役員が座った。

玉座についた昭和天皇の左右には、米内光政《よないみつまさ》総理大臣、児玉秀雄内務大臣、畑俊六陸軍大臣、吉田善吾海軍大臣、軍人では大角大将、永野大将、加藤大将、杉山大将、長谷川大将ら錚々《そうそう》たる顔ぶれが並んでいる。

午前十時、弓道場の礼射で大舞台はきって落とされた。

午前の剣道の部が終わると、天皇は昼休みのため一時還御《かんぎょ》。午後一時半の出御に合わせ、磯貝一と永岡秀一の両十段による「古式の形《かた》」が披露された。形が終わって磯貝と永岡が退《さ》がると、会場はまた静寂に包まれた。

厳かな雰囲気のなか、柔道の部の天覧試合が始まった。

準決勝一組目の平田良吉と石川隆彦は熱戦になったが、結局は順当に石川が優勢勝ちした。

……どうか木村さんが勝てますように。

牛島和香夫人は木村の試合が始まる時間を見計らって自宅二階の仏間に座り、手を合わせて勝利を念じ続けた。かたわらにはラジオをつけておき、試合結果がニュースで報道されるのを待った。

済寧館の選手控え室は一つしかないので四人の選手は一緒だった。

木村は静かに出番を待った。

打倒木村に燃える広瀬巌が木村を睨《にら》みつけている。だが、木村は顔を伏せてあえて目を合わせなかった。勝負に関係のないところにエネルギーを使うのを、木村は愚だと考えていた。

係がやってきて名前を呼ばれた。

木村はゆっくりと立ち上がり、係に従って静かに試合場へ出た。畳に上り、玉座に深々と頭を下げる。

向き合って初めて木村は広瀬を見た。

試合が始まる。木村は両腕を挙げて広瀬を誘う。

木村はいつものように相手に好きなところを持たせてから道衣を握る。そしてすぐに渾身《こんしん》の大外。広瀬は必死に持ちこたえる。木村、大外刈りで追う。広瀬はこれもしのいだ。だが木村は怒濤《どとう》の大外連発。凄《すさ》まじいスピード。

負ければ切腹するのだ。どうせ死ぬなら得意技もろとも……。

また高速の大外刈り。

広瀬がこらえたところを、さらに大外。

広瀬が押し返す。しかし木村は怪力で上体を浴びせ、大外落としに変化。広瀬の背が弓なりにしなる。木村は強引にその体を叩《たた》きつけた。実に六発目の大外刈りであった。満場の観客から大きなため息が漏れた。

『紀元二千六百年奉祝昭和天覧試合』には木村が大外で攻め抜く姿勢をこう書いている。

《木村の武器は徹上徹下大外刈の一手。（中略）戦気切迫して、木村敵を追う。しかも追うに当っては、敵をしとめるまで、追うて追うて追いまくる。クリークあればクリークを躍りこえ、トーチカあればトーチカをふみにじり、息をゆるめず、手をゆるめず、所期の戦果をあぐるまで追撃する。これが牛島精神である。木村はこの理念を事実の上におこなっている。見よ、見よ、大外刈一本槍《いっぽんやり》をもって、広瀬を追いまくる彼の理念を》

クリーク（水路や小川）やトーチカ（鉄筋コンクリート製の防御陣地）という軍事用語が使われているのが、この時代を象徴している。

決勝を前に小休止があった。

控え室で、木村は座禅を組んだ。前日の夜、牛島と決めたあの作戦――最後は一本背負いだ。目を閉じた木村の額には、「勝」の文字が黄金色に燃えさかっていた。

決勝の審判は豪華である。主審磯貝一十段、副審は永岡秀一十段と飯塚国三郎九段。

入場する木村と石川を、会場は静かに迎えた。

「木村政彦選士《せんし》」

「はい」

西側から立つ。

「石川隆彦選士」

「はい」

東側から立つ。

二人は畳に上がると玉座に深々と最敬礼。

試合場の真ん中まで進み出て「玉座に背を向けないように」と磯貝一主審から注意を受ける。二人が肯いて開始線に戻ると、磯貝の声が響いた。

「始めっ！」

木村は鷲《わし》のように両腕を大きく拡《ひろ》げた。

石川は予想したとおり奥襟を上から取り、自らの肘《ひじ》を引き下げて木村の首を抑えつけようとした。石川は自在に攻めることができ、反対に木村は得意の大外刈りにいけない組み手だ。強引にいけば返し技をくらう危険がある。だが、木村はこの形《かたち》を待っていたのである。作戦通り。

木村は一歩、二歩と下がって石川を誘い、石川が前に出てくるところを一気に右一本背負いに担《かつ》いだ。

石川は右前に飛んで防いだ。木村はさっと体を翻《ひるがえ》し、二度目の一本背負いにいく。石川はまた飛んだ。木村は体を戻すとまた身を翻して高速の一本背負い。それを飛んで防ごうとした石川の脚を木村は素早く右腕で外側から払った。石川が畳に叩きつけられる音が拍手にかき消された。木村が開発した新技、外無双《そとむそう》をかけながらの一本背負いだった。磯貝一はこの技に「背負い刈り」という名を授けた。

わずか四十二秒。

牛島の第一回・第二回天覧試合の雪辱を、弟子の木村が果たした瞬間である。

牛島塾が開設されて六年目、木村の拓大最終学年、二十二歳であった。

この試合を『紀元二千六百年奉祝昭和天覧試合』は流麗な文体で感動的に綴《つづ》ってい
る。

《栄冠、ついに彼の頭上を飾ることになったが、このことある、もとより木村の努力によるはいうまでもない。しかしながら、この麒麟《きりん》児を自家に引き取って、猛修行をくわえた牛島教士の指導もあずかって力がある。牛島教士の木村にあたえた修行は、容易ならざるものであったらしい。

ことに、木村が指定選士となってのちは、ただもう必死になって、わがことのように木村に鞭撻《べんたつ》をあたえた。自ら手をとって指導する以外、毎日、講道館において二時間ずつ曾根幸蔵七段に指導を仰ぎ、万全の稽古《けいこ》をつけておった。のみならず牛島は、毎日宮本武蔵の霊牌《れいはい》に対し、木村とともに必勝を祈願していた。されば、木村が勝つことは牛島が勝つことであり、木村が敗るることは牛島が敗るることである。

剣道部においては、増田（指定選士優勝者）と望月（府県選士優勝者）とが師弟関係にあって、両人は二人にして一人、その関係は密接不可避であった。同じように柔道部の牛島と木村とのつづき合いがそれである。牛島は、木村をたんなる後輩として教育したのではない。全く自己の肉親のごとくに考えて、真剣になって教えこんだのが今回の勝因となっている。

されば、木村の試合は牛島型である。それはちょうど望月の剣風が、増田型であるのと同じである。牛島の息をもつかせぬ猛烈なる真剣な戦闘的精神は、徹頭徹尾、木村のうけつぐところとなっている。ことに常勝将軍の名あるは、これがあるためであって、いわば牛島の分身とみることもできよう。

すなはち、木村が今日の栄光ある成果を得たのは、別言すれば師弟の合作なのである。

あらためて記す。

指定選士優勝者は、木村政彦選士である》

鬼の師弟の悲願なる——。

塾に帰ると、すでに酒肴《しゅこう》の準備があった。

木村の杯に牛島が酒をついだ。

「塾に来てからおまえが一生懸命やったからだ」

牛島が誉めてくれたのは初めてだった。どんな大試合に勝っても、せいぜい「ご苦労」の一言だけだった。木村は感無量になって師の杯を飲み干した。

残念なのは、この天覧試合の動画が見つからないことである。木村の現役時代の動画はひとつもないのだ。

天覧試合のムービーフィルムは剣道の試合がDVDとなって前二回分の大会と合わせて一緒に市販されている。しかし、柔道の部の動画は、私も十数年にわたって各所を探し、最後は宮内庁に情報開示を求め、関係者たちが手分けして好意的に宮内庁舎の中、そして皇宮警察、警視庁などあらゆるところを探してくれたが、どうしても見つからないのだ。

試合後の座談会で池田秀吉が「天覧當日《とうじつ》は弓道、剣道、柔道とも各活動写真を撮りました。これはまだはつきり決つた譯ではありませんが、出来れば従来の慣例を破りまして、一般の営業館にもかけるやうにしたいと思つてゐます」（『紀元二千六百年奉祝昭和天覧試合』）と発言しているので撮影しているのは確かである。もしかしたらGHQが東洋の武術大会のフィルムに興味を持ってアメリカに持っていってしまったのかもしれない。当時、日本の古美術品がずいぶん持ち出されたからだ。

迫る戦争の足音

年が明けて、昭和十六年（一九四一）。

木村政彦たちの卒業式の夜、牛島夫妻と塾生で祝いの宴席を持った。

牛島が奥の部屋から一升瓶を下げてきた。

「おまえら、これを飲め」

故郷熊本産の『瑞鷹《ずいよう》』だ。

牛島は木村の盃に酒を満たす。巣立ちに、さすがの鬼の師弟も感傷的だった。

木村は著書でこう書く。

《思えば、昭和十年の春、牛島先生を頼って熊本から上京し、拓大とともに過ごしたこの六年間が、私の長い柔道生活の間でも、もっとも充実した、華やかな、同時にもっとも苦しかった修業の時代であった》

高専柔道の章に書いたように、拓大は昭和九年（一九三四）、牛島師範と相沢小寿監督が組んで東京学生柔道聯合会《れんごうかい》から脱退していたため、帝大柔道連盟主催の高専大会には出場できたが、講道館のからむ東京学生柔道聯合会主催の団体戦には出場できなかった。

拓大予科は高専大会で東部予選を連戦連勝し、全国大会こそ木村が在籍した昭和十一年以降は台頭した同志社高商などに阻《はば》まれ優勝はしていないが、こと講道館ルールとなると、このころ拓大予科と拓大に敵《かな》う学校は一校もなかった。木村卒業後も菅沼義雄、平野時男らを擁し、武専や警視庁に練習試合を挑んで、これを破っている。当時、講道館ルールで武専や警視庁に勝てた学校は拓大だけであった。拓大の黄金時代である。

木村は、学部を卒業すると武徳科の助手として拓大に残った。

武徳科とは昭和十四年（一九三九）、牛島辰熊師範と加藤完治（四高柔道部OB、農本主義者）らが主唱し、拓大専門部のなかに設けられた新しい科であった。目的は加藤完治が主宰する満蒙《まんもう》青少年義勇軍訓練所の指導者養成である。柔道課のほか剣道課もあり、教科内容は武専に似たものがあった。数年後に司政科と名前が改められる。ここには後に武専出身の松本安市《やすいち》らも指導者として在籍することになる。松本が後に「木村先輩」と先輩の敬称をつけるのはこのためだ。

天覧試合の翌年昭和十六年（一九四一）十月末、木村が武徳科助手時代に開かれた明治神宮大会が、戦前の公式戦出場最後の試合となる。ここでも木村はオール一本勝ちで圧倒的な強さをみせた。どんな相手も、まさに話にならなかった。一瞬で勝負が決まった。パワー、スピード、技術、精神力、何もかもに圧倒的な差があった。

▼第十二回明治神宮大会（昭和十六年）

（専門家個人優勝試合の部）

二回戦　木村政彦◯（大外刈）小松　正
三回戦　木村政彦◯（崩　上）森　良雄
準々決　木村政彦◯（釣込腰）山浦幸敏
準決勝　木村政彦◯（釣込腰）河内八十郎
決　勝　木村政彦◯（大外刈）齋藤庄衛

ここから円熟の柔道家としてさらに飛躍せんとした木村だが、迫る太平洋戦争の足音に、必然的に柔道から遠ざかっていく。

木村政彦は戦前派の選手ではない。分類では「戦中派」に分けられる。その選手生活の年表を並べてみると、見事に戦争に分断されている。二十二歳以降の全盛期をすべて戦争に奪われているのだ。

日中戦争は泥沼化していた。

アメリカ、イギリス、オランダなどは嫌悪《けんお》感を露《あら》わにして日本の即刻退去を要求し、聞かぬ日本に石油や鉄鋼などの輸出制限の措置をとりだした。いわゆるＡＢＣＤ包囲網である。日本は危機感を抱き、ドイツ、イタリアと三国同盟を結んで国際的な発言力を高めようとした。しかし、これによって日独伊と他国との対立はより鮮明になっていく。

昭和十四年（一九三九）九月、ついにナチスドイツ軍がポーランドに侵攻し、第二次世界大戦が勃発《ぼっぱつ》した。昭和十五年に入ると、オランダ、ベルギー、ノルウェー、デンマークが次々とドイツ軍政下に入っていく。昭和十五年六月にはパリが陥落し、フランスもドイツに屈する。

木村の天覧試合制覇は、まさにこのパリ陥落のときだったのである。史上最強の柔道家木村政彦の人生は世界史上最大の大波に飲み込まれようとしていた。

この天覧試合が開催される四カ月前、朝鮮半島から体格のいい一人の少年が日本に渡ってきていた。

名を金信洛《キムシンラク》という。

後の力道山である。

彼もまた、日韓併合という、戦争による被害者だった。二所ノ関《にしょのせき》部屋に入門した金少年は、大横綱双葉山、そしてその双葉山と並び称される不敗の柔道王木村政彦に憧《あこが》れて猛稽古《もうげいこ》に励む。

もちろん、柔道界のスーパースター木村が金少年のことを知るはずはないし、この十四年後、プロレスのリング上で対峙《たいじ》する運命にあることなど知るよしもなかった。

昭和15年（1940）、天覧試合制覇を成し遂げ、昭和天皇から下賜された短刀を持つ木村政彦。(写真提供＝木村家遺族)

第９章　悪童木村と思想家牛島

「柔道には命をかけろ！」

「あんな頑固な父に育てられて、木村さんたち思春期でしょう、大変だったと思いますよ。逆らったりなんて絶対にできないんですから。私たち子供だって、父が帰宅するときには母も含めて家族全員で玄関で三つ指ついておかえりなさいと出迎えていたんです」

牛島辰熊の長女孝子《たかこ》は、そう言って懐《なつ》かしそうに笑う。

木村政彦によると、女からの手紙はすべて牛島に封を切られたという。柔道に集中させるため、おかしな女がつかないようにチェックしていたのだ。当時の木村の人気は今でいえばプロ野球やサッカーのトッププレーヤー並みで、ファンレターがひっきりなしに来ていた。

所用で牛島夫人の和香《わか》が留守のとき、木村は和香が用意した牛島の夕食を運び、代わりに飯を碗《わん》に盛る。

牛島は木村に言う。

「学生みたいに山盛りにつぐな。押さえつけずにふんわりと九分目くらいにつけろ。茶碗の縁に親指をのせるな」

そして飯を食いながらその日の講道館や警視庁での出稽古《でげいこ》の様子を聞いた。

「強いのは誰が来ていた。何本やった」

牛島が言うのは柔道のことばかりだった。

高段者のなかにはこのスパルタ訓練を批判する者も大勢いた。講道館内には嘉納治五郎がかつて校長をしていた東京高師出身の高師派や、それに対抗する三船久蔵《きゅうぞう》派らの激しい派閥争いがあった。しかし、こういう政治的なことを牛島は鼻で笑い、一匹狼《いっぴきおおかみ》として木村に試合の結果を出させることを第一義とした。とくに牛島と三船はそりが合わず、生涯にわたって犬猿の仲であった。〝鬼の柔道〟と〝名人の柔道〟は、水と油なのである。

木村が修行に外れることをすると牛島の鉄拳《てっけん》が飛んだ。ある年、仙台で大きな柔道大会があり、そこに牛島と木村の師弟が招待され、模範乱取りをした。

控え室に戻るや、牛島がいきなり木村の横面《よこつら》を張った。

「政っ、手を抜いたな！」

木村は、突然のこととて驚いた。たしかに試合のようにがむしゃらに攻めたわけではない。だが手を抜いたわけでもないのだ。それでも牛島にとっては「手を抜いた乱取り」とうつったのである。

「柔道には常に命をかけろ！」

木村は肯《うなず》くしかなかった。

殴られるというと、三十八発の往復ビンタをくらったのも有名な話である。牛島、大谷晃両師範ら七人とともに関西から九州まで試合行脚《あんぎゃ》に出たときのことだ。木村は用事があって京城《けいじょう》（現在のソウル）に行き、その足で福岡で合流する予定だった。しかし、船便が悪天候のため日延べになった。次の日の便で福岡に着いた木村は、すでに熊本に発《た》った一行を追って、夜、旅館に着いた。始まっていた宴席に入っていくと、牛島がすっくと立ち上がった。

「おまえ京城で遊んでいたのだろう！」

ビンタが飛んできた。

一発、二発、三発……。そのたびに顔が右を向いたり左を向いたりした。止まらないビンタを木村は数え続けながら耐えた。合計三十八発であった。あとで聞いたところでは、木村がいないばかりに福岡での団体戦で苦戦したのだという。

牛島塾のあった赤坂台町二十四番地の辺りは乃木神社と豊川稲荷《いなり》がある静かな高級住宅街である。近所には寺内寿一陸軍大将、作家の吉川英治ら、有名人がたくさん住んでいた。

はじめのうち、塾は木村と船山辰幸、甲斐利之の鎮西組三人だけだったので牛島家と同居していたが、そのうち隣の平屋を借りて、そこで十人前後が起居をともにするようになる。牛島は、熊本の有為の青年で、柔道や剣道を修行する者を中心に、特に貧しい家庭の者、両親が揃《そろ》わない者などの面倒をみ、自ら親代わりだと任じていた。塾内には旧制高校のバンカラに武専の豪快さをプラスしたような、一種独得の雰囲気があった。

塾生は朝起きると、全員で熊本の空に向かい、清正公《せいしょうこう》に祈る。

「われらに武運を垂れさせたまえ」

それから徹底的な掃除だ。

「一木一草にまで気を入れて掃除すること。些事《さじ》への心遣いこそ修行だ」

牛島は掃除こそ日本人の身だしなみだと強調し、自らも時に一緒に雑巾《ぞうきん》を掛けた。

木村もそのうち散らかった部屋を嫌うようになる。

全日本選士権で初優勝してからは、木村は進んで便所掃除を引き受けるようになった。実力が上がるにつれ、知らず天狗《てんぐ》になるのを自ら戒めるためである。今のように水洗ではないので便壺《べんつぼ》の糞尿《ふんにょう》は丸見えである。アンモニア臭に咽《む》せながら奥まで手を突っ込み、亀《かめ》の子たわしで、こびりついた糞《くそ》を毎日こそげ落とした。そして最後に便所の隅に野菊を一輪さした小さな花瓶を置いて、その日の掃除を終える。

ある日、塾生が使いで大家に家賃を払いに行くと、実は牛島家の家賃より塾の家賃の方がずっと高いことが判明して、塾生一同驚いた。もちろん牛島が両方の家賃を払っていた。

牛島は稽古でも木村だけにきついことは決してさせなかった。すでに三十代半ばを過ぎていたが、それでも厳しいトレーニングを自らに課していた。

現役は引退し、全日本選士権にこそ出ていなかったが、まだまだ実力は衰えておらず、大試合を何度もこなしている。木村が全日本選士権で初優勝した翌春、昭和十三年五月の武徳会高段者試合の古沢勘兵衛戦はとくに有名だ。古沢は牛島より二回り大きな強豪で、稽古後には必ず四斗樽《しとだる》に水を満たして、ひょいと持ち上げては、ざぶんざぶんと水をかぶるという怪力だった。四斗樽というと水だけで七二リットルなので樽も合わせると一〇〇キロ位になるだろう。この古沢を、熱戦の末、牛島は得意の横四方に抑えた。大野久磨夫主宰『武徳』誌にはこう書かれている。

《俊敏牛島いかでこの好機を逸すべき、するすると崩横四方にガッチリ抑えた。胸を張って胸で抑え、両足を大きく開いて極《き》めつけた。何とその姿勢の美しいこと！　さながら大蛇がとぐろを巻いて、その真ん中から鎌首《かまくび》をグッと持ち上げ、不敵に爛々《らんらん》たる眼をかがやかせ、赤い舌をペロリペロリと出している様な豪壮な美しさであった》

桁外《けたはず》れのバンカラ

牛島の生活は徹底して柔道という定規で測られている。いや、牛島自身がすなわち柔道そのものだといってもいい。それほど柔道は牛島の中に超然としてあった。

牛島は日蓮宗の信者だったので、宗教を通じても多くの人間と交わった。ある時期、日本山妙法寺の藤井日達導師の尼弟子が月に一度ずつ托鉢《たくはつ》に来るようになった。その尼僧《にそう》が太鼓を叩《たた》くことの重要性を言い、持参してきた太鼓をひとつ置いていった。その次の月に来ると、牛島は太鼓は叩いてないという。尼僧が「なぜ叩かないのですか？」と問うと、牛島の答えていわく。

「あなたが妙法蓮華経《みょうほうれんげきょう》と唱え太鼓を打つ精神は、私が道場で南無妙法蓮華経《なむみょうほうれんげきょう》を心に唱えながら命がけの稽古《けいこ》をしているのと同じ状態だと信じているのです。稽古に邪念が入れば私は必ず怪我《けが》をするのです。私は革を張ったこの太鼓こそ打ちませんが心の太鼓は緩みなく打っているのです」

尼僧は感心して帰っていったという。

牛島は日常的に神社仏閣に詣《まい》るのを好んだ。

毎月決まった日に塾生を目黒不動尊に連れていく。滝に打たれ、精神統一するためだ。木村たちはこの行事を怖《おそ》れた。

なにしろ朝四時に起き、全員で目黒不動尊まで走るのである。下駄履きの学生達のカラコロという音がリズミカルに鳴っているうちはいいが、四キロの距離である。途中で下駄を持って裸足《はだし》になり、小石やガラスの破片などを踏みつけては痛みに飛び上がる。だがリタイアは許されない。

くたくたになった頃、やっと目黒不動尊に着く。だが、ここからがさらに大変だった。全員が裸で滝壺《たきつぼ》に入る。牛島ひとり、お経を唱えながら「エイッ！　エイッ！」と唸《うな》っている。木村たちはお経を知らないので唇を震わせながら牛島のお経が終わるのを待っていた。

この行事にはさすがの猛者《もさ》揃《ぞろ》いの牛島塾生たちも参った。

ある日、塾生集まっての鳩首《きゅうしゅ》会議の末、「塾の中に牛島先生が入ってこれないようにしてしまおう」ということになった。

塾は牛島家に隣接しているが、四方を板塀で囲まれている。夜のうちに、その板塀の上に釘《くぎ》が出るようにぐるりと五寸釘を斜め下から打ち込んだ。さらに玄関や窓には外から分厚い板を打ち込み、一カ所あけてある窓から中に入ると、その窓にも内側から厳重に板を打ち付けた。

「いくら先生でも、これで入ってこれないはずだ」

結局全員が木村の部屋に集まって朝四時になるのを待った。そのうちにみんな寝てしまったが、牛島が外から板塀を叩き、蹴《け》る音で目を覚ました。

「本当に大丈夫ですか……」

下級生が心配そうに言った。

「あれだけ五寸釘が打ってあるんだから大丈夫だろう……」

そう言う塾生も、やはり青くなっている。

いつの間にか板塀を蹴る音がやんだ。

「諦《あきら》めたんじゃないか」

誰かが言った。その言葉をみんなが信じかけた頃、ガタンっと大きな音がし、ガラスを割って木刀を下げた牛島が入ってきた。

「貴様らっ！」

頭から足先まで土まみれである。板塀の下の土を掘って入ってきたのだ。全員、正座させられて怒られた後、目黒不動尊へ走らされた。

しかし牛島は木村が可愛《かわい》くてしかたなかったようだ。木村を拓大に誘うときに約束したとおり、ときどき小遣《こづか》いをくれた。木村家は貧しく、学費どころか食費も小遣いもまったくなかったのである。

木村は小遣いが欲しくなると、和香夫人の前では言いだしにくいので、牛島が出かけるのを外で待っていて「先生！」と声をかけた。

牛島はその一言だけで木村の気持ちを察し、財布から一円札を三枚抜きだして木村に渡してくれた。コロッケひとつが二銭の時代だから現在でいえば三万円くらいか。

「あまり無駄遣いするなよ」

二人の絆《きずな》を感じさせる話だ。

だが、この言葉の後、牛島はときどきこう続けた。

「酒は飲むなよ。女も買うな。買いたくなったら額に一円札を貼《は》ってセンズリをかけ」

そして言い過ぎたかというように大声で笑った。つまりその一円で女を買ったと思って、額に張ったお札で頭の中で女を夢想してセンズリしろということだ。眼光炯々《けいけい》とした牛島の豪快な笑い顔が見えるようだ。木村は鎮西中二年のときから、すでに女郎屋通いを覚えていた。

豪快なのは師の牛島だけではない。木村の悪童ぶりも凄《すさ》まじい。

しかし関係者に聞く木村の桁外れなバンカラぶりを示す行状は「これは書かないでください」という約束の上で聞かされたことばかりなので残念ながら活字にはできない。

だが、すでに自伝によって本人が語っていることだけを並べてみてもすごい。

同居しているときは牛島和香夫人が食事の世話をしてくれていたが、隣家に塾生だけで住むようになると、食事は学生の当番制になった。

木村は書く。

《私が当番のときには、便所の脇《わき》にいっぱい生えているペンペン草を味噌汁《みそしる》に入れた。すると「かたくて食えない」と文句が出た。面白くないから、次には味噌汁に自分の糞《くそ》をまぜ、どろどろにまぜ合わせて入れ、野菜の代わりには松葉を入れた。松葉はかたいばかりではなく、歯肉に刺さって飲み込めない。皆はウンコの汁だけを、そうとも知らずに飲んでいたのである。今となっては味は忘れたが、異様な臭《にお》いがしたことだけは、はっきりと覚えている》（『わが柔道』）

《当時、靖国神社の周辺は、犬の散歩にはもってこいの場所だった。犬を放して散歩している人がたくさん見うけられた。そこで私たちは、ビフテキの材料にありついたのだ。放されている犬を見つけると、塾生十人ばかりがとり囲み、隠し持っていた木刀で次々に一撃を食らわせ、犬が倒れたところをつかまえて、一目散に赤坂台町に持って帰った。砂糖と醬油《しょうゆ》で味つけをして、それを肴《さかな》に二級酒で酒盛りをするのだ。犬のビフテキは、料理をしたときにアブクが出るくらいで、とても美味だった。金がなくなると、たびたびこんなものが食卓を飾った》（同前）

《牛島塾の向かいには山脇高女の寮があり、十四、五人の若いピチピチした女の子が住んでいた。代わる代わる、障子にツバをつけては穴をあけ、覗《のぞ》き込んでいた。そのうちに興奮してくると、パッと尻《しり》をまくり、障子の穴から屁《へ》をたれたりもした。それを先生の奥さんに見つかってコテンパンに叱《しか》られた》（同前）

なぜ興奮してくると《障子の穴から屁をたれたり》するのかわからないが、このあたりが木村の木村たるゆえんである。

《卒業試験のとき、教科書を膝《ひざ》の上に置いてカンニングをしていたら、先生が廻ってきて取りあげられた。だがそれは、別の科目の教科書で、先生が去ると今度は本当の教科書を広げた。するとまた先生がやってきて取ろうとするので、突然、草履ばきの足で先生の足を踏みつけてやった。そして私は言った。「先生、今日は大事な卒業試験ですぞ。もしこの本を持っていかれたら、私は卒業できなくなってしまう。それでもいいですか、覚悟はできていますか」——先生は真青になってその場を去って行った。むろん、卒業試験の結果は満点だった》（同前）

牛島はもともと剣道も修行していたので宮本武蔵を崇拝し、日本刀を何本も蒐集《しゅうしゅう》していた。

ある日、木村が学校から帰ってくると、牛島が座敷で正座し、日本刀を研いでいた。

「先生、ただいま帰りました」

牛島はそれに答えず、作業に没頭していた。木村が近寄って「綺麗《きれい》な刀ですね。なんという物ですか」と聞くと「これはな、村雨という銘刀だ」と機嫌良く答えた。

「立派な物ですね。高いんですか？」

「………」

「いくらするんですか？」

「うるさいぞ。男は三年に三言だ」

「切れますか？」

「ああ、切れる。何かを切ってみせよう。何がいい」

「私の腕を切ってください」

木村が冗談で言った。

「よし。逃げるなよ。痛いぞ」

「大丈夫です」

「本当にいいのか」

「はい」

「なら、ここに腕を出せ」

木村が腕を突き出すと、牛島は「よし」と、すでに本気だった。

師弟とも人並み外れた負けず嫌いである。

「どうぞ。早く切ってください」

「よし」

牛島が振りかぶった。木村は歯を食いしばった。

そのときである……。

「木村さん、逃げなさい！」

二人の性格を知る和香夫人が叫んで、牛島に体当たりした。木村はこの機を逃してはと、縁側から裸足で飛び出した。裏木戸を壊すようにして開け、電車通りへ出た。振り向くと日本刀を持った牛島が裸足のまま追いかけてくる。その後ろから制服警官も二人走ってくる。木村は必死に逃げ続け、現役選手のスタミナでやっと裏通りで牛島をかわした。

もう、めちゃくちゃである。現代に例えれば、銀座通りで山下泰裕《やすひろ》が日本刀を持って井上康生《こうせい》を追いかけたり、六本木で斉藤仁《ひとし》が機関銃を持って石井慧《さとし》を追いかけているようなものだ。もちろん新聞沙汰《ざた》になるだろうし、誰かが携帯電話で撮って動画をネット上にアップし、大騒ぎになるだろう。和香はいまでもそのときの情景を憶《おぼ》えていて、ときどき吹き出してしまうという。

石原莞爾《いしわらかんじ》との交遊

だが、こういった生活を送っていても、牛島辰熊はただの柔道家ではない。

「あのねえ増田さん、大山が本当に好きだったのは牛島先生なんだよ」

遠藤幸吉《こうきち》は、私が木村政彦と大山倍達《ますたつ》（極真《きょくしん》空手創始者）の交遊について聞いていると、途中でそう言った。

遠藤はプロ柔道時代を牛島・木村師弟とともに過ごし、プロ柔道崩壊とプロレス旗揚げの狭間《はざま》には牛島らの斡旋《あっせん》を受けて大山とともにアメリカ遠征に渡っている。その後、日本のプロレス黎明期《れいめいき》に木村と同じリングに立ち、もちろん木村vs力道山戦も眼前で見てきた生き証人である。牛島、木村、大山の関係については最も詳しい人間といっていい。

「大山はね、たしかに木村さんのことを尊敬してた。だからいつもそばにいたがったし、後をついてまわってました。木村さんのことを尊敬していたことは間違いない。だけどね、大山が本当に好きなのは牛島先生のことなんです」

「それはどういうことですか？」

「大山は牛島先生の極右《きょくう》思想に惹《ひ》かれてたんです」

牛島辰熊には柔道家としての顔のほかに、もうひとつ、思想家としての顔があった。

昭和九年（一九三四）、第二回天覧試合での敗戦後、牛島は己の肉体の衰えつつあることを悟り、悲願の天覧試合制覇のために後継者木村政彦を探し当てて育てたことは、ここまで詳しく書いてきた。しかし牛島は、この肉体の衰えにより、実はもうひとつの大きな悩みを抱えていたのである。

——柔道ができないほど体力が衰えたとき、俺はどうやって人のために生きていけばいいのか……。

煩悶《はんもん》を続けるうち、出会ったのが陸軍の今田新太郎少佐（後の少将）であった。昭和十一年、つまり木村政彦が予科二年、拓大予科が高専大会初出場初Vの快挙を成し遂げた年である。牛島は剣道家でもあった今田と初対面から意気投合、吉日を選んで腕の血をすすり合い、義兄弟の契《ちぎ》りを結んだ。

そしてこの今田新太郎によって、牛島は各界の錚々《そうそう》たる男たちに引き合わされる。

石原莞爾《いしわらかんじ》（陸軍軍人）
加藤完治（農本主義者、満蒙《まんもう》開拓の推進者、旧制四高柔道部ＯＢ）
浅原健三（政治家）
中江丑吉《うしきち》（中国学者）
十河《そごう》信二（後の国鉄総裁）

この顔ぶれを見てもわかるとおり、牛島の思想家としての顔は、柔道家の余興といえるようなレベルではなく、国家を背負わんとする本格的なものだった。とくに石原莞爾との交遊が深くなることによって、後の東條英機暗殺計画《とうじょうひでき》にまで行き着いてしまうのである。牛島と木村、鬼の師弟の人生は、木村を育て天覧試合を制すという表の歴史と、思想家としての牛島の裏面史を並行して語らねば、立体的な深みが見えてこない。

まずは石原莞爾との関わりから説明しよう。

牛島が今田に石原莞爾将軍（退官時中将）を紹介されたのは昭和十三年（一九三八）春、木村政彦が拓大予科を卒業して学部に進んだ全日本選士権Ｖ２の年である。

戦争に詳しくない読者のために補足しておくと、近代の軍隊において、陸軍の将官（大将・中将・少将）のことを将軍と呼び、海軍の将官は提督という。階級としては将官の下に佐官（大佐・中佐・少佐）、その下に尉官《いかん》（大尉・中尉・少尉）がいる。会社組織に例えると、将官は取締役、尉官以上がいわゆる管理職で、その下がその他大勢、つまり下士官と兵隊である。

この石原莞爾こそ、関東軍（満州に置かれた大日本帝国陸軍の総軍）作戦主任参謀（当時中佐）だった昭和六年（一九三一）、満州事変を成功に導いた首謀者の一人である。

関東軍が管理していた柳条湖《りゅうじょうこ》の南満州鉄道爆破は石原主導のもとに、その片腕だった今田新太郎（当時大尉）らが指揮したとされている。つまり自作自演の謀略だ。そして、これを張学良ら中華民国東北軍によるものだとして攻撃を開始、たった一万二千人の兵力を二十万の軍隊にぶつけ、叩《たた》き折った。関東軍はわずか五カ月で満州全土を占領する。

これをもって石原は智将《ちしょう》と謳《うた》われた。

その才を東條英機に嫉《ねた》まれたと言う者が多い。

たとえば山内昌之（東大大学院教授）はこう書く。

《昭和の陸軍軍人で「天才」といえるのは、石原莞爾ただ一人といってよい。天才は百年に一人しか生まれないとすれば、満州事変は世界をひっくりかえすほどの事件だった。作戦主任参謀にすぎない一介の陸軍中佐が世界を驚かせ、アメリカやロシアを沈黙させながら、蔣介石《しょうかいせき》の反応も織りこんで日本とアジアの運命を決する大きな「事業」を決行したのだ。

これに比べると、東条の足跡は影が薄い。しかし、彼を単純な凡才と見るにはあたらない。東条は、まぎれもなく努力家肌であり、陸軍に多い秀才タイプの一人であった。とはいえ、ひいき目に見ても、彼が陸軍大臣ましてや総理大臣に昇りつめた（一九四一・一〇）のは、偶然と幸運の産物にすぎない。

東条の成功には、石原の性格の欠点に加えて行動のミスが与《あずか》って大きかった。石原の天才的な頭脳と構想力に反感をもつ軍人はあまりにも多く、東条の行政処理能力に無難さを感じる同僚は驚くほど多数いたのである。石原莞爾は、何をしても人の嫉妬《しっと》を避けられない男であった》(『嫉妬の世界史』)

石原は「満州国」に理想郷を目指し、アジア有色人種による王道楽土にしようとしていた。そして日本と満州国、中国は対等な関係で連盟を結ぶべきだと唱えた。だから昭和十二年(一九三七)に始まった日中戦争(支那《しな》事変の名は大日本帝国が定めた公称。中国では中国抗日戦争あるいは八年抗戦と呼ぶ。英語では第二次中日戦争＝Second Sino-Japanese War)は速やかに終結させるべきとの立場をとっていた。

そのために昭和十四年(一九三九)、東亜連盟協会を発足させ、この思想の浸透をはかる。

先の山内昌之教授が言うように、石原は参謀長東條英機ととにかくそりが合わなかった。『夕陽将軍―小説・石原莞爾』(杉本久英)には大川周明(思想家)が満州を旅行した際に石原莞爾を訪ね、「東条さんにもお会いしたいのですが、部屋はどこですか?」と聞くと、石原が「ああ、東条上等兵の部屋ですか? それはね、この廊下をこう行って……」と説明するシーンが出てくる。

同じ独裁者でもヒトラーは伍長《ごちょう》だからそれより劣る東條英機などは上等兵で充分だという嫌味である。東條を人前で「この人は憲兵隊あがりだから」と揶揄《やゆ》したこともある。

このようなこともあり、石原は日中戦争勃発《ぼっぱつ》後、参謀本部作戦部長から関東軍副参謀長に左遷《させん》され、昭和十三年には舞鶴へ、さらに昭和十四年に京都へと飛ばされた。

私にはこれらの石原莞爾と東條英機の関係が、柔道界の牛島辰熊と三船久蔵の関係に重なって見えてしかたない。もちろん石原が牛島に、東條が三船にかぶって見えるのだ。東條や三船は〝政治〟をにらみ、石原や牛島は〝思想〟を見ていた。政界、すなわち柔道界でいえば講道館だが、そのなかでの政治には牛島はまったく興味を持っていなかった。だから、石原が東條を馬鹿《ばか》にしたように、牛島も三船を小馬鹿にしていた。

拓大のＯＢはこう言う。

「大きな試合のとき、役員席にずらっと重鎮が並んで座ってるでしょう。そうすると牛島先生は端から順番に頭を下げて挨拶《あいさつ》していって、三船先生だけを飛ばして次の役員に頭を下げるっていうあからさまな態度を見せてたんですよ。そういうところは牛島先生は本当にはっきりしてます」

牛島は同じ匂《にお》いのする石原に強く惹《ひ》かれたのではないか。

昭和十五年（一九四〇）七月、陸軍大臣に就いた東條英機は、石原から受けた仕打ちを忘れてはいなかった。その人事権で、京都第十六師団長まで落ちぶれていた石原をついに予備役（退官）にまで追い込む。

天皇vs米大統領の〝決勝戦〟

石原の、かの『世界最終戦論』は、この予備役になる直前、昭和十五年五月、京都の義方会《ぎほうかい》での講演「人類の前史まさに終らんとす」を立命館大教授の田中直吉が筆記し、立命館出版部から九月に出版されたものである。Ｂ６判八十八ページの小冊子だったが、数十万部の大ベストセラーとなる。

内容はこうだ。

世界はアジア、欧州、ソ連、アメリカの四つの経済圏に分かれて統一が進んでいく。しかし欧州はまとまりが悪く、ソ連はスターリンが死ねば崩壊するだろう。最終的にはアジアの盟主であり王道をいく日本と、覇道を突き進むアメリカとの間に〝決勝戦〟ともいうべき最終戦争がおこり、その勝者が世界を一つにまとめる。これにより人類には永久平和の世界が実現される……。

《最終戦争即《すなわ》ち王道・覇道の決勝戦は結局、天皇を信仰するものと然《しか》らざるものの決勝戦であり、具体的には天皇が世界の天皇とならせられるか、西洋の大統領が世界の指導者となるかを決定するところの、人類歴史の中で空前絶後の大事件である》（『世界最終戦論』）

牛島は、この石原莞爾の思想に傾倒し、彼を導師と呼んで師事することになる。

次に牛島と深く関わったのが加藤完治である。

昭和十三年（一九三八）、加藤は満蒙《まんもう》開拓移民推進のため、茨城県下中妻村内原（現在の水戸市）に満蒙開拓青少年義勇軍訓練所を開設し、計八万人を送り出した。ここでは常時一万五千人を訓練しており、広々とした耕地はまるで本物の満州のようなスケールの大きさだった。ここの訓練のひとつとして柔道と剣道が取りあげられ、加藤は柔道の責任者に牛島を就けた。

加藤は高専柔道の名門四高《しこう》柔道部ＯＢ（東京帝大卒）で、牛島の人物に惚《ほ》れ抜いていた。そのため、茨城の訓練所とは別に、昭和十五年、加藤の生地深川（東京都江東区）に柔道場を建てて、ここも完全に牛島に委《ゆだ》ねた。木村政彦が夜に出稽古《でげいこ》に通った満蒙開拓青少年義勇軍の深川道場とは、この道場である。道場の二階には十人ほどが泊まれる宿舎があり、牛島は何人かの弟子をここに常駐させ、辺りの貧家の青少年に柔道を指導していた。いわば第二牛島塾だったのである。

牛島は、こうした石原莞爾、加藤完治らとの交わりのなか、武道をもって東アジア全体を動かそうとしていく。

たとえば昭和十五年（一九四〇）の五月十八、十九日には、中華民国、満州国、蒙古などから代表選手を招聘《しょうへい》し、小石川の後楽園で「東亜武道大会」を大々的に開いた。民族協和をいい、拓務大臣小磯国昭陸軍大将を大会長に戴《いただ》き、加藤完治を委員長にした。

しかし、講道館はこの大会を黙殺し、審判を承諾していた佐村嘉一郎十段らを脅すようにして断らせた。嘉納治五郎はすでに二年前に歿《ぼっ》していた。残った門弟たちは派閥争いを繰り広げ、とくに東京高師派や三船久蔵派などの主流派は牛島を毛嫌いしていた。もっとも、一方の牛島は世界全体を動かさんとの意気をもって動いていたので、先に述べたように講道館の〝政治家〟たちの存在など意にも介していなかった。この大会には蒙古相撲、中国拳法《けんぽう》、中国相撲、槍術《そうじゅつ》、青龍刀術などの達人を呼び、日本は柔道と剣道の他、居合道などが技を披露した。木村政彦も七人掛けをやっている。

当時の「外地」の邦字新聞を紐解《ひもと》くと、牛島はアジア各地に積極的に足を延ばしているのがわかる。

まずは上海《シャンハイ》の新聞だ。

《【柔道の牛島六段、元気一ぱいで來滬《らいこ》。書院学生連に猛指導】

宮内省柔道師範牛島辰熊六段が良き助手である拓殖大学学生五段木村政彦、同四段甲斐利之の二君を連れて來滬した。牛島六段と云《い》へば我が國柔道界では當代唯一《とうだいゆいいつ》の實力《じつりょく》所有者で、今や向かふところ敵なしといった猛者《もさ》である（後略）》（上海日日新聞、一部破損により日付不明）

次は満州の邦字新聞である。来京とあるのは、満州国の首都が新京（現在の長春）にあったからだ。

《【獨創的《どくそうてき》な武道が満州には必要。柔道界の革新児、牛島教士來京】

第一回の柔道天覧試合の優勝戦に出場し當時の異才として日本全土の柔道界を風靡《ふうび》した豪雄牛島辰熊教士は十一日朝午前九時四十分着ひかりで來京したが、宿舎安達街櫻ホテルに於《お》いて往訪の記者に次の如《ごと》く語る（以下略）》（新京日日新聞昭和十五年八月十二日付）

アジアの武道家の〝梁山泊《りょうざんぱく》〟

話が錯綜《さくそう》してくるので整理していこう。

石原莞爾が『世界最終戦論』のもとになった「人類の前史まさに終らんとす」の講演をした義方会について語っていくと話が見えやすくなるかもしれない。

義方会《ぎほうかい》——武道研究家や格闘技マニアならどこかで一度は聞いたことがある言葉にちがいない。大山倍達の著書にもよく登場するし、伝統空手系の著書にも必ずこの義方会は出てくる。漢字ではたとえば「義奉会」などいろいろな字が当てられているが、正しくは義方会である。

木村政彦と大山倍達が初めて会うのも義方会の道場である。

この義方会とはいったい何なのか、それを詳しく記述している書籍はない。なぜこの義方会に牛島辰熊や木村政彦らの超一流柔道家たちが顔を出し、さらには山口剛玄《ごうげん》、曺寧柱《そうねいちゅう》、大山倍達ら空手家までが集ったのか。

義方会が熊本遠征に出たときの地元紙の切り抜きを見つけた。

《【武道精神の普及に義方會《かい》の行脚《あんぎゃ》。福島清三郎教士一行】

尚武肥後《ひご》武道界の先輩福島清三郎教士によつて昨年京都に創設された義方會の一行十一名は既報の通り三十日午後八時十四分熊本駅着列車にて來熊（中略）

福島會長《かいちょう》は語る。

今更私達が喋々《ちょうちょう》するまでもなく現時我國《わがくに》は未曾有《みぞう》の非常時局に際會《さいかい》し社會《しゃかい》各方面に亘《わた》つて行詰りを來《きた》して居《お》りますが、この行詰りを打開するには唯《ただ》我國の建國精神、日本精神に依《よ》る外ありません。而《しこう》して武道精神は即《すなわ》ち日本精神であります故《ゆえ》に武道精神に依りこの行詰りを打開し帝國発展に資せんとの念願から吾々《われわれ》同志が義方會を創設して微力を捧《ささ》げ様と立つた次第であります（後略）》（新聞名、日付ともに上部破損のため不明）

記事を読めばわかるとおり、武道団体でありながら思想団体でもある。

主宰したのは福島清三郎という柔道家だ。講道館ではなく武徳会所属。明治二十三年（一八九〇）生まれで牛島の十四歳年上である。生地は木村と同じ熊本県飽託《ほうたく》郡川尻町、さらに十七歳で初めに修行したのが牛島と同じ扱心流《きゅうしんりゅう》柔術江口道場だという繋《つな》がりもあった。

明治四十三年（一九一〇）、二十歳のときに武専の前身である武術教員養成所に入り、卒業後、大正八年（一九一九）から武専の助教授、翌九年には教授となっているが、後に退職し、龍谷大学や立命館などの教授を歴任した。牛島も出場した昭和四年の第一回天覧試合には三十九歳にして指定選士として出場しているから、かなりの実力者であったのは間違いない。昭和八年に七段、十二年に八段（ともに武徳会）を允許《いんきょ》されている。

義方会を設立したのは昭和十一年（一九三六）十月である。

義方会の名は嘉納直方（京都帝大教授、国文学者）が命名した。福島の自宅横に建てられたその建物は道場だけで八十畳あり、住み込みの書生による骨接《ほねつ》ぎもやっていたという。書生の部屋が三部屋あり、食堂には賄《まかな》い婦も雇っていたほど大がかりなもので、書生たちが近所の者に柔道を指導していた。

この福島清三郎が、前述の牛島の義兄弟今田新太郎と昭和十一年から交遊を持つようになる。

牛島が今田と初めて会ったのも昭和十一年だから、福島、牛島のどちらが先に今田と親交を結んだのかは定かではないが、どちらにしても二人とも今田を介して石原莞爾と交わり、義方会が中心となって武道界に東亜連盟の活動が広がったのは間違いない。

福島は柔道だけにこだわらず、義方会で、当時まだマイナーだった沖縄出自の空手を剛柔流《ごうじゅうりゅう》の山口剛玄とその弟子曺寧柱に指導させている。

そして義方会道場に隣接して義方会協和塾を建て、そこの塾頭に曺寧柱を据えた。

この協和塾は二階建て、全部で九室あり、主に満州国からの留学生（つまり中国人）が十数名住んでいた。後にこの協和塾には朝鮮半島から渡ってきた大山倍達も住み込むようになる。曺寧柱も朝鮮半島出身である。福島は当時としては稀《まれ》な差別意識のない人物だった。

木村政彦は柔道と並行して空手も修行していたことは前にも書いたが、始めたのは拓大予科二年の頃だ。はじめ松濤館《しょうとうかん》の船越義珍《ふなこしぎちん》のもとで習っていたが、後に義方会の東京支部に指導に来るこの曺寧柱に剛柔流を学びだす。

このように福島清三郎によって、柔道界と空手界の人脈がミックスされていくのだ。格闘技界にとって、戦中戦後の陰の重要人物である。

福島清三郎は、石原莞爾が満州から舞鶴に飛ばされ、さらに京都に左遷《させん》されるにいたり、近くに居住するようになった石原のもとに繁《しげ》く通い、その思想にさらに傾倒していく。石原が予備役となり東亜連盟活動に力を入れだすと、福島も全力でそれに協力した。

京都の義方会本部道場前には「東亜連盟関西支部」の看板まで出した。

太平洋戦争が苛烈《かれつ》になって東亜連盟に対する東條英機の目が厳しくなってくると、福島は曺寧柱に石原莞爾の護衛を命じたりもした。福島にも常に特高警察の監視がつき、家を出ると尾行をつけられるほどの危険をおしての行動だから、いかに福島が石原を慕っていたかわかる。

かように、東亜連盟の柔道家や空手家たちへの浸透は福島がいたからこそのものであった。

いや、義方会なくば、もしかしたら石原莞爾のこの活動は大きなものに発展しえなかったのかもしれない。前述のようにあの『世界最終戦論』は義方会での石原の講演「人類の前史まさに終らんとす」をもとに作られたものなのだから、福島は格闘技史のみならず、戦中戦後裏面史の立役者といってもいい。

東亜連盟は終戦近くには全国に六十八支部二十万人の会員を抱えるほど巨大なものになっていく。

牛島辰熊は、この福島と二人三脚で東亜連盟に積極的に関わっていたのだ。世界を武道精神をもって動かさんと行動していた。

このように牛島には、はっきりとした国事に対する思想があった。

しかし木村にはそれがなかった。

木村の自伝は、はじめから終わりまで柔道一色である。思想の色がないのだ。たとえば『わが柔道』の深川義勇軍道場でのエピソードを読んでも柔道の技術練習のことしか書いてないので、この道場がどういう目的で誰が作ったものなのかということすらわからない。逆に牛島の評伝の半分以上が柔道家時代のことではなく思想家としての交遊話に割かれている。

木村が牛島から受け継いだのはあくまで柔道の技術であり、戦う精神すなわち「生の極限は死、死の極限は生」という柔道哲学だけであった。全盛期の体格はともに一七〇センチ八五キロ、木村が最も得意としたのは牛島が旧制六高に通って身に着けた寝技であるという柔道のスタイルも同じ、攻めに攻め抜くアグレッシブさも同じ、鬼の異名をとったのも同じ。ただひとつ違ったのが、牛島には政治思想があったが、木村にはなかったことである。

「これで酒を飲ませてくれ」

たとえば、天覧試合での天皇に対する態度をとっても二人は両極端だ。

牛島の二度目の天覧試合前のエピソードを思い出してみよう。

牛島が胆石を悪化させ天覧試合に出場できないかもしれないと聞いて昭和天皇が心配し、病院に使者を使わせたときのことだ。

《白井（皇宮警察）部長はさっそく、その足で陛下のこの有難いお言葉を伝達に日比谷の病院に行った。思いがけない暖かい陛下の御配慮に、牛島は病床にガバと身をお

こして感激にうちふるえながら皇居の方を伏しおがんだ》（『熊本の体力』熊本日日新聞社編）

一方の木村政彦の天皇への態度はどうか。

《審判員から、「試合中にも極力、陛下に尻を向けぬように注意せよ」と訓示があった。しかしこれには、「尻《しり》も向けずに試合ができるか」と、私たち選手は不平タラタラであった》（『わが柔道』）

牛島は木村が自分と同じ思想を持たないのが歯がゆかったに違いない。なぜ俺の気持ちがわからないのか、なぜその考えも受け継いでくれないのか……。

しかし木村がそれに応《こた》えることはなかった。

道衣を着ているときは牛島の教えを忠実に守った。しかし、ひとたび道衣を脱げば、師の思想などはどこ吹く風で、例の悪童ぶりをみせるのである。

好きな酒もこのころ本格的に覚えたが、飲む量が半端《はんぱ》ではない。

一升《いっしょう》や二升では木村は酒とは考えていなかった。最低でも三升から四升、多いときは五升、六升と底無しに飲むのだ。柔道だけではなく、酒でも化け物のような強さだった。

嫁いだ姉のところに遊びに行ったときのことだ。

夜、近くに小さなバーを見つけた木村は酒を飲もうと思ったが、もちろん金などない。急いで姉の家に帰り、こっそり米俵を二つ持ち出し、それを両手に提げて店に入っていった。

「これで酒を飲ませてくれ」

店の女たちは驚き、米泥棒といぶかしんで住所やら素性を質《ただ》した。木村は適当なことを言って説明し、女たちをはべらして大酒をくらいだした。やることが豪快だ。

しかし宴たけなわとなった頃、女が「電話がかかってきましたよ」と呼びにきた。木村が出ると姉だった。米俵を盗んで出ていったのがばれたのだ。姉は激怒しており、すぐに店まで飛んできた。木村は家に連れ帰られさんざん説教をくらわされた。

しかしこれで終わらないのが木村である。

家人が寝静まったころ起きだして、また米俵を二俵提げて、今度は女郎屋へ行った。

「これで女を抱かせてくれ」

牛島は木村がこんな生活を送っている間にも、国事だけではなく、柔道界においても筋を通し続けた。

牛島が昭和八年末竣工《しゅんこう》の水道橋畔講道館建設を門弟全員の記念昇段による昇段登録料で賄《まかな》おうとした嘉納治五郎《かのうじごろう》館長に反対の狼煙《のろし》をあげて睨《にら》まれたことは先に少し触れ

たが、詳細はこうだ。

嘉納治五郎はＩＯＣ委員として東京五輪招致の夢実現のために世界中を飛び回って、そのために多額の借金を抱えていた。そこで考えたのが「有段者全員を記念昇段させ、その昇段料を建設費用に充《あ》てよう」ということであった。牛島辰熊はこれに激怒したのだ。

続いて牛島は昭和十二年（一九三七）にも七段昇段を辞退する。

「自分は技《わざ》未熟だから昇段を遠慮する」

このとき同時に武徳会からも七段昇段が発表されているが牛島は武徳会の七段位だけは受けている。明らかに嘉納への反逆、講道館への嫌味である。

全柔道家の神、嘉納に真っ向から意見できるのは、この鬼の牛島しかいなかった。

嘉納の思想と行動、やり方が気に入らなかったのである。

ここに、昭和十三年（一九三八）、嘉納治五郎がＩＯＣ委員会に出発する直前の新聞がある。そこには大きな見出しで信じられないことが報じられている。牛島は嘉納のこういった部分が嫌だったのだ。

《【柔道の胆《はら》で往《い》け、三百萬《まん》子弟に飛檄《ひげき》。燃え熾《さか》る七十九翁《おう》の祖国愛。嘉納翁・更生報国團《だん》・組織】

七十九歳の老軀《ろうく》をひっさげてオリムピック委員や貴族院議員として壮者たちをしのぐ精力的な活躍をしてゐる講道館の御大嘉納治五郎翁《おう》が祖国の非常時と世界の危機克服のために柔道精神に立脚した『報国更生團《ほうこくこうせいだん》』を結成、全世界に散在する三百萬《まん》の子弟に呼びかけて肉體《にくたい》と精神の鍛錬を基礎とした一大防共運動を起すこととなつた。

嘉納翁は三月十日から一週間に亘《わた》つてカイロで開催される国際オリムピック委員総会に出席のため来《きた》る十三日出帆の筥崎丸で単身出発するが、翁は事《じ》變《へん》勃発《ぼっぱつ》以来急転する時局乗り切りのためには何よりも先《ま》ず〝胆〟を練る必要がある、戦時下の大波を乗り切つて最後の勝利を得るには物質の継続的供給を強い精神的結束で負擔《ふたん》する外《ほか》なしとて『日本精神の発揚』『精力善用』『自他共栄』の三大主義の徹底的實行《じっこう》を思ひ立ち過般来その運動方法の實現について計画中であつたが愈《いよい》よ具體的《ぐたいてき》活動方針が決定したので翁のカイロ出発前に小石川区小石川町一講道館内に本部を置き『報国更生團』と銘打つて翁が明治十五年以来その參加に馳《は》せ參じた全世界に散在する直接受業者十四萬《まん》、間接受業者三百萬の子弟に呼びかけ……（後略）》（九州日報昭和十三年二月十一日付）

そして九州日報は【時局は重大、嘉納翁語る】というベタ見出しで、嘉納治五郎のこんなコメントを載せている。

《こん度の支《し》那《な》事変は我国始つて以来の大事変で幸ひ都合よく終局を告げればよいが、

若《も》し不幸にして失敗すれば日本は国際間に於《お》ける劣等国に蹴落《けおと》されて仕舞ひ、国民は他国民から蔑辱《べつじょく》を受けてもそれに甘んじて居なければならぬやうな境遇にならなければならぬ、この事変の終局を有利に導き得るやうに最善の力を盡《つく》さなければならぬので『報国更生團』といふ全国民的團結《だんけつ》を作る決心をしたのだ》（同前）

牛島辰熊には思想があった。

嘉納治五郎にも大山倍達にも思想があった。

しかし、何度も言うが、木村政彦にはそれがなかった。

牛島や嘉納たちが自らの理想を追求して国事や五輪誘致に奔走しているあいだ、木村政彦は味噌汁《みそしる》に自分の糞《くそ》を混ぜたり、飼い犬を捕まえて犬鍋《いぬなべ》にしたり、あるいは女学校の寮を覗《のぞ》いて障子の穴から屁《へ》をたれたりしていたのである。姉の家に遊びにいけば米俵を提げてバーに行き「これで酒を飲ませてくれ」と言い、さらに女郎屋へ米俵を提げて行き「これで女を抱かせてくれ」と言ったりしていたのである。

木村は、ただ柔道における強さ、そして強くなるための柔道哲学しか追っていなかった。他のことはすべて些事《さじ》、どうでもよかったのである。

しかし、全日本選士権三連覇、さらに天覧試合まで制して、不敗の皇軍進撃の宣揚に利用されていた木村をまわりは放っておかない。利用する気がなくとも、結果的にそうなってしまう。だから木村はそれらに振り回された。木村は牛島のことも嘉納のことも大山のことも嫌いではなかったであろう。牛島のことはもちろん尊敬していたし、講道館にも敬意を持っていた。慕ってくる大山のことも可愛かったであろう。しかし「思想」は煩《わずら》わしかったのだ。戦争に大義など見てもいないし、見ようともしていない。「何でもいいから早く終われ」と、これも煩わしく思っていただけなのだ。

この、国事に対する思想の有無が、牛島・木村の鬼の師弟間の唯一《ゆいいつ》の相違であり、後々のプロ柔道旗揚げ、プロレス入り、そして力道山戦へと続く悲劇に繫《つな》がっていく。

拓大時代の木村政彦。堂々たる王者の風格がある。
(写真提供＝木村家遺族)

第10章　東條英機を暗殺せよ

木村政彦、二等兵になる

木村政彦が拓殖大学を卒業したのは昭和十六年（一九四一）三月である。そのまま新設されたばかりの柔道と剣道の専門家を養成する武徳科助手として大学に残った。天覧試合優勝の功績を買われ、木村の給料は教授以上の高給だった。木村はそのなかから毎月十五円を熊本の実家に仕送りしている。こういうところは木村は親思いである。こうして安定した生活基盤を得、さらに厳しい練習に打ち込むようになるのだが、この生活はすぐに潰《つい》える。

太平洋戦争（大日本帝国の呼称は大東亜戦争）が始まるのだ。

日中戦争の拡大に対して、アメリカが在米日本資産の凍結、石油輸出全面禁止などの対日制裁を打ち出したため、日本には征服地域の放棄か戦争かの選択しかなくなった。十月、追い込まれた東條英機内閣は対米交渉の席に着いたが、中国からの撤退や日独伊三国同盟の空文化などを含む、いわゆるハル・ノートを提示され、ついに開戦を決める。

昭和十六年十二月八日、ハワイ北方海上に待機していた南雲機動部隊の空母六隻《せき》から三百五十四機の攻撃隊が次々に出撃し、パールハーバー（真珠湾）軍港に奇襲攻撃をかけた。午前七時五十分のことである。これが大成功し、戦艦四隻を沈め、三隻を大破した。

この勢いをかって日本は連戦連勝、快進撃を続ける。

十二月二十五日には香港島《ホンコンとう》を攻略、年明け一月二日にマニラ占領、十四日にビルマ領に進撃、二月に入ると英領シンガポールに入場して昭南島と改称した。新聞やラジオは連日それらを大々的に伝え、国民は手を取り合って快哉《かいさい》を叫ぶ。

木村政彦は、真珠湾攻撃から一カ月後の一月十一日、二等兵として福岡県朝倉郡金川村（後の甘木市、現在は朝倉町・杷木町《はきまち》と合併し朝倉市となった）の防空隊に配属された。正式名を高射砲第四連隊補充隊（通称西部第七十六部隊）という。まだ二十四歳の若さだった。柔道家として全盛期の二十代すべてをこの戦争に奪われるのである。

木村の配属されたこのあたりの隊は沖仲仕《おきなかし》や炭坑夫の出身が多く、気の荒い連中ばかりだった。初年兵への訓練の厳しさ、気合いの入れ方も半端《はんぱ》ではなかった。

《木村二等兵の〝がにまた〟が姿勢が悪いと下士官に殴られる材料となった。だが、木村のホオを殴った下士官の手の方がしびれたという。殴った下士官は、もちろん、この新兵が〝柔道日本一〟とは知らなかったのであるが、間もなく木村政彦五段ということが知れ渡った》（『秘録日本柔道』）

この話は、稀覯本《きこうぼん》『近代武道龍虎伝《りゅうこでん》』（川原衛門著）のなかに詳しく出てくるので、それをもとに再現してみよう。

この事件は入隊四日目に起きたと書かれている。

就寝前の点呼で新兵たちは全員整列させられて下士官（曹長《そうちょう》や伍長《ごちょう》）や古参兵からの訓話を受けていた。しかし、異常な練習量で太腿《ふともも》に筋肉がつきすぎていた木村は両《りょう》膝《ひざ》をつけようとしても、どうしてもがにまたに見えてしまう。これに内務班長の竹村伍長が激怒した。

「こらっ、木村二等兵、姿勢を直せ！」

だが木村自身は脚をぴたりと揃《そろ》えているつもりである。

「木村二等兵、聞こえんのか！」

「聞こえるのであります。でも、この両脚はこれ以上直らんのであります」

「なに？　これ以上直らんだと？」

竹村伍長は顔面を朱に染め、木村に詰め寄った。他の新兵や取り巻きの下士官たちの手前、逆らわれてこのままにはしておけない。しかし負けず嫌いの木村は、怒りに満ちた表情で竹村伍長を見返した。その木村の態度が竹村伍長の怒りに油を注ぎ、いきなり木村の頬を殴った。木村はその瞬間、人間離れした太い首に力を入れ、頬に精神を集中させた。痛がったのは木村ではなく竹村伍長の方だった。

「痛いっ……」

殴った右手を抱えて痛みをこらえていると、取り巻きの下士官たちが竹村伍長に木村のことを耳打ちした。

「道理で……。俺は柔道をあまり知らんが、きさまは日本一の五段だそうだな。きさまが柔道のチャンピオンだろうが、ここでは二等兵にすぎないことを忘れるな！」

竹村伍長が捨て台詞《ぜりふ》を吐いてその場はおさまった。

ある夜の点呼の際、木村の隣に立つ須藤二等兵が竹村伍長の平手打ちを食らった。須藤二等兵は打たれる瞬間、レンズが割れると危ないと思って眼鏡を外した。これに竹村伍長が怒った。

「貴様っ、眼鏡を外したな。さては俺に反抗するつもりか」

「伍長殿が殴りやすいように眼鏡を外したのであります」

須藤二等兵が謝ったが、竹村伍長が拳《こぶし》を頬に叩《たた》き込んだ。血が吹き飛ぶ。その血を見て興奮した竹村伍長は須藤の顔が血まみれになっても何発も何発も殴り続けた。

「やめろ！」

木村が竹村伍長と須藤二等兵の間に入った。

「やる気か！」

竹村伍長は今度は木村に殴りかかってきた。前の件以来、木村が気に入らなくてしかたないのだ。木村はとっさに大学時代に修行した空手の構えをとった。下士官たちが一斉に竹村伍長に加勢しようとしたそのとき、奥から中野曹長が出てきて「何しとるのか！」と怒った。

「竹村伍長、いったいどうしたのか」

「木村があまり俺たちをなめた真似《まね》をするもんで。これでは示しがつきません」

「木村二等兵！」

中野曹長が事情も聞かず鞭《むち》を振り上げた。木村は自護体に構え、右肘《みぎひじ》で顔面をガードした。中野曹長が気圧《けお》されたように鞭を下ろし、考え直したように「木村、腕立てを始め！」と命令した。

木村は腕を伸ばしたまま腕立ての姿勢をとった。腕を上下する腕立て伏せではなく、腕を立てたままじっとしているのである。

「『よし』というまでやめちゃいかん。他の兵隊も気をつけの姿勢で見ておれ！」

曹長は懐中時計を出して木村の腕立てを見ている。

以下は本からそのまま引用しよう。

《十五分、十六分。

さすがに彼の顔は紅潮し、額に油汗がにじんできた。

が、その表情は、曹長らに挑むように、不敵な嘲笑《ちょうしょう》を刻んでいた。

曹長は、なおも「やめろ」といわない。

彼は「腕立て」をつづけている。全身汗びっしょりになり、そのしずくが両腕を伝わって、床を濡《ぬ》らした。だが、真ッ赤に充血した顔には、いささかもへこたれた色がなかった。

二十九分、三十分……。

中野曹長はしびれを切らした。やにわに鞭を捨てて、部屋の壁に立ててある木銃を

手にして、政彦のそばにちかづいて、

「尻《しり》が上がっとるぞッ」

と、その銃把を下にむけて、彼の尻を力いっぱい殴りつけた。とたん曹長はコンクリートを殴ったような衝撃を受けた。木銃が吹っ飛んで落下した。

「痛いッ」

曹長は、腕のしびれに顔をゆがめて唸《うな》った。

「物すごいケツだな。木村二等兵。腕立てはやめてよし」》（『近代武道龍虎伝』）

「木村様と呼んでください」


自伝『わが柔道』には、木村は入隊三カ月後に大沢という名の曹長と大喧嘩《おおげんか》したと書かれている。きっかけはこうだ。

「おい、ツギハギ！」

大沢曹長が後ろから木村に声をかけた。

木村は「ツギハギ」という渾名《あだな》をつけられていた。支給された制式の軍服のサイズがどれも合わないので、被服係が急遽《きゅうきょ》、首やら脇《わき》やら肩に布を接《つ》ぎ当てたものだったのだ。太い首、ゴリラのように発達した肩幅、一三〇センチはあったであろう胸囲を包む軍服などあるはずもない。当時、成人男性の平均身長は一六〇センチを少し超える程度、一七〇センチ八五キロの木村は今でいえば井上康生《こうせい》や石井慧《さとし》くらいの体格だ。

大沢曹長に「ツギハギ！」と言われた木村は、むっとして聞こえないふりをした。大沢曹長は体格がよく、初年兵たちに暴力をふるうことで忌《い》み嫌われていた。反抗すると鞭《むち》で叩《たた》き、さらに仲間を連れてきて殴る蹴《け》るの暴行をはたらくのだ。

「俺様がお呼びになっている声が耳に入らぬか。貴様、馬鹿《ばか》かツンボか！」

無視し続ける木村に大沢曹長が怒鳴った。

木村はこう言い返した。

「私は馬鹿でもツンボでもありません。またツギハギという名前でもありません。ちゃんと木村という名前があります。今度からは木村様と呼んでください」

大沢が目をむいた。

「そもそもこれなる大沢様はだ、講道館にもその名の響き渡った柔道二段であるぞ。俺がちょいと技をかければ、おまえなぞたちまち頭から落ちて首の骨を折って死んでしまうぞ。それともおまえ、俺様に腕をへし折ってもらいたいか！」

大沢曹長は目の前の部下が、まさかあの柔道日本一の木村政彦だとは夢にも思っていない。よくある名前なので同姓同名だと思ったのか。

木村は書く。

《しかし大沢は悪運の強い男だ。私が言葉を返すより早く伝令がとんできて、「曹長殿、至急、大尉《たいい》殿がお呼びです」。惜しいところで勝負はおあずけとなり、大沢と私は左右に別かれて道を異にした。十歩くらい歩いて振りかえると、大沢も「この野郎」という目つきでこちらを向いている。また十歩ほどで振りかえると、奴《やつ》も振り向いてくる。まるで子どもの喧嘩《けんか》だが、私も腹の虫がおさまらない》（『わが柔道』）

ここで木村がやった復讐《ふくしゅう》は牛島塾時代に味噌汁《みそしる》に自分の糞《くそ》をまぜたのと同じくらい破天荒なものだ。

《こんなことがあった後で、また私に不寝番（増田注＝夜の巡回係）の順がまわってきた。大沢は例によって口を大きく開け、往復いびきをかいている。よし、今夜こそ復讐してやろう……。

復讐といっても寝ている相手を殴る蹴るような卑怯《ひきょう》なまねはしない。まず下半身にかかっている毛布を静かにはぎとり、大沢の○○を露《あら》わにする。その小さくしぼんだ奴を中村と交替でしごく。だんだん勃起《ぼっき》してくる。次にはそいつを、タンポのついた木銃の先で軽く突いてやる。ポーン、ポーンと、突くたびに勃起した○○がはね返ってきて、ボクシングのパンチングボールのような具合いだ。なんともユーモラスでぶざまなものだ。それでも大沢はいっこうに目をさます気配もなく、こちらは充分に楽しませてもらった》（同前）

だが、この悪戯《いたずら》が後日ばれた。

「中村は関係ありません。すべて私一人がやったことであります」

木村は一緒にやった同僚の中村をかばった。

大沢曹長はこう言った。

「俺様は用事があって留守をする。その一時間ずっと腕立ての姿勢を続けていろ」

木村はそれを一人で部屋でやっていた。大沢曹長が帰ってきて「ずっとやっていたか。休んでたんじゃないだろうな」「いいえ、継続してやっておりました」「嘘《うそ》をつくな」「いいえ、本当です」と押し問答になった。

「貴様っ！」

大沢曹長は形相を変えて、木銃で木村の尻《しり》を叩いた。しかし、力を入れた木村の尻の分厚い筋肉がそれを弾《はじ》き返し、木銃は部屋の隅まで吹っ飛んだ。

「木村っ！」

大沢曹長が今度は鞭を振った。木村は大沢曹長の懐《ふところ》に飛び込み、空手の正拳《せいけん》を顔面に叩き込まんと拳《こぶし》を構えた。

「助けてくれ！」

大沢曹長は鞭を捨てて逃走した。

この一件で、ツギハギと馬鹿にされる二等兵が柔道日本一の木村政彦だと知れ、誰も何も言わなくなり、柔道二段だと威張っていた大沢曹長が酒やら菓子やらをこっそり木村に差し入れにきたという。木村は《恐れをなした曹長の、せめてもの詫《わ》びのしるしだったのだろう》と結んでいる。

さて、ここまで『近代武道龍虎伝』と『わが柔道』の軍隊時代の木村の行状を長々とわざわざ引用したのには理由がある。

マニアでも簡単に手に入らない『近代武道龍虎伝』の話を転載したり木村の牛島塾時代と変わらぬ悪童ぶりなどを紹介したいのもあるが、私が本当に伝えたいのは、実はこれらの軍隊時代の話の中身が各書籍によってやたらと違うということなのである。

腕立ての罰に関しては『近代武道龍虎伝』では中野曹長が他の新兵もずらりと並んでいる目の前で三十五分間やらせたことになっているが、『わが柔道』では大沢曹長に「俺が留守の間、ずっとその姿勢でいろ」と命じられて、ひとりでそれを続けたが、帰ってきた大沢曹長がずっと腕立てをやっていた木村と「嘘をつくな」と押し問答になったと書いている。もう一冊の自伝『鬼の柔道』では曹長とあるだけで名前は挙げられていないが、やはりその曹長が留守の間やっていろと言うので誰も見ていないところでやったと書いてある。

登場してくる伍長《ごちょう》や曹長の名前が違ったり、鞭を振ったり尻を木銃で叩いた上官が違ったりという違いについては、たくさんの下士官がいて、それぞれと仲が悪かったということで説明がつく。

だが、たとえば『近代武道龍虎伝』では木村が柔道日本一のあの鬼の木村政彦だと知れるのが入隊四日後だとなっているが、『わが柔道』では入隊三カ月後まで誰もそれを知らなかったとされている。

また、もう一冊の自伝『鬼の柔道』では、福岡の隊に一年いて千葉の防空隊に転属になり、そこに三カ月いて入院、昭和十九年に予備役免除（除隊）となったとあるが、『近代武道龍虎伝』では福岡に二年二カ月いて千葉に移り、除隊は昭和二十年の二月だと書いてある。いったいどれが正しいのか……。

喧嘩などのことはともかく、隊にいた時期や除隊の時期までこうも簡単に忘れてしまうものなのか。

柔道に関しては「爪《つめ》を切るのは試合の三日前。爪は短すぎても長すぎてもいけない。試合の前日は体の脂《あぶら》が抜けて怠《だる》くなるから風呂《ふろ》に入らない」と神経質と思えるほど細かく考えていた木村が、なぜ福岡に一年いたか二年いたかも覚えておらず除隊の時期まで忘れてしまうのか。『鬼の柔道』も『近代武道龍虎伝』も、ともに昭和四十四年刊行だから、終戦から二十四年後だ。木村は五十歳を過ぎたばかり、まだまだ忘れる歳《とし》ではない。

酒を飲んで柔道指導

木村は千葉防空隊に移った三カ月後に入院している。退院後は伊東温泉でリハビリし、小倉陸軍病院に送られた。

自伝『鬼の柔道』によると理由は肘関節《ひじかんせつ》の機能不全だとあり、『近代武道龍虎伝』と『秘録日本柔道』には中学時代に喧嘩《けんか》で刺された太股《ふともも》の傷が化膿《かのう》したからだとある。いったい何が本当なのかさっぱりわからない。『わが柔道』には、怪我《けが》や入院のことすら触れられておらず、いきなり話が除隊して故郷川尻に帰った場面に飛んでいる。

木村は、福岡の隊に所属しているとき、旧制朝倉中学（現在の朝倉高校）の柔道部に毎週指導に行っている。この指導を始めた時期も各著書で違っている。『わが柔道』では入隊後半年の頃とあり、『近代武道龍虎伝』では入隊の翌日と書いてある。さらに、指導をするようになったいきさつもまったく違っている。『わが柔道』では《校長さんが中沢大隊長のもとを訪れ、私に柔道部の指導をしてもらいたい、ついては週に二日ほど学校へ来てもらうわけにはいかないか、と頼みにきた》とあり、『近代武道龍虎伝』では《隊本部の児嶋中尉《ちゅうい》が木村二等兵を呼んで、「朝倉中学校で、君に柔道を教えてもらいたいと隊に要請があったのだ。中学生に柔道を教えるのも奉公である。一週に二日、教えてこい」》となっている。

とにかく読む本ごとに適当なことが書いてある。

大山倍達のように何らかの過去を隠すために嘘《うそ》を言っているわけではあるまい。自伝を書いたゴーストライターや『近代武道龍虎伝』の著者川原衛門に対して、よみがえるままの適当な記憶を適当に語っているのだ。この記憶のちゃらんぽらんさは、木村がいかに兵隊時代をいい加減に過ごしていたかの証明である。柔道について言及している部分は「負けたら腹を切る」という壮絶な覚悟を繰り返し真摯《しんし》に書いてあるのとあまりに対照的だ。

木村にとって戦争時代はどうでもいい過去なのだ。

朝倉中学での指導も、またいい加減なものだった。木村はいつも昼頃には隊を出て、中学に行く前に居酒屋を早めに開けてもらっては好物の熱燗《あつかん》を楽しんでいた。隊には夜の九時までに戻ればよかったので、稽古《けいこ》後もまた居酒屋にしけ込む。あるときなど昼間から三升飲んで酔ったまま稽古に行き、生徒に絞めの講習をしながら知らぬうちに自分が落ちてしまったこともある。めちゃくちゃな話だ。

木村の肘の機能不全が柔道の現役時代からのものか軍隊に入ってからのものなのかはわからない。しかし、この程度の怪我・故障は柔道にはつきものだ。これは柔道経験者なら誰でもわかる。柔道の現役時代には体のあちこちが常に怪我だらけだったはずだ。しかも木村の練習量は桁外《けたはず》れのものだったのだ。「三倍努力」を掲げ、一日最低九時間、天覧試合前には実に十時間半の乱取《らんど》り量をこなしていた木村が、たかが肘が痛いだの太腿《ふともも》が痛いだので何が入院だと読者も思わないだろうか。軍の訓練は一般人にとっては辛《つら》いものだろうが、木村にとっては怪我をしていようが屁《へ》のようなものだったはずだ。柔道への取り組みと較《くら》べ、この戦争に対するいい加減さ。やる気のないこと甚だしい。

木村は大日本帝国に命を捧《ささ》げようなどとは微塵《みじん》も考えていなかったのだ。何度も繰り返すように、師の牛島辰熊がこの戦争に大義を見出《みいだ》そうとしていたのに対し、木村には思想がなかった。

木村が福岡や千葉の隊で上官と喧嘩して勝って饅頭《まんじゅう》の差し入れを喜んだり、中学の柔道指導の行き帰りに酒を飲んで酔っぱらったり、そんなことで柔道をできない寂しさを紛らわせている間、師の牛島辰熊は石原莞爾《いしわらかんじ》の東亜連盟活動に積極的に参加して国事に奔走していた。

パールハーバー奇襲以来攻勢を続けていた日本軍だが、昭和十七年(一九四二)六月のミッドウェー海戦で完全に情勢が変わっていた。

「日本から最も近いアメリカ軍基地があるミッドウェー島を攻め落とし、パールハーバーで取り逃がしたアメリカ空母部隊を壊滅させるべきだ。これが容《い》れられないのなら私は司令長官を辞める」

強い大日本帝国海軍の象徴である山本五十六《いそろく》連合艦隊司令長官は絶大なる発言力を持っていたため、大本営への進言でこの作戦が実現した。

艦艇三百五十隻《せき》、航空機千機、将兵十万人からなる大艦隊が攻撃を開始したのは六月五日である。

結果は惨敗《ざんぱい》だった。わずか三日で、赤城《あかぎ》、加賀、飛龍《ひりゅう》、蒼龍《そうりゅう》の主力空母四隻が沈められ、艦載機二百四十八機、将兵三千五十七人を失った。米軍は事前に暗号を解読していた。日本軍は、この海戦を転換点に敗色を濃くしていく。このミッドウェー海戦敗北は、実に敗戦日まで国民に伏せられた。

日本は昭和十八年、十九年とどんどん劣勢に追い込まれていくが、大本営発表は真実を伝えずに進軍ラッパを鳴らし続け、日本が置かれた危機的状況を知る国民はほとんどいなかった。

だが、東條内閣は反東條と思われるものはみな遠ざけ、強引に拡大方針を貫く。東條英機は狡猾《こうかつ》だった。石原莞爾が退役に追い込まれたのに続き今田新太郎もニューギニア戦線に飛ばされる。牛島は焦《あせ》りながらも動きがとれなくなっていく。

そんな頃、憂国の士として付き合いを深めていた津野田《つのだ》知重少佐から牛島に電話があった。

昭和十九年（一九四四）六月一日のことだ。

「定期異動で大本営参謀部三課になって、今朝赴任してきた。大事な話がある。夕方に君のところに行くから家にいてくれ」

牛島は用件を言わない津野田をいぶかしんだ。日が暮れ、待ちくたびれた頃、津野田が駆け込んできた。参謀部三課は秘密文書を保存しており、それに目を通して予想以上の日本軍の惨状に驚いたのだという。

「間違いなく日本は負ける。だが東條はいまだに国民を騙《だま》し、勝った勝ったとデタラメの発表をしている。いまや勝利はおろか、いかに早くこの戦争を終局に導くかということが焦眉《しょうび》の問題だ」

聞くうち、牛島は拳《こぶし》を握りしめた。

「そうか。焦土抗戦などやれば国民は全滅だな……。とにかく今は東條を退陣させることだ。それには、お上《かみ》の聖断を仰ごう。皇族から献策する以外にない」

二人で話し合った結果、津野田が『大東亜戦争現局に対する観察』という意見書を書く。そして三笠宮、高松宮、秩父宮らを通じて直接お上へ意見書を渡してもらうことにした。三笠宮には津野田が直接渡し、秩父宮には津野田の友人が、そして高松宮には牛島が個人的に付き合いのある加藤完治に託すことにした。

牛島と津野田は、書き上がった『大東亜戦争現局に対する観察』を石原莞爾に見せるために、石原が隠棲《いんせい》する山形を訪ねた。

石原は奥の間に二人を通し、正座してその献策書を読んだ。そして読み終わると顔を上げ、じっと二人を見た。

献策書の欄外に一行の書き込みがあったからだ。

《非常手段――万止《ばんや》むを得ざる時には、東條を斬《き》る》

石原は「一晩考えさせてくれ」と言って二人を泊まらせた。

次の日、六時に起きた牛島と津野田を石原は座敷で待っていた。

そして、赤鉛筆で献策書末尾に「斬るに賛成」と書いた。

勇んで東京に戻った牛島と津野田は暗殺方法について話し合った。日本刀や銃、手榴弾《しゅりゅうだん》では失敗することもありえる。考えた末、陸軍習志野のガス学校で極秘のうちに開発が進められていた青酸ガス爆弾「茶瓶」を使うことになった。容器はガラスでできており、地面に落ちて割れた瞬間、中の青酸ガスが放散され五〇メートル四方の生物が死ぬという新兵器だった。問題は投げた者も死んでしまう自爆テロ的な化学兵器であることだ。

「よし。じゃあそれを手に入れてくれ。俺がやる」

「おまえが？」

牛島が言った。

「ああ。俺がやる！」

牛島は次の日から歩き回り、茶瓶を投げるのに最適な場所を探した。そして、東條が閣議の往復に使う道沿いにある幅一メートル深さ一メートルほどの側溝の中に身を潜めることにした。

牛島は沼津に疎開《そかい》していた妻子に会いに行き、それとなく別れを告げた。和香の「どうか後のことは心配なさらないでください」という気丈な言葉に牛島は感謝した……。

だが、準備万端を整えて決行日を待っていた七月十八日、牛島が柔道師範を務める皇宮警察に所用で顔を出し、皇宮警察部長室で雑談していると、特高課長が部屋に駆け込んできた。

「部長殿、東條内閣は総辞職です！」

「えっ、総辞職！」

皇宮警察部長が言った。

牛島も心の内で動揺した。だが、この暗殺決行直前の総辞職で東條もろとも自爆しようとしていた牛島は救われたのである。

それから一カ月半後、すでに除隊して郷里熊本にいた木村政彦のもとに、津野田が九月二日に牛島が翌三日にそれぞれ逮捕されたという報が飛び込んできた。

東條暗殺の〝最終兵器〟

木村は驚き、急いで汽車で上京する。牛島塾に行くと、帰郷せずに残っている塾生数人が牛島の安否を気づかいながら留守を守っていた。しかし、そこで話していると、ばたばたと憲兵たちが飛び込んできた。張り込んでいたのだ。木村はそのまま連行される。

木村に対する憲兵隊の拷問《ごうもん》は実に五時間に及んだ。しかし顔の形が変わるほど殴られても木村は何も言わなかった。最後は「さっさと熊本へ帰れ！」と釈放された。

十二月になると牛島の兄健三が満州から戻ってきて、塾に起居しながら牛島のサポートをした。

年が明け、昭和二十年（一九四五）になった。

獄中の牛島が死を覚悟していた三月九日夜十時半……。

二機のＢ29が東京上空に現れ、警戒警報が発令された。男たちは鉄兜《てつかぶと》をかぶって外に飛び出し、上空を見上げたが、Ｂ29は何もせず、すぐに旋回して房総沖に消えていった。

「敵機二機、南方洋上はるかに遁走《とんそう》せり……」

東部軍管区情報のアナウンスはこう変わった。

人々は安心して、再び夜具にくるまった。

しかし、この二機は偵察だった。深夜零時を回った頃、サイパン、マリアナ米軍基地からB29三百三十四機の大編隊が飛来した。世に言う東京大空襲である。

帝都東京は炎に包まれた。

間断なく降ってくる焼夷弾《しょういだん》で燃え上がる炎により風速三十メートルを超える火事嵐《かじあらし》が吹き荒れ、阿鼻叫喚《あびきょうかん》の地獄となった。零時十五分から二時三十七分に警報解除になるまで、わずか百四十二分間に投下された焼夷弾は四五キロ級八千五百四十五発、同二八キロ級十八万三百五発などで、死者十万人以上、罹災者《りさいしゃ》百万人以上、焼失家屋は二十六万棟にのぼった。

三日後の十二日に名古屋、十三日に大阪、十七日に神戸と、大都市への連続絨毯《じゅうたん》爆撃で米国は日本降伏を狙《ねら》ってきた。

だが、この大空襲が牛島たちに味方した。

三月二十四日の軍法会議の判決は「被告らの考えは、国事を憂《うれ》うる真心に発したもので、今日現に被告らの憂えたような状態になりつつある――」と、国勢紊乱《ぶんらん》、殺人陰謀の罪名で禁錮《きんこ》一年六カ月に執行猶予《ゆうよ》二年がついた。牛島本人も家族も、そして木村たち弟子も間違いなく死刑だろうと覚悟していたので歓喜した。

まさに志士牛島辰熊である。

だが——。

牛島のこの美談にはっきりと異論をとなえる者がいる。

牛島と木村、両者を知る、ある拓大ＯＢだ。

「東條英機暗殺ですか？　あれは牛島先生が決行しようとしていたという話になってますけど、違いますよ。牛島先生は木村先生にやらせようとしていたんです」

「木村先生が東條を殺すということですか？」

「そうです。だけど木村先生はそんなこと（国事）なんかには興味がない人ですから」

「牛島先生が『おまえがやれ』と木村先生に命じたんですか」

「いやいや、そうは言ってません」

「どういうことですか？」

「はっきり『おまえがやれ』と言えば殺人教唆《きょうさ》になるでしょう」

「たしかにそうですね」

「ヤクザの鉄砲玉と同じですよ」

「ヤクザですか……」

「親分は鉄砲玉に『殺せ』とは言わないでしょう」

「はい」

「それと同じなんです」

「じゃあ、牛島先生は木村先生に『殺せ』とは命じなかったんですね」

「命じてはいません。だけど、そうしなければならないように木村先生の気持ちを追い込んでいったんです。おまえがやれとは言わず、そうしなければならないように追い込んだんですよ。さっきも言ったようにヤクザの鉄砲玉と同じです」

「それは木村先生から直接お聞きになったんですか？」

「木村先生は追い込まれて、それでもやりたくなくてあちこち相談に行ってるんですよ。悩みに悩んで。船山（辰幸）先生のところへも相談に行ってます」

「それは確かなことなんですか」

「間違いありません」


牛島が木村を育てたのは自らがかなえられなかった悲願の天覧試合を制すためであったのは間違いない。これは長い間、取材を重ねてきた私が断言する。しかし、東條英機暗殺実行を木村にさせようとしたことも、事実だ。情報源のこのＯＢは信頼のおける人物だし、私は他のルートからも裏を取った。事実である。

　牛島と木村の師弟愛は本物だった。

　これも私が保証する。断言できる。

　だが、牛島が東條英機を暗殺するために木村政彦を使おうとしていたのも間違いない。

　木村の教え子で、前述の「牛島先生が木村先生を追い込んで東條暗殺をさせようとしていたんです」と証言したＯＢとは別のＯＢは牛島と木村の関係をこう言う。

「まさに問答無用でしたよ。木村先生が逆らっているところは見たことがありません。牛島先生が亡《な》くなるまで、ずっとです」

　だが、これで牛島を責めることはできない。当時の師弟関係というのはすべからくこういうものだったのだ。

　たとえば合気道養神館の塩田剛三が植芝盛平に内弟子としてついたときのことをこう書いている。

《何の修行でもそうですが、昔は丁稚奉公《でっちぼうこう》と同じです。師匠には文句などいっさい言わず、ただ黙々と言われたとおりのことをやるだけです。先生に意見するなんてもっての他です。「こうしたほうがいいんじゃないですか」なんて言おうものならすぐさま雷が落ちました》（『合気道修行』）

こういう時代だったのだ。

もし暗殺が決行され、木村が東條とともに死んでも、牛島も間違いなく逮捕されて死刑になっていただろう。だから牛島は木村に仕事を押しつけたわけではない。決行するには若い木村の方が成功率が高くなると考えていたのだ。天覧試合時にも木村だけにきつい思いをさせることは絶対になかった牛島だ。全国民を守るため弟子の木村もろとも玉砕の覚悟だったのだ。

勝負師牛島は、国の大事に、絶対に成功させなければならない計画に、自身が最も信頼する超高性能の〝最終兵器〟木村政彦を選んだのだ。もし内閣総辞職があと数日遅れれば、木村が東條暗殺を決行し、人間離れした身体能力と精神力で間違いなくそれを成功させたであろう。日本史は大きく塗り替っていたに違いない。

しかし、ここで重要なのは、木村は自身が興味のない首相暗殺の自爆テロさえ逆らえないほど牛島には絶対服従の関係だったということだ。

第11章　終戦、そして戦後闇屋《やみや》の頃

ヤクザに紹介された花嫁

木村政彦は「肘《ひじ》が痛い」「太股《ふともも》の傷が化膿《かのう》した」などと、鬼の木村とは思えぬようないい加減なことを言って疾病兵《しっぺいへい》となり、小倉陸軍病院でしばらくのんびり過ごした後、とっとと予備役免除（除隊）となり、熊本川尻の実家に帰ってしまった。

時期については正確にはわからないが、遅くとも昭和二十年（一九四五）の初春には川尻の実家に戻っていた。誕生日が大正六年（一九一七）九月十日だから、このとき木村は満二十七歳になっていた。

「そろそろ結婚しなさい」

老母が怒るので木村は嫁探しを始める。

しかし、木村にとって、地元の娘は「アカ抜けてない」と物足りなかったようだ。

バーで美女たちをはべらせ、米俵を代金がわりに女郎買いに走っていた木村である。そんな遊び方をしていた木村に地元娘がもの足りなかったのは当然だ。

母は理想ばかり高く言う息子のために嫁を探し回ってくれた。

地元川尻から熊本市内に通勤するOLに美人がいるかもしれない。老母は電車の終点で何時間もベンチに腰をおろして張り込みまでしたが、木村の願うような美人は出てこなかった。

結局、木村は地元きってのヤクザの若親分、滝田四郎から紹介してもらうことになった。

滝田は言った。

「嫁ご探しよんなはっとね。そんならいっちょ良かおなごのおるけん、わしが世話してやろう」

そして、そのかわり、新婚初夜の様子を一部始終話すという妙な約束をさせられた。滝田の交換条件もおかしなものだが、約束を受ける木村も木村だ。

数日後、木村は彼の家を訪ねる。

すると面長と丸顔、二人の女が現れた。面長の女が八百屋の娘で丸顔の女が下駄屋の娘だと滝田が言った。二人とも十九歳だという。これが愛妻斗美《とみ》との出会いだった。

娘たち二人はなんのために呼ばれたのかも知らず、きょとんとしていた。

滝田が木村に耳打ちした。

「どっちでもよか」

木村は内心「これじゃあ女郎屋の品定めだな」とおかしくなりながら丸顔のぽっちゃりした美人の方がいいと滝田に目で合図した。娘たち二人はそこでは何も知らされず世間話をして帰っていった。

選ばれた下駄屋の娘、斗美はしばらくして滝田四郎に木村との結婚話を切り出されびっくりした。そんな話は聞いてないからだ。結婚はまだしたくない、独身生活をのんびり過ごしたいと言い続ける斗美を、滝田はこう言ってかき口説いた。

「相手は柔道日本一の男で、給料も相当なものだ。煙草《たばこ》も酒もやらない品行方正な立派な男だ」

柔道日本一の男というのだけは本当で、あとは大嘘《おおうそ》である。適当な会社名をでっちあげてそこで働いていることにした。それでもまだ結婚は嫌だと言い続ける斗美を、滝田は押し切って肯《うなず》かせてしまった。

慌《あわ》ただしく祝言《しゅうげん》をあげたのは昭和二十年七月一日のことである。

挙式で木村が着たのは、あの天覧試合を制した昭和十五年、細川家から記念に贈られた最高級の紋付袴《もんつきはかま》だった。ずっとしまってあって、この日初めて木村は袖《そで》を通した。どぶろくを飲み交わすだけの簡素な式をおえ、田崎町の小料理屋『やまべ』でささやかな披露宴を開いた。何もない戦時中のこと、並んだのは配給の清酒二本、鯛《たい》三尾、密造どぶろくだけであった。集まったのは四十数人。地元の警察関係者、柔道家、そして仲人《なこうど》のヤクザ滝田四郎とその組員、それに県会議員の武闘派ヤクザ黒田平吉らであった。木村のまわりはとにかくヤクザだらけだ。

師の牛島辰熊が、石原莞爾《いしわらかんじ》、加藤完治、中江丑吉《うしきち》、浅原健三、今田新太郎ら超一流の男たちと付き合いを広めていったのに比べ、師匠以上の柔道の実績を挙げたはずの木村はまったくそういう人間に近づこうともしていない。そういう人間に可愛《かわい》がってもらおうという欲もみえない。だが、木村は、あえてこういう人間たちとの交遊を避けていたのではないか。煩《わずら》わしく、息が詰まるような存在だったのだろう。堅苦しくないヤクザとの付き合いの方が木村には楽しかったのだ。この無頓着《むとんちゃく》さこそ木村らしさだ。

小さな披露宴ではあったが、誰もが木村たちを祝福し、大酒を飲み、歌い、踊った。木村は彼らに愛されていた。最後はヤクザの黒田平吉の得意の裸踊りでお開きとなった。

夜、新居として整えられた実家の二階に戻ってきた木村は、天覧試合優勝記念の紋付袴を脱ぎながら、感傷的な気分になっていた。学生最後の大勝負に命を賭《か》けた訓練を師匠牛島のもとで重ねた思い出が蘇《よみがえ》ってきたのだ。除隊してから職すらない身を思い、そして栄光のあの牛島塾時代と比べ、今の自分の境涯を哀《かな》しく思った。戦争さえなければ、今だってぞんぶんに柔道に打ち込めていたのだ。

滝田四郎に後で子細に報告するよう約束させられていた初夜を迎えた。

斗美は木村の腕の中で震えていた。だが、まさに斗美をかき抱かんとしたときだ。空から轟音《ごうおん》が聞こえてきた。

空襲だ。

木村は咄嗟《とっさ》に畳を二枚重ねて背負い、新妻斗美を守った。

そして機をみて一階に降り、木村が老母を背負い、斗美が老父の手を引いて外へ走り出た。

前には巨大な炎が熱風とともに渦巻き、後ろは人の海で、にっちもさっちもいかず桑畑に避難した。ズシンズシンと焼夷弾《しょういだん》が落ち、それが炸裂《さくれつ》する音があちこちで聞こえた。

空には何百もの照明弾が煌々《こうこう》と光を放ち、真昼のような明るさだった。手をかざして見ると、熊本市街が真っ赤に燃えていた。木村はもちろんこのとき知らないが、熊本上空にはＢ29百五十四機の大編隊がやってきていた。最初の焼夷弾投下は午後十一時五十分、翌午前一時三十分までの投下量は一一〇七トンにものぼった。

木村たちがいる桑畑にもそのうち焼夷弾が落ちてくるだろうと観念しかけた頃、Ｂ29の大編隊は低く唸《うな》るエンジン音を残して飛び去っていった。

この熊本大空襲で、熊本県庁、県会議事堂、県立図書館、財務局などの官庁のほか、済々黌《せいせいこう》、熊本中学、熊本医大など、市内の三分の一が焼失、死者負傷者は合わせて約一千人、罹災《りさい》家屋一万一千、罹災者は四万三千人に上った。

米軍は一気にけりをつけようとし、Ｂ29本土爆撃は本格化していた。最終的には六十六都市が爆撃に遭い、死者は全国で実に六十二万七千人を超える。

熊本大空襲の翌日から木村と斗美との新婚生活が始まった。

しかし会社員だと嘘を言って一緒になった手前、木村は毎日決まった時間に家を出なければならなかった。

もちろん職などない。毎朝、斗美が作ってくれる弁当を持って外へ出て、街をぶらぶら歩いて時間を潰《つぶ》し、夕方になると家に戻ってきた。暇でしかたがなかった。闇屋の手伝いがあるときは出張だと嘘を言ったが、そのうち逮捕されて、職のない闇屋だとばれてしまった。

広島に原爆が落とされたのは、木村の結婚から一カ月後、八月六日午前八時十五分のことである。人類史上初めて使われた核兵器だ。このとき広島市の人口は四十万人弱だったが、後遺症や体内被曝《ひばく》した胎児、白血病や甲状腺《こうじょうせん》ガンなども含めると二十三万人以上が死に至ったといわれる。

三日後、今度は長崎にも原爆が投下された。

八月十五日の昭和天皇の玉音《ぎょくおん》放送ですべてが終わった。

米兵4人との大喧嘩《おおげんか》

昭和二十年（一九四五）八月三十日、厚木飛行場にダグラス・マッカーサーを総司令官とするＧＨＱ（General Headquarters＝連合国最高司令官総司令部。いわゆる進駐軍）の第一陣が降り立つ。

すぐに治安維持法を廃止し、日本国憲法の制定を行って占領体制を完成すると、財閥解体、農地改革などで日本を思うように改造し、軍国主義的、封建主義的色彩があるとみなされるものはすべて禁圧されていく。木村の好きな広沢虎造の浪花節《なにわぶし》までその対象となった。奨励されていた国粋的なものが禁圧され、禁圧されていた西洋文化が逆に奨励された。

博多や熊本市街には、垢《あか》まみれの軍服を着た帰還兵たちがナメクジのように地を這《は》い、満州や朝鮮から引き揚げてきた母子が額を地面に擦りつけて物乞《ものご》いをしていた。動かない者は寝ているのか死んでいるのかさえわからない。たとい死体であっても誰も振り返りすらしない。

何もなく、衣食住さえまともに得られない時代となっていた。

鎖国状態で花開いた独自の江戸文化、明治期の西洋文明流入による新たな文化の再構築、そして大正、昭和と延々と積み上げてきた日本文化は、再びカオスに戻り、すべては混乱していた。

だが、思うに、木村政彦にとって、命より大切な柔道修行ができないということと生活の糧《かて》を得るのが大変だということ以外では、むしろ生き辛《づら》い世の中などではなかったのかもしれない。

その生活ぶりをみると、楽しんでいるようにさえ見える。

酒、女、喧嘩、ヤクザ、暴力。

牛島塾での例のバンカラぶりをさらにスケールアップさせたような生活であった。

軍隊に行ってさえ、上官と喧嘩して勝ち、その上官から饅頭《まんじゅう》の差し入れがあれば喜び、寝ている上官の性器をしごいて勃起《ぼっき》させて遊ぶ。そういう木村にとって、実はこの混沌《こんとん》とした時代は、それほど辛い時代ではなかったのではないか。

木村にとっては唯一《ゆいいつ》の〝宗教〟が柔道だった。柔道が超然と人生のトップにあり、柔道に邪魔になることを現役時代はすべて遠ざけて生きていた。

しかしこの混乱期、現役で柔道ができない以上、酒、女、喧嘩、ヤクザ、暴力、これらは遠ざけるべきものでも何でもなかったのである。

もうひとつ、木村にとってこの世でたったひとつの超えられない壁、師匠牛島辰熊と離れていたこともこの頃の木村が存分に悪童ぶりを発揮できた理由である。師匠牛島の前では、いつも小さくなっていなければならなかった。だから牛島と離れて生きているこの時期、いい意味でいえば自分らしく、悪い意味でいえば糸の切れた凧《たこ》、はじけて生きていた。

戦争が終わって木村がまずやったのは、戦中に牛島逮捕の報を聞いて東京へ駆け付けたときに木村を連行し、拷問《ごうもん》した憲兵への仕返しだった。

木村はわざわざ東京まで行って憲兵隊元少佐Kの自宅を探しだした。大きな庭のある洋風の大邸宅が焼け残っていた。

「K少佐おりますか」

玄関で言うと夫人と子供たちが出てきて、その後ろからKが出てきた。久々にKの顔を見て木村の胸に大きな怒りが込み上げてきた。殺してやると思った。家族の前ではまずいので木村は誘った。

「Kさん。その節はお世話になった。喫茶店でお茶でも飲みませんか」

不安そうにしているKを木村は人通りのない焼け跡に連れていった。

「俺は五時間拷問された。その返礼に五時間殴ってやる」

平手打ちを一発くらわした。危うく死ぬところだった。Kは何メートルも吹っ飛んだ。木村の腕力でこれをやられたらたまらない。Kはその胸倉を捕まえ、また殴ろうとした。鼻血を出したKは真っ青になって起き上がった。木村はその胸倉を捕まえ、また殴ろうとした。しかし、怯《おび》えるKの表情に憐《あわ》れみを覚え、放した。そして軽蔑《けいべつ》の視線をKに突き刺し、その場を去った。木村の負けず嫌いな性格と、そして一方で持つ優しさをふたつながら示すエピソードである。

この戦中戦後の混乱期、木村は何度も大きな喧嘩をしている。

まずはGHQの米兵たちとの一対四の喧嘩だ。

昭和二十一年（一九四六）のことである。

当時、GHQはプレス・コードを通達し、日本のマスコミは米兵の暴力事件やレイプを「大きな男」「黒い男」などの言葉を使って苦心の報道をしていた。占領下の敗戦国の悲哀をまざまざと感じさせられた時代だ。

それは熊本の駅ホームで六十～七十人の人が列を作って待っていたときに起こった。木村は一番後ろに並んでいた。そこに四人のMP（Military police＝GHQの憲兵）がやってきて「ジャップ！」と叫びながら列の先頭に立つ人間から一人ずつ人差し指で鼻先を弾《はじ》いていった。暇つぶしに遊んでいるのだ。

日本人をなめるにもほどがある。

木村は腹が立ってきた。

MPたちは順番に鼻を弾いては笑っている。いよいよ木村の番がまわってきた。ここは日本人の名誉にかけて、柔道の名誉にかけて、やられるままにされたくない。

一人が木村の襟元《えりもと》をつかんで鼻先を弾こうとした。瞬間、木村はその手を払った。

四人の顔色が変わった。木村を取り囲み、近くの橋のなかほどまで引っ張っていかれた。

黒人がストレートを打ってきた。

木村はそれを左手で受け、金的《きんてき》（睾丸《こうがん》）を蹴《け》り上げた。黒人はうめいてその場にうずくまった。

すぐに白人がつかみかかってきた。その右腕をかついで一本背負《いっぽんぜお》いで川に放り込んだ。

そして三人目は頭突き一発で決め、残りの一人は金的を握り、それを捻《ひね》り上げて悶《もん》絶《ぜつ》させた。

見ていた日本人は溜飲《りゅういん》を下げ、やんやの喝采《かっさい》である。木村は「絶対に私のことは言いなさるな！」と大声で言って、その場を走り去った。

木村の上段受け、金的蹴りなどは、明らかに空手で身に着けたものだ。船越義珍《ふなこしぎちん》のもとで松濤館流《しょうとうかんりゅう》を一年、その後、義方会《ぎほうかい》の曺寧柱《そうねいちゅう》のもとで剛柔流《ごうじゅうりゅう》を五年ほど修行していた空手が役立っている。

第9章に詳述したとおり義方会には空手部門も置かれており、京都本部の師範には山口剛玄《ごうげん》を据えていた。そして東京支部の柔道部門の師範には牛島辰熊、師範代には木村政彦が就いていたが、実は東京支部の空手部門の師範は曺寧柱、師範代は木村政彦がつとめていた。木村は柔道と空手、両方の師範代を兼ねていたのだ。

木村の空手の実力はいかほどだったのか。

空手専門誌が木村本人にインタビューしているものを紹介する。

「段位は取りません。曺先生が『お前は六段くらいあるぞ』と言われましたが。『六段ぐらいあるぞ、一遍取らんか（審査を受けないか）』と言われました、『空手を業（なりわい）にするんじゃないから、いいです』と言いました」（『ワールド空手』）

ボクシング経験者が道場破りに来て、それを撃退したときのことも詳しく語っている。

「私が先生の代理をしているときに、『今日はちょっと出てくるから、お前が代わりにやってくれ』ということで私がやってたわけです。そのとき、道場荒らしが来ました。『曺寧柱先生と試合をしたい』と言って。その人はボクシングのうまい人だったですよ。それで空手もやっていたという。私が、代わりに『お相手しましょう』と。その人をこてんぱんにやっつけたことがあるんです」（同前）

蹴り技ありの空手ルールで相手をしたのかと問われると、木村は笑いながらこう答えている。

「ええ、空手でやっつけて。問題なかったです。蹴ってくるところを足でパッと払って脳震盪《のうしんとう》を起こさせたり、それをまた水で冷やして、タオルで冷やしてまた立ち会わせて、今度は突いてくるところを背負い投げで投げたりとか。いろんな手でガタガタ言わして帰したことがありますね。何も言わずに、もうすごすごと帰っていきました。相手はボクシングの選手でもあったし、空手の選手でもあるわけです。蹴りもうまかったですけどね」（同前）

剛柔流は、当時、山口剛玄が独自に開発した防具付きの直接打撃制組手も研究していたので、師範代までやっている木村もそれを経験していた可能性もある。

米兵四人との喧嘩では一人の金玉を握り潰《つぶ》しているが、これについて木村は《私は、中学時代から投げることはさておいて金玉握りの名人と言われ、この必殺技については相当の自信を持っていた》と自伝で書いているとおり、少年の頃から喧嘩での得意技だった。名人と言われるからには喧嘩で何度も使った経験があるのだ。

ボクシングとの出合い

米兵四人との喧嘩《けんか》後、木村はしばらくは目立たないように静かに暮らしていた。もちろん表沙汰《おもてざた》になって逮捕されるのが嫌だったからだ。

しかし米兵との喧嘩の二週間後、MPのシェパードという隊長が木村の自宅を訪ねてきた。木村は内心「ついに来たか……」と思ったが、しかたがないと覚悟を決めた。

だが、どうも様子がおかしかった。

笑顔で土間に入ってきたシェパード隊長は片手にウイスキー、片手に大きなケーキを提げて、通訳を介してこんなことを言った。

「先日はどうもありがとう。君がこらしめたあの四人は、隊のなかでもっとも悪い連中で、MPの威信を傷つける行為ばかりしていた。婦女暴行、無銭飲食、ピストルを悪用して人を脅かす。あまりの乱行ぶりに、隊としても何とか罰しなければと思っていた矢先だったのだ。君にコテンパンにやられて、彼らは大いにしょげている。本当に感謝している。聞くところによると、君は日本一の柔道家だというじゃないか。そこで頼みがあるのだが、隊員たちに日本柔道の指導をしてくれないだろうか。週に一回か二回でいい。報酬ももちろん出す。私もぜひ習いたい」

こうして木村は、週に二回程度、花畑町のMP本部で柔道を教えることになった。

しかし木村の柔道衣は芋と交換して農家にとられてしまっていた。当時は木綿が不足していたので金の代わりになったのだ。それにしても命より大切な柔道衣を、家族を食わせるためとはいえ芋と交換せねばならなかったのが寂しい。しかたないので母が手刺しで縫って柔道衣をつくってくれた。

部員は二十人ほど集まった。まずは古い畳を四十枚買って体育館の一角に道場を作る。

米兵たちの道衣はとりあえず大きな中古の物を探して集めた。

アメリカ人は日本人から見ると大男ばかりだが、素人《しろうと》だ。まさに赤子の手を捻《ひね》るように投げ捨てることができた。木村にとってはいい気分転換になったが、投げられる側は嫌だから、数週間経《た》つ頃にはほとんど稽古《けいこ》に来なくなってしまった。続いたのは数人だった。

そのなかに体格のいい黒人ボクサーがいた。体重は一〇〇キロ、ヘビー級の海兵隊チャンピオンでプロのタイトルも獲《と》ったことがあるという。

ある日、その黒人ボクサーがこう言った。

「柔道ではかなわないが、ボクシングなら絶対に負けない」

そこまで言うならと、ある日、木村はそのボクサーとボクシングのスパーリングをやった。

空手の経験がある木村は「蹴《け》ることはできないが、あとはだいたい似たようなものだからどうにかなるだろう」と少しは自信を持っていたが、本格的なボクサーのパンチは洗練されていて、やはり当時の空手のパンチとはまったく違う。結果は惨《みじ》めなものだった。

数分のうちに顔面とボディをいいように打たれ、動けなくなってしまった。

木村は思った。

「このような格闘技も知っておかなければ、いざという有事に危険を防ぐことはできない」

すぐに黒人ボクサーに週に二回のボクシング指導を頼んだ。

こういうところが木村の凄《すご》いところだ。普通、ひとつの格闘技で頂点に立った人間が頭を下げてこんなことはできない。しかも木村の場合、トップ中のトップなのだ。

だが木村は相手がどんな格闘技を身に着けていても勝てなければ、それは柔道ではないと考えていた。護身性を、つまり実戦を想定していない格闘技ではしかたがないと考えていた。講道館の開祖嘉納治五郎と同じく、木村は柔道を〝総合格闘技〟として捉《とら》えていたのだ。

木村はそのボクサーとスパーリング中心の荒稽古を積んだ。

あたりまえだが、木村はなにもできず打たれっぱなしであった。あるとき、あまりに殴られるので頭にきて投げに入ろうとした。相手が打ってきた右手を左手で受け、その腕を担《かつ》いで右の一本背負いに入ったのだ。

「ジュウドウ、ナイナイ」

驚いた相手が、情けない声でそう言ったので可哀想《かわいそう》になって降ろしてやった。ここでも木村は空手の上段受けで相手のパンチを受けている。やはり剛柔流で防具スパーを少しはやっていた可能性がある。

この打たれっぱなしのボクシング修行は一年間続いた。最後は、木村が四分六分で戦えるようになったという。たった一年で四分まで戦えるのだから、柔道だけではなく木村の格闘技センスが並みではないのがわかる。

牛島の評伝その他には、国事のための東條英機との戦い（暗殺計画）や柔道教義をめぐっての嘉納治五郎との戦いなどは出てくるが、いわゆる拳《こぶし》を交えての路上の実戦というものは出てこない。それに比べ、とにかく木村は喧嘩をする。このあたり前田光世《みつよ》ら海外に雄飛して異種格闘技戦を多く戦った血の気の多い柔道家たちと似ている。

ヤクザたちとの付き合いもすべて五分だった。

九州きっての大親分山神末吉の一の子分、藤山との交遊を木村は自伝でこう書いている。

《藤山は大の柔道好きで、子どものころに一年ほど道場通いをしたことがあるだけなのに、自称五段で通していた。前科も五犯というしたたか者で、背中には大きな蛇の入れ墨をしていた。性格も蛇に似て執念深く、これはと目星をつけた相手は必ずやっつけると怖《おそ》れられていた。常に懐中に包丁を隠していて、〝包丁の藤〟という異名をとっていた。多勢を相手に喧嘩となっても、とても勝ち目がないと思えば正攻法では来ない。相手側の親分格と思われる男の家にこっそりと忍び込み、昼間から床下で夜が来るのを待つ。握り飯持参で何時間でもじっとしていて、誰もが寝静まった頃合いを見計らって、目指す相手を一突きするというのだ。全くダニのようなヤクザであったが、また大変な酒好きとしても有名だった》（『わが柔道』）

木村が凄いのは最後の一文である。この自伝が活字になれば相手もそれを見るだろうことを考えていないのか気にもしていないのか、とにかく胆《はら》の据わり方、感性が常人を突き抜けている。

刃物との戦い

木村はこれらの大物ヤクザたちと楽しく酒を飲んだ。

《藤山は月に一度か二度、私の家へもやってくるようになった。手土産といっては酒を一本下げ、芸者を二、三人引きつれてきて、夜遅くまで飲みふけるのだ。そんな席で、たまたま母の芝居好きを聞き知ってからは、今度は芝居の招待券を五、六枚、持ってくるようになった。母が感激したのはもちろんである。そして、招待日に母が会場へ着くと、ちゃんと藤山の子分たちが待っていて案内をし、弁当まで用意させる。そのうえ帰りには車で送ってくれるという大サービスだ。喧嘩《けんか》早《ばや》く、世間では嫌われていた藤山だが、酔えば気のいい、森の石松のような男だった》（同前）

淡々と書いている。

いかに木村がヤクザと身近に付き合っていたかよくわかる。もちろん活字にしたのはゴーストライターだが、そのライターとて木村がこんなことばかり話すからそれを活字にしただけである。「ヤクザとこんなに付き合いがあるんだぞ」と話す相手に虚勢をはっているふうでもない。木村にとって、ヤクザがいるのは日常の風景だった。

この藤山と木村は一度喧嘩をしているが、そのときも空手の前蹴《まえげ》りを使っている。

《私はこの藤山に一度だけ気合いを入れてやったことがある。凍《い》てつくような二月の寒い日だった。藤山は珍しく子分も連れずに一人でやってきた。着流し、セッタ履きのヤクザ特有のいでたちでヌッと入ってくるなり、「木村先生おんなはんね、酒呑《さけの》みぎゃ来たばい」と大声をあげる。手には酒を三升さげている。

ちょうど私も酒の欲しくなりかける時刻だったので意気投合、妻の酌をはさみながら差しつ差されつ、大いに気勢を上げた。三升の酒はまたたくまになくなり、藤山もようやく重い腰を上げた。私は途中の電車の停留所まで藤山を送っていくことにした。

さて加勢川にかかる橋に差しかかってきたときだ。藤山は酒の勢いで妙にからんできた。

「おい木村、お前は柔道ならたしかに強いだろうが、喧嘩と柔道はどだい別物でな。柔道じゃお前にかなわなくても、喧嘩になれば俺は絶対に負けんぞ」

最初はなんとか取りなそうと懸命になったが、ついついこっちも面倒くさくなって、「よし、そうまで言うならどっちが強いか、この場で勝負をしよう」と言い返してしまった。まさに売り言葉に買い言葉である。藤山はすかさず懐《ふところ》に手を入れ、刃物を抜き出そうとする。その瞬間、私は相手の右手を思い切り、下駄履きの右足で蹴り上げた。蹴りは正確に手首をとらえ、刃物は黒黒と流れる加瀬川の方へ飛んでいった。

さあ刃物を持たないヤクザほど弱いものはない、まるで子ども同然だ。ひょいと右手を逆に取ってねじ上げ、橋の中央まで引きずっていくと、上半身を欄干越しにぶら下げてやった。

「おい藤山、この加瀬川はなあ、ふだんは蓋《ふた》がしてあるんだけど、今夜はお前が入るというんで蓋がないんだ。え、寒中風呂《ぶろ》も乙なもんだぜ」

真暗闇《まっくらやみ》の加瀬川は、とおとおと音をたてて流れ、大きな口を開いてまさに一呑みぞ、という気配を示していた。よし、行くぞ、と私が両手に力をこめたとき、藤山はついに「待て、待て」と声をあげた。

「俺は泳げんとバイ。死んでしまうけん、助けてくれ」と、しまいには涙声になってきた。

「おぬしがそうまで言うなら助けてやる」グイッと体を引き戻してやった。

それ以来、藤山が私に絶対服従を誓ったのはもちろんである》（『わが柔道』）

闇市《やみいち》への木村の溶け込み方も堂に入ったものだった。

「戦後すぐの頃、木村先生は石炭事業もやってたらしいですね」

私は妻の斗美に聞いたことがある。

「石炭……？」

「ええ。闇屋というんでしょうか」

「……ああ。そういえばそんなこともやってましたかねえ」

斗美は木村が外でどんな商売をやっているかよく知らなかったのだ。

だが、木村の石炭事業とは、極道すれすれの押し売りのようなものだった。

トラックの荷台に石炭を満載して四人で鉄工所や銭湯をまわる。

そして相手がＯＫと言わなくとも勝手に石炭貯蔵室に石炭をどんどん押し込むのだ。

一週間くらいたった頃に木村が代金を取りに行く。相手が嫌がっても木村怖さに払うという算段だ。しかし相手が衆を頼んでくることもある。そういうときはしかたなく腕力沙汰《ざた》となった。食うのにみな必死だった。木村も家族を食わせるために必死になっていた。

とにかく暴力は日常茶飯事だった。

九州呉服界の覇王と謳《うた》われた繊維財閥の大物、古荘《ふるしょう》健次郎の用心棒をやっていたときも腕力をぞんぶんに使っている。

木村は古荘の事務所脇《わき》の秘書室の机で一時間だけ新聞を読んでいればよかった。その一時間で給料は管理職並であった。木村の机には〈柔道七段木村政彦〉と書いた名札が置いてある。その間に用事のある人間がやってくる。古荘が目で合図した相手を木村が外に連れだして「お帰り願います」と言うだけの仕事である。相手が向かってくれば金的を蹴って倒した。

この仕事は楽で金にもなったが、以下のようないきさつで仕事を辞めざるをえなくなる。

古荘社長に帯同して東京出張したときだ。

夜、銀座の一流キャバレーに入り、古荘が五十人以上いるホステスのなかで一番の美人を指名しご満悦となっていた。木村についたホステスは年増《としま》の不美人で、木村はとても遊ぶ気にもなれず、ひたすらジンをあおった。酒でも飲んでいなければやっていられなかったからだ。

一方の古荘は酒が飲めないのでコカコーラを飲んでいた。悪戯《いたずら》好きの木村は古荘がトイレに立つたびにそのコーラに少しずつジンを入れていく。店が終わる頃には古荘はふらふらして「旅の疲れが出たかな」と木村に酒を飲まされていることに気づいていない。

古荘についたホステスとともに三人でタクシーで旅館に戻った。木村と古荘は襖《ふすま》で隔てた隣あった部屋であった。

小一時間も経《た》った頃、木村が隣の部屋をこっそり覗《のぞ》くと作戦どおり古荘は酔っぱらって眠っている。横でホステスが所在なげに週刊誌をめくっていた。

ホステスが木村に気づいて言った。

「兄さん、遊びに行っていい？　こんなんだもの」

古荘を指さした。

木村はほくそ笑んで部屋に招き入れた。

朝八時半、襖がガタンと開く音で木村は目を覚ました。古荘だった。木村とホステスが同衾《どうきん》しているのを見て古荘はびっくりし、そのままどこかへ行ってしまった。これ以来、木村はもう会社へは行かなくなった――。

私が、これら木村の悪童ぶりをあえてここで紹介したのは、プロレス側の活字が、あの昭和二十九年の力道山との昭和の巌流島決戦を、「真面目《まじめ》で柔道しか知らない木村に、人生の裏街道に通じた力道山が勝ったのだ」などとあちこちで書いているからだ。木村はけっして男としての迫力で力道山に負けてなどいない。それをここではっきりさせておく。

本書の前の方で牛島塾時代のバンカラぶりを書いたのも、プロレスラーたちがアングル（興行を盛り上げるためにリング内外で創作するストーリー）として多くの伝説を捏造《ねつぞう》しており、それらのエピソードが柔道家を凌駕《りょうが》するような言い方をプロレス側が再三してきたからだ。木村だけではなく、柔道家たちの剛毅《ごうき》なエピソードは、プロレスのような創《つく》られたアングルではなく、すべて本物である。

そして私が紹介したエピソードはごく一部であり、関係者から「この程度なら書いてもいいです」と了承を得たもので、残りのほとんどのエピソードはあまりに凄《すさ》まじく、活字にできないことばかりであることも付記しておく。

古流柔術から柔道への流れと「講道館」「武徳会」「高専柔道」の勢力図

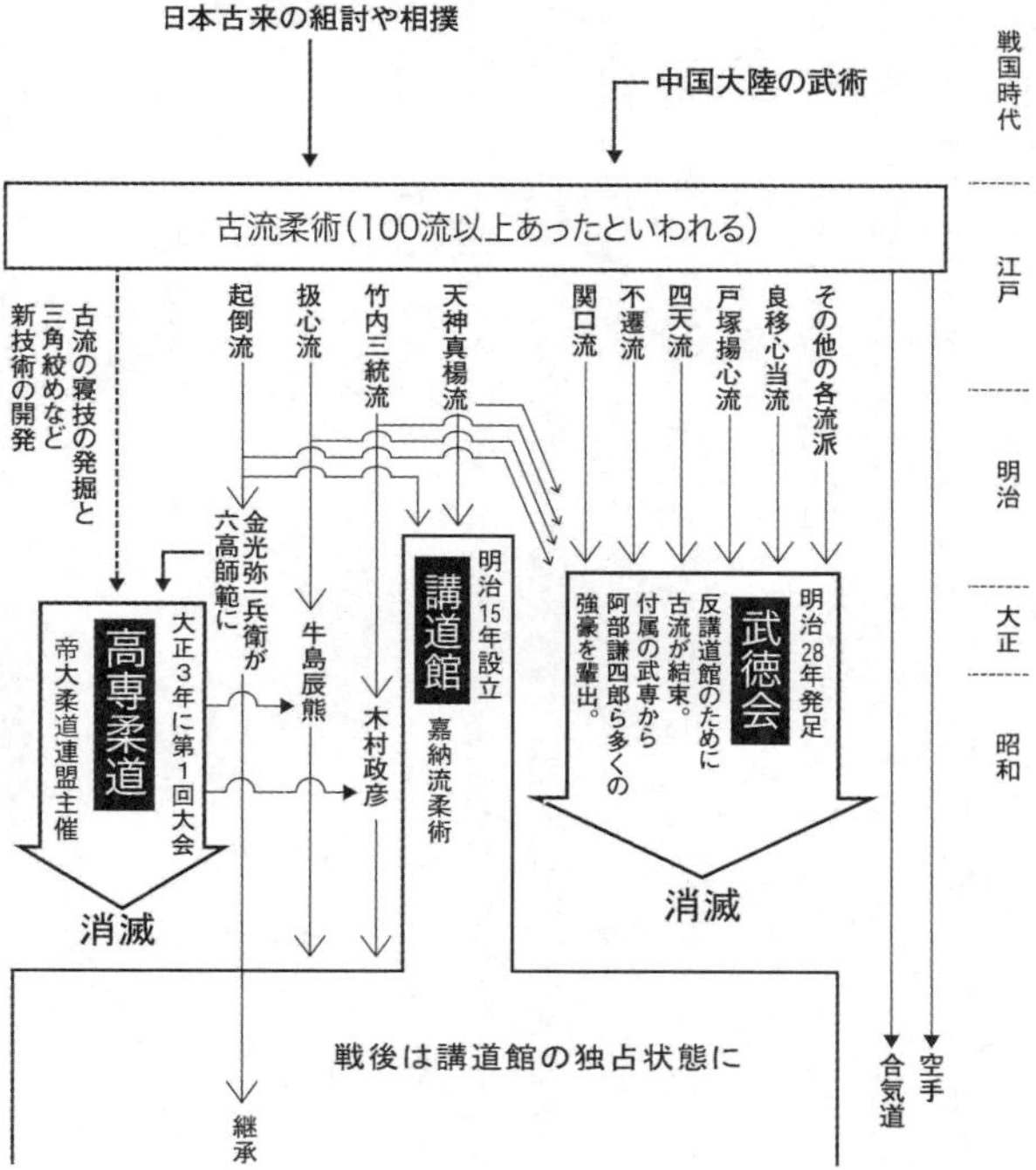

第12章　武徳会《ぶとくかい》と高専《こうせん》柔道の消滅

GHQのターゲットに

戦後、GHQによって武徳会が解散させられ、またGHQによる学制改革に伴い旧制高校が無くなることによって高専大会も潰《つい》え、この二大勢力の消滅によって、柔道界は講道館の一人勝ちになっていく（前ページの図参照）。

この武徳会と高専柔道の消滅を、木村政彦が技術的に大きな影響を受けた阿部謙四郎《あべけんしろう》（武専）と金光弥一兵衛《かねみつやいちべえ》（六高師範）の戦後の人生を通して詳しく説明していこう。前に書いたように、木村の立技は阿部謙四郎戦での敗北から止揚したものであり、木村の寝技は師匠牛島が旧制六高に通って身に着けた技術を受け継いだものであった。

東條英機が内閣総理大臣に就任、陸軍大臣、内務大臣を兼ねる権力集中型内閣が誕生したのは、昭和十六年（一九四一）十月十八日のことだ。

東條はすぐに戦時体制を強化し、「統合・統制・一元化」という方針をスポーツ界にまで及ぼした。嘉納治五郎が初代会長を務めた大日本体育協会も〝発展的解消〟の名目で大日本学徒体育振興会への統合が行われる。

同年十二月八日の真珠湾攻撃で開戦、翌昭和十七年三月二十一日には、この大日本学徒体育振興会も含め、従来あった各武道団体、すなわち日本古武道振興会、大日本剣道会などのほか、講道館をも包摂してしまい、新しく設立される政府の外郭団体「大日本武徳会」の下に統合された。武道はまさに戦う技術であり、その精神性も含め、戦時の国民意識高揚に利用しやすい。目をつけられたのはしかたない。

会長に東條英機総理大臣、副会長に厚生・文部・陸軍・海軍・内務大臣が就き、さらに各支部長には各県の知事が自動的に就いた。

この戦時下の新生「大日本武徳会」は、明治二十八年（一八九五）に設立された大日本武徳会と同じ名称だが、まったく別物である。

旧武徳会の本部だった京都武徳殿は出張所とされ、新生武徳会の本部は東京に置かれた。つまり旧武徳会も、この新生武徳会に統合・包摂されたのだ。ここに講道館柔道も武徳会に集った古流柔術各流派も、東條英機によって大日本帝国の統制下に置かれてしまった。

武徳会は明治二十八年に武術教育による鍛錬とそれを支える団体を組織するために作られ、この昭和十七年（一九四二）には会員数二百二十四万人、資金量五百五十九万円という超巨大組織に成長していた。講道館が新興柔術流派のひとつの家元でしかないのに対して、武徳会は半官半民の組織で、京都本部のほか、東京、朝鮮、台湾に地方本部を置き、本部直轄《ちょっかつ》支部が五十以上、地方本部運営支部も次々とできて、海外各所も含め、支部は百カ所を超えるようになっていた。五十年かけて発展してきたこの超巨大武道組織を、東條英機は「私のものだ」としてしまったのである。

この新生武徳会は、皮肉を込めて〝東條武徳会〟と呼ばれた。

昭和二十年（一九四五）八月十五日敗戦。

年が明けた昭和二十一年一月、組織としてはいまだ戦時下の東條武徳会のままだったので、当然GHQのターゲットにされる。

それを避けるために各武道の重鎮たちが集まり、寄付行為を改正して純粋な民間団体「大日本武徳会」として再生しようと試みた。全国の各支部から評議員を選び、これが会長と役員を推薦したのだ。会長には藤沼庄平（警視総監・東京都長官）が、副会長兼理事長には宇野要三郎（弓道家）が就いた。そして東條武徳会で行われていた銃剣術と射撃道の部門をすぐに廃止、柔道、剣道、弓道の三部門に戻した。この三つならば戦時色も少ないので助かるだろうと思ったのである。

しかし、GHQのCIS（民間情報部）は「武徳会の活動は占領方針の日本の軍事、または準軍事教練、あるいは日本における軍国主義、好戦的精神持続の禁止ならびに軍国主義的、または、過激なる国家主義的観念の流布《るふ》禁止などの禁止事項に抵触している疑いがある」と、日本政府に報告書の提出を求めた。

武徳会側は生き残りをかけ何度もCISと折衝、創立由来や、これまで半世紀に渡って行ってきた事業について詳細に説明、さらに戦後改組し、指導方針も変えたことを話したが、CISはそれを聞き入れず、近く解散命令を出すと通達してきた。

そこまで言ってくるならば詮方無《せんかたな》しと、武徳会は十月三十一日付で正式に自主解散の声明を出し、文部省もこの申請を許可した。

しかし、この自主解散をGHQは認めなかった。日本政府に対して「解散命令を出せ」と命じてきたのである。自主解散を認めないというのだ。そして十一月九日付の内務命令により、東條武徳会の闇黒《あんこく》の数年を挟んで実に五十二年の歴史を誇る大日本武徳会は完全に潰《つぶ》されてしまった。

なぜGHQはここまで追い打ちをかけるような解散命令を求めたのか。

その裏にはパージ（公職追放）が思ったように進んでいなかったことがあった。パージとは戦争遂行に関与した者を、公職および民間の重要な役職から外すことによって社会から隔離し、影響力を消し去ることにあった。皇宮警察師範だった牛島辰熊もこれにあっている。しかし間接政治が占領政策の建前だったため、実質的な権限はGHQにあったにもかかわらずパージはあくまで日本側の審査委員会が主体的に行っているように見せようとした。しかもパージの審査は司法的なものではなく行政的なものだったので、審査側にかなりの裁量権があった。このため、不透明感は隠せず、日本人のなかには保身のために政敵を追い落としたり、GHQ内にも日本の政治に干渉しようとする勢力もあったことが話をより複雑にした。

GHQにとって、東條武徳会から衣替えした戦後の新生武徳会の本部役員には政財官界の大物が顔を揃《そろ》えていたし、地方支部長には県知事が就き、県警本部長が主管責任者に就いていたため、パージを一気にすすめるには実に美味《おい》しい対象だったのである。

阿部謙四郎《あべけんしろう》の不遇

武徳会解散によって、もちろん直轄《ちょっかつ》だった武専《ぶせん》（武道専門学校）も廃校となった。

この武徳会解散を許せないと、武専出身の鬼才、あの阿部謙四郎が奇矯な行動に出た。

阿部は世事にあまりに疎《うと》すぎ、最低限の保身すらできなかった。

GHQに睨《にら》まれ、柔道家たちの多くは路頭に迷っていたが、そのなかでもとくに武徳会系の柔道家たちは悲惨だった。たとえば、第一回天覧試合決勝で牛島辰熊を破って優勝した武専教授の栗原民雄でさえ骨接《ほねつ》ぎをやって糊口《ここう》をしのいでいる状況だった。

そんななかで阿部謙四郎は京都市警の柔道師範に就くことができ、柔道専門家のなかでは比較的恵まれた境遇にいたにもかかわらず、京都市内のあちこちに板切れや紙を継ぎ合わせ、こんな立て札をたてて回った。

《御老齢の梨本宮殿下の釈放嘆願のため、各位の御署名を乞《こ》ふ》

かつて武徳会の総裁を務めた梨本宮《なしもとのみや》が戦犯として逮捕された報を聞き、ショックを受けたのだ。

「老齢の宮殿下の釈放を嘆願するため、御署名お願いします」

阿部はノートとペンを手に声を張り上げた。しかし誰もが必死に生きている時代だ。振り返る者はいない。

「お願いします！　一筆お願いします！」

そのうち、武徳会出身の柔道家たちすら阿部を避けるようになった。なにしろ講道館を批判し、さらに武徳会系の柔道家をも、以下のような言葉で批判しだしたからである。

「柔道衣を着たこともない講道館の館長が、ただ世襲で段を出して多額の免許料をとっていることをなぜ許すのか。反対するどころか彼らのお使いのようなことをして恥ずかしくないのか」

そして武専の同窓生たちをこう罵《ののし》った。

「長年殿下を利用だけして薄情じゃないか。ＧＨＱが恐《こお》うて署名できんのか、腰抜け！」

さらに師匠の栗原民雄の家の前で一晩中こうわめき立てた。

「ハゲ！　出てこい！」

実は、木村政彦に勝ったあの昭和十一年（一九三六）の宮内省五段選抜試合からほどなく、阿部謙四郎は徳島四十三連隊に入隊している。昭和十二年六月のことだ。武専卒業によって徴兵延期が解消されたのである。

昭和十六年三月にやっと除隊になって武専に戻り、さあもう一度柔道をと思ったが、すぐにかつての上官によって無理やり呼び戻されて中尉《ちゅうい》として再入隊、そのまま終戦まで軍人として過ごした。木村政彦は昭和十二年から全日本選士権を三連覇、昭和十五年に天覧試合を制して、一度は光を放ってから昭和十七年に応召したが、全盛時代どころか現役時代をすべて奪われた柔道家阿部の人生は木村以上に悲劇的だったといえる。もし昭和十二年に入隊していなければ、木村とともに一時代を築いていたのは間違いない。

武専の後輩松本安市が、この阿部と組むと「一瞬たりとも立っていられなかった」と言う。一八四センチの巨砲松本がである。さらに木村が天覧試合決勝で戦った広瀬巌も阿部に子供扱いされていた。後にプロレスラーになった巨漢山口利夫も「最強の柔道家はだれか」と問われ、阿部の名を挙げている。いかに阿部が強かったかということだ。

「武徳会を再建しろ！」

阿部は講道館独占状態になってしまった戦後柔道界に怒りをぶつけ続ける。その行動は、あまりにストレートに過ぎて、ますますまわりから人は消えていく。昭和二十八年から柔道新聞に〈考える柔道の練習法〉という長文を毎号一ページまるまる割いて連載寄稿しているが、この内容を読むと、阿部の柔道に対する人並みはずれた真摯《しんし》さが痛々しいほどに伝わってくる。

こんなことが延々と書いてあるのだ。

《人類の住む天体は、リズムの法則と間断なき流転《るてん》の二大法則によつて支配されている。

地球は三百六十五日余の周間に太陽をめぐり、春夏秋冬の四節を作る、自からは二十四時間で一周自転して、昼夜の区別を形造つている。月は地球の周囲をめぐつて、干満の潮流を起し、人間の生滅に微妙な影響力をもつている。

女性は月経によつて周期づけられ男性も又律動のあることを主張されている。

個体内では心臓の鼓動、呼吸、消化活動、労働と休養、疲労と睡眠などが発展的過程として必然的に律動態勢のまま発展している。

なお歩行、跳躍にしても筋肉は、均こうを保つて正しく調節され、熟練された運動をくりかえしている。心理的にも感情の高低、注意力の集中と散乱がくりかえされている。

之《これ》を要するに吾人《ごじん》の周囲に生起する有機体の流転は……（後略）》（柔道新聞昭和二十八年六月一日号）

一読するだけでは難しくてわからないが、よく読むとすべて柔道のことが書いてあり、しかもそれがすべて正しい。とにかく阿部の頭の中には柔道技術の探求しかなかった。

武徳会の再建話は、幾人かの、あるいはいくつかのグループが中心になって浮上しては消え、浮上しては消えを繰り返していた。結局再建がならなかったのは、講道館側についた人々にとっては戦前の拮抗《きっこう》状態が再びよみがえることが嫌だったからだろう。

その後、講道館と表裏一体の全柔連《ぜんじゅうれん》（全日本柔道連盟）もでき、講道館がいよいよその基盤を揺るぎないものとしていくなか、旧武徳会派の人間たちもそちらに居を移すしか柔道界で生き残る道はなかったのだから、最後まで武徳会再建を訴え続けた人々は、ある意味で変人ばかりだったし、実際、変人のレッテルを貼《は》られるようになっていった。組織とは、いや人間が集まり大なり小なりのグループを形成するようになると、正しい正しくないに関わらず傍流に追いやられた側につく人間は変人の名で遠ざけられるようになる。世の常である。

いつまでたっても武徳会が再建されず、ますます講道館と全柔連の力が増していく状況がついに我慢ならなくなった阿部謙四郎は、講道館に書留小包で七段を返上するというエキセントリックな行動に出る。そして京都市警師範を辞し、石川隆彦の仲介で昭和三十年（一九五五）三月十一日、羽田発の便で渡英した。

そして阿部は「欧州武徳会をつくる」と日本のマスコミに向けて宣言した。

しかし、イギリスには小泉軍治《ぐんじ》（もともとは天神真楊流《てんじんしんようりゅう》出身）がいた。阿部が渡英する前年、小泉は五十年ぶりに日本に帰って嘉納履正《かのうりせい》館長（治五郎の次男）と会い、講道館の力をバックにしてイギリスでの地盤を固めていた。阿部はイギリスに来てさえ、講道館の影に脇《わき》に追いやられ、しかたなく一人で少数の弟子を育てていく。

そして第4章に書いたように、阿部はここで柔道のみならず、日本で植芝盛平に師事して並行修行した合気道も教えている。阿部はイギリスにおいてもあいかわらずの変人ぶりを発揮し、それを理解できない弟子たちもいたが、武道の本質を理解する少数は純粋な阿部に純粋に師事した。

イギリスの合気道家ヘンリー・エリスは、私が阿部のことを「柔道史上、最も強い柔道家の一人である阿部先生ですが……」と言うと、「ＮＯ！　ＢＥＳＴ！」と、強く正した。私の頭にはもちろん木村政彦や山下泰裕があり、それでもあえて阿部を立てて「最も強い柔道家の一人」と言ったのだが、それが心証を害したようだ。それほど阿部は英国でごく一部の人間にだが、人心をとらえていた。しかし、いつまで経《た》っても小泉軍治率いる講道館系の組織に排斥され続けた。日本に残してきた妻子たちも阿部に冷たく、何度もイギリスに来てくれと頼んだが応じてもらえない。

阿部は、そのうち一人でライトバンに畳を十五枚ほど積んで各地を巡業指導して回るようになる。寺院や倉庫、あるいは屋外にその畳を敷いて、現地の人たちに柔道を教えたのである。屋外でデモンストレーションしているときの動画が残っているが、見る人もほとんどおらず、寂しいことこのうえない。

阿部は、その僅《わず》かな指導料を少しずつ貯《た》めては日本の妻と娘たちに送った。

しかし、そんな阿部に、妻は厳しかった。東京五輪の際、一時帰国した阿部を家には入れず、庭にある離れの建物に泊まらせたほどである。いつまでたっても戦前の武徳会の栄華を忘れられない夫を、すでに妻は見限っていた。阿部は娘たちと会話することもなく、黙ってひとりで碁盤に石を並べていた。

東京五輪が終わりイギリスに戻った阿部は、ヨーロッパ各地を回りながら今度は「世界武徳会」の創設を訴えた。しかし、そんなものが一人の力で、しかも遠く欧州の地で実現できるわけもない。それでも訴え続けた。

昭和四十三年（一九六八）十二月にまた日本に一時帰国した阿部は、《求心道《きゅうしんどう》》という道場を開くと言って京都武徳殿の前に勝手に立て札をたてた。

ここに武徳殿の建物は残っているではないか。なぜ武徳会は復活されないのか。阿部は訴え続けた。柔道はスポーツではない、武道だと。しかし入門者は一人も来なかった。

こうして欧州と日本を往復し続けた阿部は、いつのまにやら消息がわからなくなる。沢木耕太郎の書いた榎本喜八《えのもときはち》の『さらば宝石』をダブらせる読者もいるかもしれない。作家の白崎秀雄は、阿部のことを短編にまとめるために何年もその居所を探し続けた。そして、昭和六十年（一九八五）、やっと阿部を見つけた。

阿部は秩父市の老人ホームにいた。

七十二歳になっていた。

ひとりでテレビを観《み》ていた阿部に、白崎が「阿部さん」と声をかけると、とくに驚くこともなく、取材に応じた。

白崎は書く。

《わたしは昭和十一年五月の五段特別総当り戦の、木村（政彦）との試合について、羽川伍郎の目撃談（増田注＝羽川伍郎は阿部が木村を子供扱いし、払い釣り込み足で技ありを取り、立ち上がったところを大外《おおそと》で叩《たた》きつけたことを感銘を込めて語り「三十秒もかからなかった」と証言している）や、牛島辰熊が「あつかはれた」と二度までもわたしにいった話

（増田注＝牛島は「木村は東京へ来てから、誰にもほんとには負けたことはなかったですけど、ただ一ぺん済寧館で武専の阿部と試合したときだけはですね、阿部に完全にあつかわれて投げられたとです。初め膝車《ひざぐるま》のような技、二本目は大外刈だったとです。阿部は足の捌《さば》きがまるで蝶々《ちょうちょう》んごと、軽うて早かったですなあ」と語っている）をつたへ、阿部の記憶をきいた。

「いや、あのとき私はチャンスにめぐまれたんです。試合中にもつれて木村君が崩れ、起《た》たうとするところを大外に入つて、それがうまく決まつたんです。宙に舞はせたの、あつかつたのといふのは大げさです。木村君はまたあの試合で発奮して、日本一の選手になりました」

彼の語り方が、いかにも淡々としてゐることに、わたしはむしろ感銘を受けた》

（『当世畸人伝《きじんでん》』）

生涯を通じて本物の武道家たらんとした阿部らしさが伝わる話である。

白崎は、こう続ける。

《彼はしまひに、自らの半生を顧みて、しめくくるやうにいつた。

「さうですね、私の生涯は昭和十二年六月に、現役で入隊したあのときまでで実は終つてゐたんです。後の五十年は惰性だ。私が柔道の夢ばかり見つづけたために、女房や子供たちには可哀さうなことをしました」

自らがそこで、可能性の限界にいどみ、青春のすべてを燃焼させた武徳会、武専との絶縁を強ひた軍隊。次いで武徳会、武専の権力による強制解散。漁夫の利を得て独占団体となつた講道館と、阿部はつひに妥協することを自らに肯《がえん》じなかつた。

彼は外国に新天地をもとめて、自ら信ずるところをのべ伝へようとした。こと志と異り、彷徨《ほうこう》の果てに力尽きたといふべきであらう。阿部が家族に詫《わ》びる言葉には、哀切なひびきがあつた。

見まはしてみると、部屋には道具らしいものはなにもなかつた。

わたしは最後にいつた。

「失礼ですが阿部さん、かういふ田舎で不自由でせうから、何か要るものがあつたらいつて下さい。送らせます」

七月の初旬で、着がへのシャツやズボンはいくらでも要ると思へた。彼の頰には髭《ひげ》がまばらに残つてゐた。安全剃刀《かみそり》などあるのかな、と思つたのである。

阿部は淡泊に答へた。

「なんにも要りません」

そして、別れの挨拶《あいさつ》をしたとき、彼はだまつてわたしの手を握つた》（同前）

この翌年、阿部は老人ホームで逝《い》った。

法名は聖徳院四海求心貫通大居士《だいこじ》。まさに武徳会消滅後の彼の人生を言い切った名である。遺骨は生地徳島に帰り、阿部家累代《るいだい》の墓に葬《ほうむ》られた。

武徳会が本当の意味で消滅したのは、この阿部の命日だったのかもしれない。

「高専大会を無期延期せよ」

大正三年（一九一四）、各地で行われていた旧制高校の対抗戦を京都帝国大学が統合するかたちで始まった高専柔道については、ここまで詳しく書いてきた。

最終的には本土に置かれた七帝大共催になり、最も多いときは五十校を超え延べ七十四校の参加は、講道館ルールで開かれていた東京学生柔道聯合《れんごう》がせいぜい三、四校の参加しか得なかったのに対し、ますます盛況になっていた。旧制中学の大会も高専ルールで開かれるようになるにいたり、講道館の大きな脅威となっていく。学生柔道界はすべて帝大柔道連盟に牛耳られていたといっても過言ではない。

嘉納治五郎講道館長にとって、言うことを聞かせられない高専柔道、すなわち帝大柔道連盟の存在は看過できない存在だった。

なにしろ、同じ〝柔道〟を名乗ってはいても、寝技への引き込みありのルールでは、まったく別競技といってもいいほど試合スタイルが違った。しかし、十五人によるチームスポーツに青春を賭《か》けることに本義を見出《みいだ》していた帝大柔道連盟は、嘉納治五郎の再三にわたるルール変更要請に頑として応じなかった。

この高専大会の危機がおとずれたのが、昭和十六年（一九四一）である。

真珠湾攻撃の五カ月前、七月二十三、二十四日に開催予定だった京都武徳殿での高専大会は文部省の指令で急遽《きゅうきょ》中止となった。

「高専大会を無期延期せよ」

帝大柔道連盟にこう通告してきたのである。

しかしこれに従ったのは北部戦を主催する東北帝大のみで、東部戦を主催する東京帝大、中部戦を主催する名古屋帝大、西部戦を主催する九州帝大は、なぜか大会を強行している。このあたりの経緯は定かではないが、帝大柔道連盟主催の高専大会（京都武徳殿での決勝大会）は中止されたが、文部省通達の間隙《かんげき》をついて帝大側が意地をもって、あるいは参加校選手たちの練習を無下にすまいとする悲壮なる覚悟をもって地方戦のみ開いたのかもしれない。

中部戦の優勝は古豪六高、西部戦の優勝は九州医専だが、東京帝大主催（七月十二、十三日開催）の東部戦優勝は、もちろん拓大予科だった。

木村政彦が予科二年時に初出場初V以来、負け知らずの六連覇ということになるが、全国戦が開かれないのは残念であった。各校が血涙を絞って求めた紫紺の大優勝旗は京都帝大に保管されたままだった。

この昭和十六年の末、十二月八日に太平洋戦争が始まり、翌昭和十七年、東條内閣は「戦時下の学徒の体位向上、心身の錬成」を掲げ、すべての学生スポーツ大会を統括し、文部省と大日本学徒体育振興会主催で行うことになった。

これに対し、七帝大柔道連盟は以下のような声明文を出し、遺憾の意を表している。内容を読むと、いかに帝大柔道連盟がこの大会の自治開催に誇りをもっていたかわかる。

《全國《ぜんこく》高専優勝柔道大會《たいかい》は昭和十六年度で既に廿《にじゅう》有七年を数ふるに至り益々《ますます》発展向上の機運熟するに至りたるも、昨夏に於《お》ては、時局急を告げ開催能力其《そ》の他軍事上の都合により、東京、九州、両地区以外は開催不可能となり、十一月に至り漸《ようや》く中部高専柔道大會を開催し得る機會《きかい》に恵まれたり。

猶《なお》本年度に於ても東北地区を除き東京、九州、中部の三地区に於て地区別高専大會を開催し得たれども、両年とも全國大會は文部省も不許可の方針の為《ため》開催し得ざる事となり全國《ぜんこく》高専柔道優勝大會を開催せざること既に二年に及びたり。

亦《また》文部省内部より學徒《がくと》の体育は、當然《とうぜん》文部省自身が指導すべきであり、外部團体《だんたい》或《あるい》は學徒が指導すべき所以《ゆえん》のものでないとの評聲《ひょうせい》が生じ、昨年十二月末に學徒体育振《しん》興會《こうかい》の成立を見るに至り、運動競技は原則として當會《とうかい》主催のもとに行はれるとの方針を明示したり。從って高專柔道に關《かん》しても高等學校を別個に見做《みな》し、夫々《それぞれ》全國大會を開催することを劃策《かくさく》し學徒体育振興會以外の團体《だんたい》が全國大會を主催せんとするも文部省が許可せざるの方針を取るに至りたる為、從来帝大柔道會主催に繋《つなが》る全國高專柔道大會は開催不可能の現状と成り、亦《また》實質上高專分離の結果を招来するに至り、三十年に垂《なんな》んとする傳統《でんとう》と歴史とを有する帝大柔道會主催全國高等柔道大會は中絶するに至りたり。

此等《これら》の事實《じじつ》は吾等《われら》帝大側にとりては此の上も無く遺憾な事である。されど今後吾等の為《な》すべき事は去る帝大柔道會主催の總會《そうかい》にて決議せし如《ごと》く、學徒体育振興會の主催の全國高等學校柔道大會に我が高專柔道大會の息と感激とを吹き込み、その發展《はってん》成長の為に盡力《じんりょく》し積極的に協力すべきことこそ望ましき事と確信する次第である。事實《じじつ》學徒体育振興會側としても試合に關《かん》するの實務《じつむ》は帝大側に委《ゆだ》ねざるべからざるの現状に有り、亦《また》地区別高專大會は今後學徒体育振興會地方支部主催のもとに行はれるの實《じっ》状《じょう》なり。從って帝大側は全國高專大會を開催し得ずと雖《いえど》も何等かの形に於て高專校と連繫《れんけい》有る次第なり。

従って吾等《われら》帝大側としては東京に開催される第一回高等學校柔道大會に對《たい》しては衷心より協力の意を表する次第である。

右全國高専大會中絶に至りたる事情を述べ帝大側の意向を聲明《せいめい》す。

昭和十七年七月十五日

北海道帝國大學柔道部
東北帝國大學柔道部
東京帝國大學柔道部
名古屋帝國大學柔道部
京都帝國大學柔道部
大阪帝國大學柔道部
九州帝國大學柔道部》

大会は結局、各種スポーツを統合した第一回全国高校体育大会として七月二十四日に開会式が開かれた。

全種目の選手を前に東條英機首相の訓示があったが、柔道競技の選手たちも他種目選手と同じくゲートルを巻いてその開会式に参加しなければならなかった。帝大生たちも高校生たちも、さぞや悔しく、複雑な思いだったに違いない。

会場は東京帝大七徳堂《しちとくどう》と東京高師《こうし》柔道場。六日間にわたって開催され、優勝は古豪六高であった。しかし、この大会は官学の高校のみに参加が許されたものであり、拓大予科や同志社高商《こうしょう》、関学高商など私学や専門学校を排斥したものであった。かつて高専大会では「高専分離問題」（高専柔道の章で詳述）が何度も議論されて結局は私学も専門学校も受け入れて大会を開くことにこそ高専大会の意義があるのではという結論にいたり、高邁《こうまい》なる精神でそれを受けいれた経緯があっただけに、六高としては優勝しても嬉《うれ》しさは半減であっただろう。

実際、この大会の開会式の日、式が終わってから六高と拓大予科が「練習試合」と称して三十五人による抜き勝負をやっているが、八人残しで拓大予科の圧勝に終わっている。すでに六高に往時の勢いはなく、部員不足で、三十五人戦となると多くの白帯までかり出さねばならなかった。対する拓大予科は警視庁や武専と講道館ルールでやっても勝つ黄金時代を迎えていた。この、大会前の練習試合敗北については、後に六高ＯＢの間で大問題になった。

この第一回全国高校体育大会は、結局、第二回が開かれることはなかった。昭和十八年（一九四三）一月に旧制高校の修業年限が二年間に短縮され、六月には学徒動員令が下ったのだ。

高専柔道は、こうして尻《しり》すぼみのように、その華やかな歴史の幕を閉じることになる。戦争さえなければ、現在も寝技の殿堂として独特の柔道大会が開催され続けたに違いない。

現在でも特定大学による高校生の招待試合の主催などはある。しかし、歴史上、大学生だけの力で長きにわたってこれほど大規模な大会を開き続けたことは、あらゆるスポーツ界をみても空前絶後である。しかも、その大会が、主勢力である講道館や武徳会と五分に渡り合えるほどの力をもつものになっていたのだ。戦争という化け物に潰《つぶ》された帝大生たちの心意気は《遺憾》という言葉に集約されている。

高専柔道ＯＢたちは、そのほとんどが旧制帝国大学へ進み、そこで柔道をたしなむ者もいたが、ごく一部をのぞけばみな卒業後は道衣を脱ぎ、社会へ戻っていった。だから高専大会の消滅が彼らの心の故郷を奪ったのはたしかだが、彼らの生活そのものを奪うことはなかった。これが、武徳会消滅後の復興話のようなごたごたが起きなかった大きな理由である。戦後、対ヘーシンク敗北時に高専柔道ＯＢたちが寝技の必要性を、財界人、文筆家などのさまざまな立場から声を挙げたりはしたが、最終的にはむしろ講道館に協力するような立場で柔道そのものの発展に寄与した所以《ゆえん》である。日本武道館建設時に貢献した正力《しょうりき》松太郎しかり、講道学舎設立に携わった井上靖しかりである。

では、ＯＢではなく、専門家として高専柔道に携わった指導者たちの〝その後〟がどうだったのかというと、やはり武徳会解散後の阿部謙四郎と同じく、なにやら哀《かな》しみに満ちている。

前三角の父、金光《かねみつ》の失脚

高専柔道最大の貢献者、前三角絞めの開発者である六高師範金光弥《や》一兵衛《いちべえ》の元々の出自は起倒流《きとうりゅう》である。

明治二十五年（一八九二）生まれの金光は幼少の頃から起倒流野田派十世の岸本重太郎に師事し、柔道を学んだ。この起倒流は古流では珍しく柔術ではなく柔道と名乗っていた。何度もいうように柔道という名は嘉納治五郎の発案ではないのである。

金光は武徳会の教員養成所（武専の前身）を出て起倒流野田派十一世となり、玄武館（後に玄友会道場と改称）を設立した。東京農大、一高、広島高師、広陵中（それぞれ旧制）などで柔道を教え、大正九年（一九二〇）から六高助教授、柔道師範として迎えられ、数々の新技を開発し、六高の黄金時代を作っていった。

　そして、たとえば牛島辰熊がそうであったように、当時の柔道専門家の常として、武徳会と講道館の両方に属して両者から段位を受けていた。講道館入門は明治四十三年、十八歳のときである。講道館の記録を調べると、大正十五年に六段、昭和八年に七段、昭和十二年に八段と、六高師範時代にも順調に昇段しているから、嘉納治五郎館長が生存中は、とくに高専柔道関係者を排斥していたわけではないのがみてとれる。その存在を認めざるをえないほど巨大化した高専柔道、そしてそれを主催する帝大柔道連盟を敵にまわすことはできなかったのだ。

　戦後、学制改革によって六高が消滅すると、金光は玄友会道場の運営に専心し、岡山県柔道連盟会長を務めるなど、西日本柔道界の重鎮として活躍していた。

　しかし、講道館創立七十周年記念事業の募金にからみ、元門下生だった新海肇《しんかいはじめ》の謀《む》反《ほん》にあい、独自段位発行を講道館にたれ込まれた。

　これに対し、金光は柔道新聞紙上一面の準トップで、【新海氏の除名と玄友会段位発行のいきさつ】と題した反論文を出している。そこで新海の人間性に対する不信と岡山県柔道連盟除名のいきさつを詳しく語った後、段位発行に対する講道館への釈明を以下のようにした。

《玄友会は元玄武館中央道場といい延宝二年八月十二日寺田勘右衛門が創始した起倒流柔道（その当時から柔道と称した）の流れを汲《く》む道場である。

故嘉納治五郎先生が岡山県に来られたとき「本県には三つの誇りとするものがある。それは閑谷學《しずたに》（旧藩校）、後楽園に起倒流柔道玄武館金光道場である」といわれ、さらに私を激励して「永く永続せよ。関口流と起倒流とは絶えさせたくない」といわれたのである。（中略）

大正十二年二月十一日玄武館中央道場を私が創立した。その趣旨は理想的な柔道の発展普及をはかるため、当時講道館は「立試合」に大学高校は「寝試合」に傾き、双方ともに偏しすぎてその将来が案ぜられたからであった。

このとき永岡（秀一）先生から嘉納治五郎先生へ「段は三段まで出すこと」また私と山上岩二、多田利吉、佐藤金太郎の連名で、「門人は出来るだけ講道館へ入門させること」で願った。

大日本武徳会ははじめ三段まで許されたから、私の方でも三段まで許してください、と申出たのであった。（武徳会はその頃五段まで許されていた）嘉納先生は永岡先生へ

「証書を貰《もら》う者が金光らのものを喜ぶか、喜ぶのだったら出してもよかろう」とおおせられたのである。その後五段までお願いし、そのときは武南喜三太、大蝶美夫らを加えて出した。その頃武徳会は十段を出すことになっていた。このような経過で終戦後は私の名義のみとして今日に及んでいるわけである》（柔道新聞昭和三十四年二月二十日号）

しかし、講道館＝全柔連は許さなかった。金光は全柔連の役職（岡山県柔道連盟会長など）をすべて退くことになる。

金光は、高専柔道と武徳会という〝二つの亡霊〟を両方とも背負っていたのだから、なびいてくればともかく、段位発行問題で反抗してくるようになった以上、講道館としては捨て置くことができなくなったのだ。

かつての弟子である六高ＯＢたちは政財界で錚々《そうそう》たる役職に就いており、柔道界でも相当な発言力を持っていたはずであるから、それでも許されなかったというのは、いかに講道館が強硬な姿勢をとっていたかということである。

実際、三角絞めを金光とともに共同開発した早川勝（大正十四年卒、元日経連専務理事）は金光逝去時に〈追悼の辞〉として以下のようなことを書いている。

《戦後の混乱のさいに、柔道界も混乱いたしました。先生は独自の意見を持っておられましたので、いわゆる戦後の柔道総括組織である、全日本柔道連盟に参加されませんでした。このことが長い対立関係を生じております。私はある時期に多少調停のことをさせて戴《いただ》きましたが、うまくいきませんで申し訳ございませんでした。しかしその後、全柔連の審判規定委員会にはご出席して戴きました。戦後の柔道界において重要な地位をしめられることの実現しないうちに、ご他界になりました。本当に残念です。惜しい方です》（『第六高等学校柔道部史』）

どうやら金光は全柔連設立時からごたごたしていたようである。早川の《調停》については、この段位発行問題が浮上した昭和三十四年以降のことか。

しかし金光は講道館と全柔連に排斥されても、こう言って、断固として戦いの姿勢を崩さなかった。

「講道館柔道は立技を主とするが、起倒流の玄友会は寝技が武器のため、とかく講道館に敬遠されがちだ。私の門弟は講道館柔道より玄友会柔道を望むものが多い。これらの門弟に実力次第で格づけするのは何の不思議もないと思う。それに私は亡《な》くなった嘉納館長から『君は独自に門弟に対して五段まで授けてもいい』と許しをうけている。いまさら、とやかくいわれる筋はない」

このあたりのことを、柔道新聞で金光が釈明文を出した半年後、昭和三十四年八月九日号の『週刊読売』が【講道館と玄武館（玄友会）の対決。柔道段位制への疑問。講道館何するものぞ、岡山にあがった黒帯騒動の火の手。すぐれた実力・人格、金光九段という男。アンチ講道館の流れ、百数十年の歴史が生む対抗意識】という扇情的な見出しで詳しく書いている。中身は一般週刊誌としては信じられないほど専門的で、柔道にかなり詳しい記者が手がけたものだとわかる。

週刊読売には玄武館の道場全景写真が掲載されているが、民家と見紛《みまが》うほど小さな、しかもかなり古びた廃屋のような建物だ。鉄筋七階建ての講道館に比べあまりにも小さな存在だが、それでも講道館は捨て置くことができないのだ。いかに組織運営の基盤、段位発行に関して厳しい態度をとっていたかが、この写真からも見えてくる。

だが、あたりまえだが、段位はどの流派が出そうといいのである。古賀稔彦《としひこ》が古賀流柔道を名乗って金銭を取って段位を与えようと、谷亮子《たにりょうこ》が谷流柔術をつくって段位を売ろうと構わないのである。空手や合気道など他の武道や、茶道や華道や書道など、みなそうしている。

だから柔道でも、どこの段位を持っていようと、どこの町道場の所属であろうと、本来ならば全日本選手権や五輪に出場できるはずだ。それが許されないのが、戦後の

GHQによる武徳会解散と高専柔道消滅によるごたごた時に講道館と表裏一体の形で全柔連ができてしまったことにある。

そもそも講道館自体もひとつの町道場でしかなく、ひとつの新興柔術流派でしかないのだ。金光の起倒流はこの段位発行紛争の時点で百数十年の歴史を持ち、七十年の歴史しかない講道館の二倍の伝統を持っていた。嘉納治五郎も天神真楊流《てんじんしんようりゅう》と起倒流を学んでから講道館を起こしたのだ。いうなれば起倒流の枝の流派だ。金光が起倒流野田派なら嘉納は起倒流嘉納派といってもいい。

金光の弟子は、こう怒りをあらわにする。

「講道館柔道ばかりが柔道ではない。玄友会が金《かね》をとって私設段位を出しているというが、もともと講道館も私的なものではないか。しかも全柔連では金光段位が過去四十年も出ていることを知っていながら今まで黙認していたではないか」

まったくそのとおりである。

講道館は、武徳会と高専柔道という拮抗《きっこう》する二大流派がGHQによって消滅させられて〝漁夫の利を得た歴史〟を封印していた。

しかし、講道館も全柔連も最後の最後まで金光弥一兵衛を許すことはなかった。金光は排斥されたまま、この騒動の七年後、昭和四十一年（一九六六）に、十段に昇段することなく失意のうちに七十四歳で逝《ゆ》く。

亡くなる直前、金光はこう言った。

「六高の柔道、高専柔道は日本の柔道界に大きな影響を与え、講道館は審判規定を改正して寝技を制限したために日本の柔道界は二つにわかれてしもうた。戦後はさらにこの寝技制限に拍車がかけられ昔の高専柔道はまさにほろびんとしたのじゃが、ヘーシンクに二度も抑え込まれて多少目が覚めてきたようだ。恥しいことじゃ」

高専柔道さえ存続していれば、金光はそこでさらに新しい技術を開発し、寝技発展に寄与しながら学生たちと充実した人生を全うできたであろう。

岡山県武道館前には、昭和五十三年（一九七八）、六華会《りくかかい》（六高柔道部ＯＢ会）によって建造された金光弥一兵衛の胸像がある。その目は、武徳会の本部であり高専柔道の聖地でもあった京都武徳殿の方角を、静かに見つめているという。

第13章　アマ最後の伝説の2試合

木村政彦の圧倒的強さ

学校柔道禁止に続く昭和二十一年（一九四六）の大日本武徳会解散で、柔道家たちは途方にくれていた。講道館は飯が食えぬ柔道家たちのたまり場となり、ただひたすら頭《こうべ》を垂れて復活の日を待っていた。

そんなとき、九州からニュースが飛び込んできて、柔道家たちは快哉《かいさい》した。

「あの木村政彦が熊本で米兵四人をまとめて川に投げ込んで、逮捕されるどころか進駐軍の柔道コーチを頼まれたらしいぞ！」

このニュースが中央柔道界に与えたエネルギーは計り知れなかっただろう。講道館では師匠牛島辰熊と共に傍系《ぼうけい》だが、鬼の木村の名は柔道界一のビッグネームであることに変わりはない。

だが、東京や関西の柔道家たちがこの木村の武勇伝を「さすが鬼の木村だ。柔道家の誇りだ」と喜んでいるとき、実は木村は米兵たちに熊本でこんな指導をしていた。

《花畑町にあるＭＰ本部の横には約七〇坪の体育館が設けられていた。練習時になると急遽《きゅうきょ》四〇枚の畳を敷く。神殿とてあろうはずがない。そこで、股《また》を大きく開いている女性のヌード写真を代わりとし、礼拝させた。私から言わせれば、それこそ平和のシンボルである》（『わが柔道』）

悪童木村の真骨頂である。

牛島辰熊が戦後初めて柔道を披露したときのエピソードと並べると面白い。

昭和二十年十月のことだ。牛島は外務省の渉外事務官の原栄吉から依頼され、横浜のオクタゴン劇場で数千人の米兵の前で柔道の技を披露している。

牛島はこう演説をぶった。

「健全なる精神は、健全なる肉体に宿る。柔道はこのような精神修養に最も効果があること、また、柔道は大なる力に対して小なる力で対抗できる」

どうだろう。

木村が股を開いたヌード写真に頭を下げさせ「これこそ平和のシンボルである」と笑っているのに対してこの牛島の言葉。そもそも柔道を米兵に指導・披露した経緯からして、木村は街中での喧嘩《けんか》、牛島は外務省高級官僚からの依頼というのも二人の生き方を端的にあらわしている。

さて、エネルギッシュなのは牛島や木村と同じく、やはり柔道王国の九州男児たちであった。九州では中央より早く柔道復活へ動く。

昭和二十二年（一九四七）五月、かつてあった有段者会を発展的に廃止し、福岡県柔道協会が結成され、その記念として七月一日に西日本対県柔道選手権大会が開催されたのである。

木村は当初、「五年以上まったく稽古《けいこ》していないから」と出場を断ったが、役員が日参し、最後は鎮西中同期の木村久次郎らがやってきて口説かれ、ようやく重い腰を上げた。しかし出ると決まると、木村は大きな風呂敷《ふろしき》を二つ持参していった。優勝賞金が一万円（今の価値で数百万円）だったのだ。千円札も百円札もない時代である。一万円というと一抱えもあった。副賞として豚一頭と洋服生地がつくのが焼け跡時代らしい。

試合当日は、定員二千数百名の福岡市大博劇場に実に五千人以上が詰めかけ、扉やガラスが壊れるほどの大騒ぎになった。試合開始は午前九時だったが朝四時から人が並んだと当時の新聞が報じている。人々は娯楽に飢えていた。

団体戦は優勝候補筆頭と目された熊本が敗れ、福岡県が優勝しているが、木村自身はすべて一本勝ちしている。

個人戦でも木村が圧倒的強さをみせた。予選トーナメントを進藤、香月、細川をすべて大外刈《おおそとが》り一発で破って三人による決勝リーグに進出。福岡の松本安市《やすいち》と鹿児島の吉松義彦を軽く屠《ほふ》って優勝した。戦前からの木村不敗記録はこうして延々と続いていく。練習なしでも圧倒的な差があった。

翌昭和二十三年になると、前年結成された福岡県柔道協会が中心となって九州柔道協会ができ、その記念として三月十五日に福岡市の春日原《かすがばる》で全九州と全関西の試合（第二回新生柔道大会と呼ばれることが多い）が開かれた。これは昭和二十一年に大阪で行われた大会の第二回大会である。前回は大阪に軍配が上がっていたが、全九州軍は木村政彦を引っ張り出して戦力を整え、大将高木栄一郎と副将木村を残して関西に雪辱した。

この大会の個人戦の部の木村の決まり技を西日本新聞（昭和二十三年三月十六日付）から拾ってみる。

▼一回戦
木村七段（抑込み）醍醐五段
▼二回戦
木村七段（優勢勝）伊藤七段
▼準決勝
木村七段（大外刈）橋本六段
▼決勝
木村七段（引　分）松本六段

このときも木村は闇屋《やみや》の仕事に忙しく、まったく練習はしていない。さらに前夜は日本酒を何升もあおっている。それでも文字通りお話にならなかった。

だが、決勝戦だけは松本安市に引き分けられている。あの有名な「木村が脇固《わきがた》めで松本の腕を折ったが、松本はそれでも向かっていったため両者優勝となった」といわれる伝説の試合である。

松本安市は一八七センチ九五キロの均整のとれた体で、得意は大外刈りと釣り込み腰。打倒木村に異常なほどの情熱を燃やした。後に指導者として天理大柔道部を一流に育て、東京五輪の監督にもなる。

いったいどんな試合だったのか。後に柔道新聞に寄稿された佐賀県の柔道家の文章を引いてみよう。

《個人戦の決勝は、いずれも九州軍の木村政彦（熊本）と松本安市（福岡）の両雄によって争われることになった。

この一戦は、まことに迫力ある試合ぶりであった。木村は豪宕雄偉《ごうとうゆうい》、松本は精悍無類《せいかんむるい》、一礼して立つ。

木村は安易に組むなり強靱《きょうじん》なる大外刈《おおそとがり》を浴びせれば、松本あわやと思われしに、かろうじて防ぐ。木村間髪をいれず寝技にうつり、鉄軀《てっく》まさに松本を圧せんとす。一瞬、松本懸命に抗して場外となる。

さらに立つ両者、双手《もろて》を組む木村強く握りしめたか、松本気色ばんで「痛い」と叫び、怒気満面にあらわれる。木村直《ただ》ちに手を離す。かくて両者、組んでは解け、解けては組む、場外に出ること数回、観衆また熱狂す。

木村、断然攻勢に出る。松本押され気味のまま、虚をみてうった大外刈の冴《さ》え、よく切れて木村の巨体はハスに倒れる。

会場騒然となれど、流石《さすが》は木村、百鍛千錬《ひゃくたんせんれん》の豪、自若として攻勢の手をゆるめず、堂々たる攻め手、自信ある大技、満場の観衆は固唾《かたず》をのんで見守る。やがてタイムとなり、木村正座す。松本喝《かつ》を医《いや》す。審判注意す。両者再び立つ、互いに利《き》き手をもって、技の掛けよきところを持たんとして組み、鋭技一閃《せん》、まさに至らんとすれば場外となる。組まざれば勝敗は決せず。組めば会場狭く、時は刻々と迫る。持った、持たれて……観衆どよめく、刹那《せつな》、木村猛姿勢から独自の関節技、松本「何をっ」とばかり、この強襲を防いだ途端、ポキッと底気味悪い音を立て、両同体となってまっさかさまに場外へ落ちた。

「折れたのは足か、手か、肋骨《ろっこつ》か?」不安気に見守る観衆。やがて木村は静かに場内に上がって端然と座わる。松本やおら立ち上がりしも、緊張した顔面は紅潮、唇はさけて血糊《ちのり》に染《し》む。全身に強打を受けしもののごとし。されど闘志満々、痛みを忘れて決戦を挑む。この形のまま審判は「痛み分け」を宣す。

ついに無勝負となり、ともに優勝となる》（柔道新聞昭和四十九年三月二十日付の回想文）

当日、試合中の声援はほとんどが地元福岡の旧制明善中学出身の松本安市へのものばかりだったようだ。

木村のある弟子が、こう教えてくれた。

「例の福岡の試合ですか。有名なやつでしょう。あの試合のことは木村先生から何度も聞いてますよ。木村先生は『松本の野郎、会場の下に落ちるたびに観客からサイダーやら水やら飲ませてもらってるんだよ。観客が松本に休め休めって言って袖《そで》を引っ張ってなかなか試合場に上げないんだ』って笑って話してましたよ」

「松本が死んでしまう！」

つまり観客たちは地元の英雄松本をなんとか不敗の木村に勝たせたくて少しでも休ませようとしていたのだ。そしてサイダーや水を飲ませて頑張らせようとしていたのだ。

たしかに柔道新聞の寄稿を見ると《やがてタイムとなり、木村正座す。松本喝《かつ》を医《いや》す。審判注意す》という一文がある。この《松本喝を医す。審判注意す》の部分の意味がわからなかったが、この木村の弟子の証言で合点がいった。つまり喉《のど》の渇きを観客からもらった飲み物で潤《うるお》し、それを審判に注意されたのだ。

この木村の技を「脇固《わきがた》め」と記す資料が多いが、木村自身は両腕を極《き》めての背負い投げだと自著で明かしている。この技で松本の右肘《みぎひじ》が極《き》まり、そのまま両者は場外に落ち、場外下でまたボキッと音がした。

木村はすぐに畳に上がったが、しばらく松本安市が上がってこない。ようやく上がってきた松本安市は口から出血し、右腕はだらりとしたまま「来いっ！」と言って左腕を天に突き上げた。

「審判はよ止めろ！　松本が死んでしまう！」

会場は怒号に包まれた。

ここで審判が両者痛み分けとした。

この壮絶な試合は九州柔道界で今でも語り継がれる。

柏崎克彦（国際武道大教授、一九七五年ウィーン世界選手権軽量級準優勝、一九八一年マーストリヒト世界選手権六五キロ級優勝、一九八〇年モスクワ五輪幻の代表）は、この試合について直接松本安市に聞いたことがあるという。

「松本先生は少し武道大にいたことがあるんだよ。一緒に酒を飲んだとき、『俺の生涯の自慢は木村先輩と一度だけ引き分けたことだ』って言ってたんだよ。『それだけが俺の自慢だ』って。あの気の強い松本先生が、しみじみ言ってた。それ聞いて俺、木村先生はほんとうに強かったんだろうなって思ったよ。松本先生はほんとにしみじみ言ってたもん。木村先生はそれくらい強かったんだと思うよ」

明けて昭和二十四年（一九四九）五月。

木村は戦後第二回の全日本選手権への参戦を決めた。

「おまえは稽古《けいこ》をせんでも勝てる。優勝旗ば持ってこい」

地元の後援者らに背中を叩《たた》かれたのだ。

第一回は参加しなかったので、これが中央での八年ぶりの公式試合である。

石炭の押し売りや用心棒など荒《すさ》んだ生活を続けているうちに木村の体には闇《やみ》の匂《にお》いが染《し》みついていたが、柔道から離れれば離れるほど、柔道が恋しくなっていた。「勝ちたい」という気持ちはほとんど湧《わ》いてこなかったが、気持ちの昂《たか》ぶりだけはあった。だが、いまさら体を短期間でベストコンディションにもっていけるわけでもない。

しかたなく、試合の一週間前から少年の頃に父親を手伝ったように、加勢川で見知らぬ老人の砂利上げを手伝って体を動かした。舟の中から砂利をすくって階段を上がってはトラックまで運ぶ。手伝っているうちに子供の頃の記憶が蘇《よみがえ》り、涙が溢《あふ》れてくる。木村はこういうウエットな部分を持っていた。熊本市内の道場で二日間だけ体を動かしたが、初段クラス相手では汗もかけなかった。

かつて試合前には必ずやったのと同じように座禅を組んでも、額に浮かぶのは

「勝」ではなく、「負」という文字だった。

試合数日前に息子俊彦を連れて汽車で熊本を出た。東京に着くと、俊彦を友人宅に預け、まずは軽く稽古をと講道館へ行った。

道場入り口の式台に座り、稽古を見ていると、遠くから小柄な青年が走り寄ってきて稽古を所望された。その頃頭角を現してきた大澤慶巳《よしみ》（現十段）だった。一六七センチ六七キロの体で切れ味鋭い足技を繰り出し〝早稲田の小天狗《こてんぐ》〟〝今様牛若丸〟と呼ばれていた。全日本選手権に計五回出場し、一度は八強に食い込むことになる強豪である。

大澤はこのときのことをはっきり覚えている。

「鋭い目で両腕を組んで稽古をじっと見ているごつい人がいたんです。凄《すご》い殺気が体からほとばしっていて、誰だろうと思ってよく見ると、伝説の木村先生だったんです。それで走っていって稽古をお願いしました」

結局、その晩から試合までの数日間、金のない木村は深川の汚い連れ込み宿に投宿している。

試合の前夜、旧知の友人が訪ねて来たので、軽く一杯いこうと外に出た。熊本の人々も戦後の苦しい時代を生きていたが、焦土と化した東京は禍々《まがまが》しく、夜の街は得体の知れぬ者たちで溢れていた。適当な店の暖簾《のれん》をくぐり、二人で日本酒を三、四升空けた。戦後の九州での試合はともかく、全日本選手権のような大試合の前に酒を飲むのはもちろん初めてだった。

稽古もろくにせず、前夜に深酒。

宿に戻った木村は柔道を冒瀆《ぼうとく》しているような気分になった。そんな思いを断ち切ろうと布団《ふとん》に潜り込んだが、隣の部屋のアベックの騒がしい声で眠れない。結局、徹夜のまま試合に臨むことになってしまった。

当日、木村が会場の日本橋浜町仮設国技館に着くと立錐《りっすい》の余地もないほどの観客が来ていた。みんなスーパースター木村政彦目当てであった。

試合前に評論家の古賀残星《ざんせい》が予想で《決勝は木村と石川か、それとも新人醍醐《だいご》か、石川の雪辱なるか、木村は鉄壁の護《まも》りですすみ抑込みに結びをつけるか、木村の優勝と見るが順当であろう》（報知新聞五月五日付）と書いているとおり、やはり木村が一頭地を抜いているというのが大方の見方だった。

結果、古賀の言うとおりに木村が優勝するが、石川隆彦との決勝戦は後々まで侃々《かんかん》諤々《がくがく》の議論の対象になる「両者優勝」というものであった。

いったい、昭和十五年の天覧試合以来の大舞台で、木村政彦はどんな戦いぶりを見せたのか。

三船主審、謎《なぞ》の裁定

各種記録を細かく紐解《ひもと》くと、稽古《けいこ》不足の木村は戦前の試合のように鎧袖《がいしゅう》一触の大外一発というわけにはいかなかった。他の選手たちは打倒木村に向け、めいっぱいの稽古を積んでいるのだ。

頼みは師匠牛島ゆずりの寝技だった。

一回戦は慶応出身の豪腕羽鳥輝久、一一〇キロの巨漢。互いに立技の応酬をしたが決まらず木村は足払いで羽鳥を横転させて得意の腕緘《うでがら》みで一気に極《き》めた。

二回戦は数日前に講道館で稽古した大澤慶巳だった。

大澤はこの試合のことも五十年以上経《た》った今でも鮮明に覚えていて、笑いながら私に教えてくれた。もつれて寝技になった瞬間、木村が「しめた！」と言ったというのだ。

「私は逆に『しまった！』と思いましたよ。何せ木村さんは高専柔道出身で寝技が抜群に強いですからね。もつれて倒れたとき、私が上で木村さんは下だったんです。でも、木村さんが私の襟を両手でグッと引きつけたら、もう私はまったく動けません。その力の強いのなんの。あっという間にひっくり返されて抑え込まれました」

木村の準決勝の相手は武専出身の伊藤徳治。一九〇センチを越える長身で懐《ふところ》が深かったが、木村が懐に飛び込んでの一本背負いで屠《ほふ》って決勝へ進んだ。

決勝は、天覧試合と同じ石川隆彦である。

戦後、石川隆彦は父の故郷香川へ帰って漁師になろうと船まで買って準備していたが、警視庁教師に迎えられて再び上京し、天覧試合で敗れた木村への雪辱を期して猛トレーニングを積んでいた。石川は「今度木村君に負けたら僕も柔道界から引っこまなければなりませんから」と悲壮な覚悟を新聞で吐露している。食糧事情の悪い時代だったが、日本人離れした筋肉質の大きな体に惚《ほ》れた二科会審査員赤塚秀雄に彫刻モデルを頼まれ、当時貴重だった白米と卵を毎食腹一杯食べさせてもらってベストコンディションにもってきていた。

こうして石川が懸命の準備をしていたのにくらべ、木村のほうは、ろくに練習もしていない俺が全日本の優勝旗が獲《と》れるのだろうかという不安の方が強かった。乱れた生活を送っていた木村だが、柔道に関しては真摯《しんし》な姿勢は崩れておらず、だからこその不安だった。

それでも優勝してしまうのだから、木村がいかに強かったかの証拠である。

さて、後々まで問題となる石川隆彦との決勝戦を振り返ってみよう。試合場が大相撲の土俵に畳を敷いたものだったので、柔道の試合をやるにはあまりに狭く、石川は場外に逃げることを繰り返している。

《木村は絶えず攻勢に出て石川の押返そうとするところを一本背負をねらつたが道場が狭いためきまらず、強引にかける業も体勢の不利からものにならなかつた、石川は木村の攻勢を防ぐに手一ぱいで勝味はなかつたが常勝木村にたいして善戦した、延長戦二回のすえ審判員協議のうえ双方優勝となつた》（報知新聞昭和二十四年五月七日付）

《（共同通信のリライト記事のためだろう、途中までは報知新聞と同じ内容）審判三船久蔵《みふねきゅうぞう》十段は審判員全員（八名）の集合をもとめ協議の結果、双方優勝の判定を下しジャンケンの勝者石川に優勝旗、木村には優勝楯《たて》を授与し、半年後にこれを交換することとした》（日刊スポーツ昭和二十四年五月六日付）

試合は終始木村攻勢、石川は防戦一方の展開だったのがわかる。

他の活字資料を手繰ってもやはり同じような書き方だ。木村は一本背負いを何度も狙《ねら》うが石川隆彦が場外に逃げる。一度はタックルに入って寝技に持ち込もうとしたが、このときも石川は這《は》って場外に逃げた。そのくり返しのうちに延長二回。引き分けは無しで判定をつけるというルールだったが、三船久蔵主審が両者優勝とした。
この全日本選手権決勝での主審・三船久蔵の「引き分け」裁定は、牛島嫌いの三船が木村の単独優勝をさせないための恣《し》意的なものだったと今でも噂《うわさ》される。この噂は本当なのか。

この謎は、生前に三船久蔵本人のカミングアウトがなかった以上、永遠に解けないものだと私は思っていた。しかし、もう一人だけ本当のことを知る人間がいた。

対戦相手の石川隆彦だ。

石川はすでに故人（平成二十年六月没）となってしまったが、生前、私は何度も「木村先生との思い出をお聞きしたいのですが」と取材を申し込み、やっとＯＫをもらったものの最終的に会えなかった経緯がある。老齢の石川は晩年ほとんど寝たきりで、世話をする内縁の妻愛子（元医師）から、取材当日に電話が掛かってきて断られたのである。石川本人が体力が衰えて歩くのもままならぬところを私に見られたくないというのが理由だった。元柔道王者らしい誇りである。私も柔道経験者だということを伝えてあったので、余計に颯爽《さっそう》とした姿を見てほしかったようだ。

愛子は電話口でこう言った。

「ただ、増田さんに、これだけはどうしても伝えてくださいと石川に言われました。

あれは三船先生だったからだよと」

「あれって何ですか？」

はじめ私は意味がわからなかった。

「さあ……試合が云々《うんぬん》と言ってますけれども……」

「試合ですか？　天覧試合でしょうか？」

「それは私には……」

「三船先生といいますと三船久蔵先生しかいませんよね」

「わかりません……」

「三船先生が天覧試合のとき何か関わっていたんでしょうか」

私にはそのとき、なぜか頭の中に天覧試合のことしかなかったのである。石川に会って天覧試合のときの雰囲気と木村の強さを聞くことを考えていたからである。

「私は柔道のことはわかりませんので……」

愛子は困ったようにそう答えた。

石川は前述のように彫刻家のパトロンに飯をたらふく食わせてもらったり、人間的に放っておけない魅力を持っていたようだ。女性にもよくもてた。昭和三十年（一九五五）五月にアメリカに渡ってフィラデルフィアなどで指導後、バージニアビーチに個人道場としては世界一といわれる巨大な道場「Ishikawa Judo School」（敷地三千坪、道場百六十畳）を持ったが、これもアメリカ女性のパトロネスを得てのものだった。晩年を横浜で共に過ごした愛子も知り合ったのは石川が老齢になってからのことで、すでに柔道界から身を退《ひ》いた夫の柔道家時代のことは知らないのである。

愛子は、もう電話を切りたいようだった。

私は焦《あせ》った。

三船久蔵がいったいどうしたんだ……。

ここで聞かなければ永遠に聞けないだろう。

私は頭の中で素早く木村の生涯をたどった。

あっ！

「もしかして、もしかしたら、あの昭和二十四年の全日本選手権のことでしょうか？」

「いえ、ほんとに私は柔道のことはわかりませんので。ごめんなさい……」

愛子は繰り返した。

「昭和二十四年に石川先生と木村先生が全日本選手権の決勝で当たって引き分けになってるんです。そのときの主審が三船先生だったんです。そのことじゃないでしょうか。あのとき木村先生がずっと試合を押していたと聞いています。それで何度も延長戦を繰り返したそうなんです。最後の最後まで木村先生優勢で進んだんですけど、でも主審の三船先生が二人同時優勝にしてしまった試合があるんです。いまだにずっとおかしいおかしいと言われている試合なんですけど、あの試合じゃないでしょうか」

私は電話を切られるのが怖くて、そこまで一気に喋《しゃべ》った。愛子は「ちょっとベッドの石川に聞いてまいりますのでお待ちください」と受話器を置いて、しばらくすると戻ってきた。

「そうです。その全日本選手権のことだそうです」

やはり……。

きちんと判定をつければ間違いなく木村が勝っていた試合なのだ。対戦した石川本人がこうして〝自分の負けだった〟という歴史的証言を、生きているうちに私に託そうとしてくれたのだ。

講道館直系のカリスマ三船久蔵と、実力だけでのし上がった異端児牛島辰熊の仲の悪さは有名であった。前に書いたように、重鎮がずらり並んでいても、牛島は端から丁寧に挨拶《あいさつ》していき、しかしあからさまに三船だけには頭を下げなかったくらいだ。

その三船vs牛島の構図が、こうして木村政彦をして単独優勝せしめなかったのである。

三船はこの試合からちょうど十年後の昭和三十四年（一九五九）全日本決勝でも猪熊功vs神永昭夫の決勝戦で猪熊の一本背負い（動画で見ても明らかに技ありはある）にコールしなかったことが問題になったことがある。猪熊がプロ柔道に参戦した渡辺利一《りいち》郎《ろう》の弟子であり、その渡辺の師匠がやはりプロ柔道顧問に就いた飯塚国三郎だったからではないかと噂される。

名人と崇《あが》め奉《たてまつ》られる三船久蔵の一面である。

私の手元に、木村vs石川戦を実際に観戦した朝日新聞顧問の嘉治隆一が熊本日日新聞（昭和四十一年二月九日付）に寄稿した文章がある。三船久蔵をあえて《M氏》と記すことによってパンチの効いた原稿になっている。

《講道館柔道がもう少し宏量《こうりょう》で、牛島さんや、その直系の木村政彦さんあたりを容《い》れる余裕を示していたら、日本の柔道のあり様もかなり違っていたかと思われ、徒《いたず》らに外人選手をして名を為《な》さしめずに済んだものをという気もしないではない。先年、朝日新聞社主催の全国柔道選手権大会で、最後に残った木村選手と相手のI選手との競技に、審判長のM氏が演説を添えながら判定を下し、勝負はつけずに、引分けとし、優勝旗は両選手に半年宛《ずつ》交互に保持させるという異様な取扱いが行われたことがあった。あの時から以後、朝日の主催ではありながら筆者はもうあの全国大会を絶えて見に行ったことはない》（熊本日日新聞昭和四十一年二月九日付）

準決勝で醍醐《だいご》敏郎《としろう》を軽く一本背負いで屠った石川の力は他の柔道家からは頭一つ抜け出ていた。しかし、その白米と卵を腹一杯食べてベストコンディションだった石川でさえ、芋粥《いもがゆ》しか食べず稽古もしていない木村にまったく敵《かな》わなかったのだ。戦前の全盛期の木村はいったいどれくらい強かったのか想像もできない。

もっとも木村自身は試合中に大外刈りをかけにいった際に太腿《ふともも》の腱《けん》を断裂してしまい、「闇屋《やみや》の柔道なんてしょせんこんなものか……」と自嘲《じちょう》した。

石川隆彦は鬼の木村の強さに最も近づいた男だろう。強さだけとれば阿部謙四郎も名前を挙げなければならない。だが、阿部謙四郎はたしかに木村を破ったが、残念ながら全盛期に兵隊に取られ、大舞台で試合をしたわけではない。そういう意味では過去に語り継がれる大試合を二つも持つ石川隆彦は、木村のライバルといえる唯一《ゆいいつ》の男かもしれない。だが、それでも力には格段の差があった。まさに「木村の前に木村なく、木村の後に木村なし」の言葉に嘘《うそ》はない。

こうして木村は戦前から実に十三年もの間、全日本王者として君臨した。そしてあの昭和十一年五月三十一日の阿部謙四郎戦以後、十五年間不敗のまま引退したことにされたのだ。

本当は引退したわけではないが、柔道の歴史が木村を〝引退させてしまった〟のである。

もちろんそれは〝講道館柔道史における最大の汚点〟といわれるプロ柔道旗揚げがあったからだ。

昭和二十四年のこの仮設国技館での全日本選手権。試合を見つめる観客席の柔道ファンたちのなかに、ひときわ大柄で日本人離れした彫りの深い顔の青年がいた。

遠藤幸吉《こうきち》、後のプロレスラーである。

「あの日の試合にはみんな来てましたよ。観客席にはいろんな人がいました。木村さんはもちろん、石川さんだって僕らからみたら天上の人。私は警視庁で石川さんに稽古つけてもらってたから。だから木村さんと石川さんの決勝は手に汗を握って見てました」

遠藤は憧《あこが》れの木村政彦に近づきたくて、この翌年に旗揚げされたプロ柔道に参じることになる。

プロ柔道のエースとして参戦した木村政彦のサイン入り写真。胸のエンブレムはチャンピオンのマーク。モノクロなのでわからないが裾の３本ラインは赤、これがプロの印だった。（写真提供＝木村家遺族）

第14章　プロ柔道の旗揚げ

生き残り賭《か》けた講道館

武徳会と高専柔道という〝二大流派〟の消滅のなかで、生き残りをかけた講道館は必死になっていた。

木村政彦と石川隆彦が同時優勝となった昭和二十四年（一九四九）五月五日の全日本選手権の式辞で、講道館三代目館長の嘉納履正《かのうりせい》（治五郎の次男）は「スポーツである柔道は目覚ましい復興を示している」として、以下のように述べている。

「（これは）講道館柔道が、体育としてスポーツとして又《また》防衛の術として更に其《その》原理を社会生活に応用する大きな道として、世界の人々に高く評価されている証拠でありまして、所謂《いわゆる》偏狭な武道といふ様なイデオロギーを脱却した、合理的な世界のあらゆる

人々に理解出来る価値ある内容を有し……（以下略）」（『柔道』二十巻七号）

ここで嘉納履正館長が《偏狭》という強い言葉を使ってまで「武道」を完全否定し、「スポーツ」という言葉を強調しているのは、実はこの大会の翌日、全日本柔道連盟（全柔連）が正式結成され、嘉納履正が会長に就くからだ。

そして一カ月後の六月六日、嘉納履正館長は、すぐに講道館長の名ではなく「全柔連会長」の名で、ＧＨＱのマッカーサー元帥《げんすい》に「学校柔道復活に対しての懇請」文書を提出している。

さらに一カ月後の七月十五日には日本体育協会（いわゆる体協）に急いで加盟申請書を提出し、十月二十六日に仮加盟が認められた。国体に参加し「柔道はスポーツである」ことをＧＨＱへアピールするためだ。仮加盟の一週間後（十一月三日）の国体で柔道は〝講道館に於《お》いて〟公開競技として行われている。

そして、この講道館での国体公開競技実施と同じ日に全柔連は理事会を開いて全柔連事務局（事務局長はもちろん講道館の人間）を設置、その場で体協アマ規定に準拠して、いわゆる「柔道のプロアマ規定」を作成した。

この柔道のプロアマ規定、正式名を「一般柔道競技者（アマ）と職業柔道家（プロ）に関する規定」という。あまりに慌《あわ》ただしいなかでのプロアマ規定の作成であった。遮二無二生き残ろうとした講道館の姿勢が見てとれる。

このときのGHQの脅威に対する講道館の守り一辺倒の行動が、現在でも講道館＝全柔連という、他のスポーツ界にはありえない、ひとつの家元（町道場）が競技団体すべてを統括してしまうといういびつな構図のできた経緯である。

東大の松原隆一郎教授（社会経済学者）は私にこう言った。

「もともとひとつの町道場でしかなかった講道館が『自分たちは平和勢力である』とGHQを説得し、武道の中で一番先に解禁に近い形になった。そこで講道館の創《つく》ったある種の神話に、待ったをかける者がいなくなった。『講道館中心史観』がもたらした言葉の空間が、今の柔道界を支配しているんです」（『ゴング格闘技』二〇〇九年三月号、磯部晃人・増田俊也との三者鼎談《ていだん》「柔道を考える」）

私もまったく同感である。

講道館＝全柔連がGHQにその場を取り繕うような形で「柔道は武道ではなくスポーツである」と断言してまで柔道を復活させた経緯を検証・総括できていないことが、実に六十年たったいまでも柔道界を混乱させているのだ。

松原教授はこの鼎談で以下のように続けて、「講道館中心史観」が戦後、木村政彦の立場を追い詰め、さらに石井慧《さとし》ら柔道家の総合格闘技転向をも促した原因だと言う。そして嘉納治五郎翁《おう》の目指していた柔道はもともとどういうものだったのか、戦後あまりにも忘れ去られているのではないかと指摘する。

「その中（増田注＝戦後の『講道館中心史観』がもたらした言葉の空間）で本来の柔道とは何か、『正しい柔道』『正しくない柔道』というものがあるんだ、という見方や言葉遣いがされてきた。この言い方はいろんな矛盾をはらんでいて、木村政彦はその矛盾とも戦ってきた歴史があったのに、それを封じ込んできたせいで、今、奇妙なことが無数に起きている。たとえば『講道館の創始者である嘉納治五郎先生の教えを守る』と言うのであれば、じゃあ嘉納先生が仰《おっしゃ》ったことを紐解《ひもと》いてみると、ほとんど柔道を総合格闘技のように捉《とら》えているんです。『ボクサーを連れてきて実戦的な訓練をしなくてはいけない』と言ってみたり、実際、空手が沖縄から日本本土に紹介された時、嘉納先生はかなり音頭をとられた。空手家のスパッツのように短い袴《はかま》を穿《は》いてみたり、様々な要素を取り入れて、柔道をある種の総合格闘技のように実戦性があり、かつ教育にも役に立ちスポーツとしてもやっていけるものとして育てようとしていた。でも、今の柔道はそういうものではないですよね。『レスリングＪＵＤＯ』と言われるものいけないという意見がありますが、実戦性を考えると、レスラーともし町中で喧嘩《けんか》になった時に『お願いだからタックルはしないでくれ』とは言えない。明治時代を調べると、講道館自体が他流試合でできたものだと分かります。講道館柔道の技術は大概が他流のものなんです。最初は大外刈りも寝技もなかった。外部のものを取り入れて大きくなっていったのに、それらが最初から講道館にあったもののように言っていくことで、講道館の歴史に矛盾が生じてしまっている。その結果が、むしろ講道館のかつての歴史（つまり嘉納治五郎が目指していた実戦的な柔道）を素直に受け止めている石井（慧）のような選手にとって足を遠のかせる要因になっているのではないでしょうか」（同前）

松原教授が指摘するとおり、最近よくマスコミで識者たちが言う「昔は相手を背中から綺麗《きれい》に叩《たた》きつけて一本を狙《ねら》う正しい柔道をやっていたが今の柔道は駄目な柔道になってしまった」という論争自体が的外れもいいところなのだ。

こういう発言が指す「昔」というのは、つまり戦後の柔道、いやその戦後の柔道が定着した昭和三十年代から昭和四十年代の、せいぜい三十年から五十年前のことを指しているにすぎない。

しかし講道館の歴史は百三十年もある。

彼ら識者たちは戦前の長い歴史、すなわち古流柔術大家が集った武徳会があったこと、そして寝技の殿堂高専柔道があったことをまったく知らない。もちろん武徳会設立前の古流柔術が割拠していた時代など知らず、「なぜ背中から相手を叩きつければ一本なのか。そもそもそれは武道的なのか」ということすら考えたことがないのに「武道とは一本とるものだ」などと発言している。

そして彼ら素人《しろうと》の識者だけならともかく、実は日本柔道界のトップ層も、柔道は武道なのかスポーツなのか、その定義づけすらできていない。

だから、国際柔道連盟（IJF）のブルー柔道衣採用を批判するにあたって「白色は純粋廉潔《れんけつ》等を旨《むね》とする我が国武士道精神の伝統の象徴であり、この心を普及することこそ柔道発祥国日本の使命である」などと言っても、説得力があるわけがない。

その後の国際化のなかで「柔道はスポーツである」という言葉と「柔道は武道である」という言葉を使い分けするうちに、自家撞着《どうちゃく》に陥り、自分たちでも何を言っているのかわからなくなっている。

GHQについた〝嘘《うそ》〟

生き残るために「柔道は武道ではなくスポーツである」と断言したはいいが、昭和三十年代以降の海外での爆発的普及によって、各国で〝文化摩擦〟が起こり、彼らの疑問に「柔道はスポーツではなく武道だから」と説明しても、自分たちが柔道が武道かスポーツかわかっていないのに相手を納得させられるわけがない。

体重別の採用。

ポイント制の採用。

抑え込み時間の短縮。

ゴールデンスコアの採用。

講道館＝全柔連は国際柔道連盟総会で、これらすべてに反対してきたが、海外勢の意見に従わざるをえなかった。

本気で武道性を回復させようとするならば、柔道史を洗い直し、その上で国際柔道連盟総会においてその本物の柔道史を説明し「戦後、柔道は武道ではなくスポーツであると断言したのは嘘だった」「あれは詭弁《きべん》だった」「GHQに取り潰《つぶ》されたくないためにしかたなくそう言ったのだ」と謝罪してから説明しなければ、海外勢は納得してくれないだろう。

明治期の武士階級廃止で衰退していく古流柔術に嘉納治五郎が西洋の「体育（スポーツ）という概念」を付け加えて（あくまで付け加えたのであって完全な転換ではない）講

道館柔道が誕生したのは間違いないが、戦中の軍国主義を追い風に今度は「武道として」イデオロギー装置に組み込まれたことを利用して発展した歴史があったこと、そして戦後はGHQに「柔道は武道ではなくスポーツだ」と武道性をすべて捨てたような顔をして寝返ったのだときちんと説明しなければならない。たしかに講道館百三十年の歴史はこうして変容してきたが、しかし日本の修行者たちは一貫して武道的側面も忘れてはいないのだと説明しなければならない。

そして、戦後の混乱期に講道館＝全柔連という構図ができた理由と歴史を、いま一度しっかりと日本の柔道界が認識し、これからどうしていくべきかを考えなければならない。

一流派の家元である講道館と競技スポーツ団体の統括組織である全柔連の役目は違うのだ。

全柔連は競技スポーツとしての柔道の発展を目指すものだし、家元講道館はGHQに嘘をつくことによって忘れられてしまった武道性つまり護身性（実戦性）と精神性を導く役目を負っている。

ただ、両団体は長い間ずっと表裏一体で活動してきたので、ここですぐにその慣習を変えるには莫大《ばくだい》なエネルギーが必要になるだろう。さらに、それをやろうとすると柔道界が大混乱に陥る可能性も高い。だから、私自身は今すぐにそれをやる必要はないと思う。とくに流派乱立で混乱をきわめる空手界を見るにつけ、柔道界のまとまりのよさを私は誇らしくさえ思う。大切なのは、今ある状況で、いかに柔道界全体を盛り上げ、柔道の素晴らしさを柔道界以外の人たちにも知ってもらい、近年激減してしまった競技人口を増やしていくかということだ。

そのためには〝柔道とはいったい何なのか〟ということを、柔道界全体でもう一度しっかりと考え直す時期にきていると思う。

嘉納治五郎が生きていればGHQとの対話ももう少し上手《うま》く進み、プロ柔道は旗揚げされなかったかもしれないし、たとえ木村がプロへ行っても嘉納治五郎は許してまた迎え入れたであろう。嘉納は出奔して破門同然だった西郷四郎さえ最後には許している。だからこそ私は、たかがプロに走ったという理由でいまだに排斥されている木村の名誉を回復したい。

この木村政彦評伝を書くにあたって、私は木村を擁護するために反講道館ととれるような発言もしているが、けっしてそうではない。私は反講道館ではなく、むしろ親講道館である。講道館柔道を愛している。

松原隆一郎教授が先の発言で「木村政彦はその矛盾（増田注＝戦後の『講道館中心史

観』がもたらした言葉の空間）とも戦ってきた歴史があったのに、それを封じ込んできたせいで、今、奇妙なことが無数に起きている」と指摘しているように、木村の生涯を描きるということは、すなわち戦後混乱期に武徳会と高専柔道がGHQの命令によって消滅せざるをえなかった経緯、そしてなぜ講道館と全柔連が表裏一体の組織となったのか、それを現在の柔道界の人間にきちんと理解してもらわなければならない。そうやって全柔道家が意識を共有しなければ、あのとき、なぜ牛島辰熊・木村政彦師弟がプロ柔道に走ったのか説明できないのだ。

昭和二十五年のプロ柔道旗揚げは、彼らの意志というよりも、むしろここまでに詳述した講道館＝全柔連という構図ができた経緯と密接に関係していて、柔道史の流れのなかで起きた必然のものだった。

昭和二十四年に全柔連が制定した「一般柔道競技者（アマ）と職業柔道家（プロ）に関する規定」の中で「プロ」の定義は以下のような者とされた。

《▼第三条　事情を知り職業柔道家として競技したる者。

▼第五条　不当に高価な物品又は額の多少を問はず現金を受け取る（こと）。

▼第六条　観衆より出された賞金の類《たぐい》（を受け取ること）。

▼第七条　自己の競技に金品を掛けて競技したる者、若《も》しくはそれに関連してなさ

れた賭博《とばく》に関係する者。

▼第十一条　物質的所得を目的として柔道の競技又は演技を行う者又は同じ目的で他の競技者をして行わしめる者。

▼第十二条　柔道対柔道の他柔道と異種（例えば相撲・レスリング・ボクシング）の職業競技者と共同して興行を計画実行する者。

▼第十三条　映画演劇放送等に於《お》いてこの方面の職業人と共に報酬を受けて出演した る者。

▼第十四条　物質的所得を目的として柔道について指導をなす者。（中略）但《ただ》し学校官庁会社等に於て体育担当者として勤務し柔道を体育の一科目として指導するものは除く。

▼第十五条　町道場を経営しその道場を維持するために必要な経費以外の利得を得る者》

これをみるとわかるように、規定を守ろうとすれば学校か企業で教える柔道教師以外は、柔道に関わって金銭を得ることはできない。しかし、この時点で学校柔道の解禁はされていないし、解禁されるかどうかすらわかっていないのだ（GHQから許可が下りるのはこの十カ月後の昭和二十五年九月十三日。文部次官通知により実際に開始されるのはさらに一カ月後の十月十三日である）。

企業が柔道部を抱えるような余裕のある時代でもない。いったいどうやって柔道家は食っていけばいいのか。この規定の縛りによって、戦前、「専門家」＝プロとして生活の糧《かて》を得ていた柔道家たちは余計に追いこまれ、牛島辰熊たちはこの状況を憂《うれ》えたのである。

いわば講道館＝全柔連がプロを厳しく規制したことで、あのプロ柔道は誕生したのだ。なんたる皮肉だろうか。

柔道界が今もって「プロ」という言葉に過敏に反応するのは、たんにこれらの経緯に無知であるからにすぎない。

また、現在のプロ格闘技団体を頭から否定していて、ルールも給与体系も知らない。だから企業から年間億単位の金を受け取っている柔道家はプロとはみなさずに五輪に出場させるが、プロ格闘技団体で一試合でもして年収数万円を得た選手をプロとみなし地方の小さな柔道大会にも出場させないのである。プロ野球選手までが五輪に出場し、国民がそれに熱狂している時代に、柔道界だけがあまりに歪《ゆが》んだ意識を持っている。

プロ＝汚い。プロ＝金に卑《いや》しい。こんなステレオタイプな意識が柔道関係者に刷り込まれてしまっている。

しかし、実際に昭和二十五年のプロ柔道に参加した柔道家たちに話を聞いてみると、実はそういうものとはかけ離れた意識のもとで行われていたものだとわかる。

私がプロ柔道時代の給与について遠藤幸吉（元プロレスラー）に質問したときだ。遠藤は不満そうにこう言った。

「金がうんぬんとか待遇面がどうだとか、そういうものじゃないんです。あのとき、私たちはただ純粋に武道としての柔道を専門にやるんだという崇高な気持ちだけだったんです。誰よりも強くなりたい、ただただ柔道を専門的にやりたかった。あれは、柔道のほか何も考えずに打ち込みたいという人たちの集まりだったんです。道《みち》をやらねばならないという気持ちでした。これで食べていこうとか食べたいとかそういう以上のことを考えた。道なんです。牛島先生と木村さんは私たちに柔《やわら》の道《みち》を教えてくれたんです。それは武道的な、本物の道でした。道を学ぶために私たちはあそこに集ったんです。そして、そこでほんとうに厳しく道を教えてもらったんです。道を学んだんです」

遠藤は「道《みち》」と何度も言い、その言葉に力を込めた。プロレスについての話をしているときの朗らかな遠藤とはまったく別人だった。いったい遠藤にここまで言わせるプロ柔道とはどんな団体だったのか。

このプロ柔道によって、柔道界もプロレス界も、そして格闘技界全体も「プロ柔道以前」と「プロ柔道以後」という二つの歴史にはっきり分けることができる。柔道界はこれ以後、プロという言葉にアレルギーを持つようになり、また、プロ柔道の参戦者たちの一部が後にプロレスラーとなった。そして一九九三年の第一回UFC以後に起きた真剣勝負の総合格闘技のムーブメントで今度は柔道家やプロレスラーたちが総合格闘技に転向するようになっている。

だから、プロ柔道を検証することは、すなわち柔道、プロレス、総合格闘技の三つの歴史の流れを検証することになる。武道かスポーツか、実戦的か否《いな》か、フェイク（八百長）かノーフェイクか、興行論、プロとは何か……これらの要素がすべて詰まっている。

じっくりと検証していきたい。

首謀者は誰だったのか

まずは第三者、格闘技評論家の小島貞二の目から見た文章を挙げよう。

《プロ柔道は、昭和二十五年四月、牛島辰熊八段を中心にして、あわただしく誕生した。戦後まったく骨抜きにされた武道復興のため、牛島はみずから昭和の榊原鍵吉《けんきち》、磯正智《いそまさとも》になろうとしたのである。

榊原鍵吉は幕末の剣豪であり、磯正智は柔豪であった。明治維新によって、剣術も柔術もまったくかえりみられなくなったのを憂《うれ》えて、榊原は街頭に出て、「撃剣会」と銘打って剣術を興行した。磯は同じように「柔術会」を興行した。いわゆる〝プロ剣道〟であり〝プロ柔道〟の始まりであった。

むろん多くの武道家たちからは非難を浴びたが、大衆は喝采《かっさい》して、一時は興行的にもかなりの成功をおさめ、またそれがのち明治の柔道、剣道発展の呼び水となったことを、武道に関心を持っている者ならみんな知っている。

牛島の号令一下、いの一番にかけつけたのは、その秘蔵っ子で〝鬼才〟とうたわれた木村政彦七段で、それに早大出で相撲界にもいた巨漢山口利夫《としお》六段、さらには海軍出の渡辺利一郎《りいちろう》、坂部《さかべ》保幸《やすゆき》、それに新鋭の遠藤幸吉、高木清晴《きよはる》……らが続々と参加した》（『ザ・格闘技』）

この小島の書では木村はプロ柔道に《牛島の号令一下、いの一番にかけつけた》ことになっているが、これは間違いだ。木村の自伝『わが柔道』から木村視点のいきさつを引いてみよう。

《「貴殿を警視庁の柔道主任師範として推薦したいのだが、受けてもらえるだろうか」

——当時の熊本県警本部長から、こんな依頼があったのは昭和二十四年の暮れであった。

私たち一家にとって、それはまたとない福音だった。兵隊から帰って以来、ずっとこれといった定職さえなく、あいもかわらぬ闇屋《やみや》稼業《かぎょう》で法の網をくぐり抜ける毎日。他人に後ろ指さされても、家族のためには目をつぶってきた。しかし、こんな生活も、もうこれでおさらばできる。それも、主任師範という名誉ある役職だ。これからはもう一度、柔道に専念できる……。

私は意気揚々と、捨てるべきものは捨て、四月一日からの勤務の日を、今か今かと待った。まだ、だいぶ日数はあったが、身辺整理に追われて忙しい日々が過ぎていった。

いつのまにか年もあけ、寒風吹きすさぶ二月のある日だった。私にとって運命的な日がやってきた。突然、師匠である牛島先生が、甲斐、船山の両君を従えて私の家を訪れたのである。互いに盃《さかずき》をくみかわし、話は延々と続いたが、要点はこうである
——今度、東京でプロ柔道を組織することにした。ゆくゆくは海外にも進出して、彼《か》の地においても柔道の道場を開き、プロを育てる。そして日本と国際試合を定期的に

行えば、莫大《ばくだい》な利益があがるだろう……。

高野という土建業者がスポンサーになっているという話だった。是非参加してくれという要請だ。私は返答に窮してしまった。すでに警視庁には承諾の返事をしていたし、だからといって今日まで大恩のある師匠の頼みをことわるのも、私の良心が許さなかった。それに、師匠は、私がプロ柔道に参加すると、はじめから決めてかかっている口ぶりだった。これでは〝ノー〟といえる道理がない。

やりましょう、とは答えたものの、警視庁のほうには何といって弁解すればいいか。実は……と、私は主任師範の件を師匠に話した。しかし牛島先生は少しも動じない。

「なんだ、そんなことなら、俺から警視庁にはことわりの返事をしておこう」》（『わが柔道』）

ここで注目したいのは木村の《師匠は、私がプロ柔道に参加すると、はじめから決めてかかっている口ぶりだった。これでは〝ノー〟といえる道理がない》という言葉だ。東條英機暗殺教唆《きょうさ》のときにも書いたが、とにかく木村は牛島にはいっさい逆らえない関係だったのである。

また、この『わが柔道』だけでは、まるで牛島辰熊がプロ柔道旗揚げの首謀者のように思える。この本は今でも一万円程度で比較的簡単に手に入るため、柔道ファンの間でプロ柔道が語られるとき、それはたいていこの『わが柔道』に書いてある内容をもとに議論されるので、牛島首謀者説は一般的な話として流布《るふ》している。だが、実際はそうではない。

次に引くのはもうひとつの木村の自伝『鬼の柔道』である。これは時に十万円近い値で取引されている本なので、もう少しコアなマニアが議論に参加するときの種本である。

《牛島先生がみえたのは、ちょうどその頃だった。そして、「こんどプロの柔道をやることになったが、君も入らぬか」という勧誘をうけたのである。（中略）

この中心は、牛島先生と講道館の柔道教師をしていた寺山幸一氏であった。そして、東京の高野建設の社長などが後援した》（『鬼の柔道』）

これを読むと、中心人物として牛島以外の柔道家・寺山幸一（当時八段）の名前が出てくる。他の稀覯本《きこうぼん》や古い新聞や雑誌などを丹念に当たると、寺山幸一の実像が見えてきた。

寺山は海軍畑出身で、戦中は朝鮮総督府師範、大邱《たいきゅう》憲兵隊師範、上海《シャンハイ》特別陸戦隊師範、フィリピン倶楽部《クラブ》師範など、主に外地で指導に就いている。おそらく、牛島が戦時に思想運動のために飛び回っていたときに外地で知り合ったのであろう。

戦績では昭和二年の明治神宮大会関東予選優勝などがあるくらいで、牛島や木村と比べれば見劣りは否《いな》めないが、切れ味鋭い内股《うちまた》で鳴らした名選手であったという。ただ、この寺山は牛島と犬猿の仲だった三船久蔵門下である。そしてこのときは東京講道館高段者会幹事まで務めていた。

その寺山が、なぜプロ柔道発足を首謀したのかはわからない。しかし、はじめにスポンサーなどを見つけたのはこの寺山であり、牛島は担《かつ》がれ、利用されただけである。この点は、講道館柔道史から抹消されてしまっていることなので、読者にはしっかりと頭にとどめておいてもらいたい。牛島は首謀者ではなく、利用されたのである。プロ柔道という大事業を成功させるためには超ビッグネームである牛島辰熊の名前が必要だったのだ。

寺山幸一がプロ柔道の話を持って牛島辰熊を訪ねてきたのは昭和二十四年暮れであった。

寺山は牛島のもとに盛岡秀豪（盛岡修造、森岡秀剛、森岡修三とする資料もある。《自称天下の浪人》などという記述もあるが実体は不明）という男を伴ってやってきて、こう熱弁した。

「日本柔道再建のためには、いまや闇商人や倉庫番などになり下がっている柔道家を糾合し、柔道によって国民の士気を昂揚《こうよう》したい。しかも従来、日本になかったプロフエッショナルな柔道をひっ下げて、先輩のコンデ・コマ（前田光世《みつよ》）や佐竹信四郎《しんしろう》、大野秋太郎《あきたろう》、伊藤徳五郎《とくごろう》などの例にならい、世界のレスラーやボクサーを相手に、日本柔道の強さを示してやろう。そのためには、一時代を画した牛島八段を陣頭に立て、その門下の木村政彦ら腕に覚えのある第一級の柔道家を網羅する必要がある――」

三船の弟子がなぜ俺を誘ってくるのか……。

牛島はいぶかしんだだろう。だが、こんなことを言われて熱血漢の牛島の心が動かぬはずはない。

寺山は続けた。

「資金のことでは牛島さん、あんたには一文の心配もさせない。この盛岡君の知人で、進駐軍の下請けをして、いま日の出の勢いにある高野建設の高野政造社長が、たとえどれだけの金が入用でも、お国のため、柔道のためなら、とことんまで出しましょうというのだ。牛島さんは、一流の柔道家を集めて、それを鍛えてくれればいい。興行そのほかのことは僕に任せておいてくれ。あんたが出馬を承諾してくれるなら、今日、今からでも高野社長に会ってもらいたい」

プロ柔道を後援した高野建設については各資料が《進駐軍の工事請負で伸びた新興

企業》というような書き方をしているが、昭和五年（一九三〇）、高野組として創業した日本のアスファルト舗装工事の草分けで、伝統ある企業、現在の前田道路の前身である。たしかに昭和二十三年（一九四八）頃から進駐軍から仕事を請け負い、一般土木分野にも進出して規模を大きくしていったが、決してうさん臭い会社ではない。

30人超えるメンバー

とにかく魂を揺すぶられるようにして立ち上がった牛島は、スポンサーに高野政造、理事長に盛岡秀豪という体制のもと、プロ柔道団体設立に携わることになる。高野は資本金として百万円を用意していた。公務員の初任給が五千円に届かなかった時代の百万円である。現在の金額に換算すればおよそ五千万円といったところか。

このとき牛島が頼ったのは、講道館重鎮のなかで傍系《ぼうけい》の飯塚国三郎《いいづかくにさぶろう》十段だった。牛島は熊本の町道場出身の一匹狼《いっぴきおおかみ》なので直系の師匠がいなかった。

飯塚は、嘉納治五郎講道館長をして「あいつは愚鈍だ」と言わしめたほどの頑固者で、後に猪熊功を育てる渡辺利一郎の師匠である。飯塚と牛島は特に親しいわけでもなかったが、飯塚の息子飯塚一陽によると、飯塚は「牛島はサムライだ」といつも言っていたという。

牛島が恵比寿の至剛館（飯塚の道場）を訪ねると、飯塚が戦前から慶応の師範をつとめていた関係で、学生たちが稽古《けいこ》していた。奥に自宅があった。

牛島は縁側の籐椅子《とういす》をすすめられ、飯塚と向かいあって座った。

「飯塚先生、実は我々でプロ柔道というのをやりたいと思っておりますが、いかがなものでしょうか」

飯塚が肯《うなず》いた。

「おおいにやりたまえ」

牛島はその言葉に勇気づけられて続けた。

「うちからは木村政彦を出させていただきます。山口（利夫）も加わります。全国を回って彼らに柔道で生計をたてさせたいのです」

「しかし、柔道を見せて銭が取れるのか……」

「うまくやれば大丈夫だと思います。心配なのは講道館だけです」

「講道館？」

「ひょっとすると全員破門という強硬手段も考えられます」

「牛島君、君らしくないね。講道館に破門されようが結構じゃないか。重要なのは海外から引き揚げてくる柔道家たちに飯を食わせることだ。講道館がそれをやってくれるのか。やらないなら俺や君のような年寄りが力を尽くすべきじゃないのか」

飯塚の力強い言葉に牛島は頭を下げた。結局、飯塚は名誉会長に就いた。

結成式は昭和二十五年三月二日。

団体の正式名称は国際柔道協会と決まった。「国際」の名を冠しているのは、もちろん将来の海外進出を見据えてのことだ。

選手たちは至剛館で稽古を重ねた。都内中央区越前堀《えちぜんぼり》二ノ一に事務所を構え、盛岡秀豪がそこで事務作業をこなし、地方巡業では選手兼任の金井初太郎がマネージメント全般を担当することになった。

▼スポンサー　高野政造
▼名誉協会長　飯塚国三郎
▼理事長　盛岡秀豪
▼理事　寺山幸一
▼理事　牛島辰熊

当時の朝日新聞の記事によると、国際柔道協会に所属した選手は全部で二十二人だった。七段一人（木村政彦）、六段七人、五段四人、三段と四段が数名ずつだ。各種学術論文などでもこの二十二人までしか把握されていないが、実際にはこの二十二人は何度も入れ替わり、人数は上下していく。遠藤幸吉も「三十人くらいはいた」と言うので、延べ人数は少なくとも三十人を超えていたものと思われる。

このうち私が確認できた選手は以下の二十七人である。彼らのうちの何人かはプロレス時代も含め人生が複雑にクロスしてくるので、名前を覚えておいてほしい。

木村政彦
山口利雄（後に利夫へ改名）
坂部保幸
廣岡孝明
渡辺利一郎
角野博道
遠藤幸吉《こうきち》
出口雄一（後のミスター珍）
高木清晴（後の月影四郎）
大坪清隆（後の大坪飛車角）
市川登

宮島富男
今村寿
川口良男
近藤舜《しゅん》
渡辺貞三
金井初太郎
進藤年一
渡邊好一
大野文平
小林栄次
坂本正夫
大森謙太郎
松岡森男
小林（下の名は不明）
片山（下の名は不明）
久野（下の名は不明）

山口利夫《としお》は旧制三島商業五年時に四段を允許《いんきょ》されて中央から注目され、早稲田の柔道部にひっぱられて政経に進み、一年生で五段、最上級生になるとキャプテンを務めた。明治神宮大会、全日本学生などで優勝している。南満州鉄道（満鉄）入社後も柔道を続け、全満州選手権を三連覇。全日本選士権にも、第五回（昭和九年）、六回、七回と連続出場し、〝満州の虎《とら》〟と謳《うた》われた。昭和十五年には満鉄を辞めてしばらく出羽海部屋に入り幕下張出しで本場所を迎えたが、わずか二番を戦ったところで応召した。一八〇センチ一二〇キロの体は見栄《みば》えがしてプロ向きだった。プロ柔道では木村との二枚看板だった。

坂部《さかべ》保幸《やすゆき》と渡辺利《り》一郎《いちろう》は共に海軍を代表する強豪である。海軍は軍神広瀬武夫中佐の時代から柔道が盛んで、各軍艦の甲板で畳を敷いて乱取《らんど》りしたりしていた。後に坂部は木村と山口利夫とともにハワイへ渡り、そのまま永住してハワイ柔道を育てた。渡辺利一郎は戦時中は戦艦陸奥《むつ》の乗組員だった。飯塚国三郎十段直系の弟子で、後に横須賀に柔道場を構えて、前述のように猪熊功ら多くの弟子を育てた。猪熊の父も陸奥の乗組員だった。

遠藤幸吉《こうきち》は一二〇キロと当時としては大柄で、山形県出身。戦後は横浜で柿崎重弥八段に師事し、手配師をしながらカフェで米兵相手に飛び入りの賭《か》け試合などもしていた。このときはまだ三段の若者だった。後には力道山について日本プロレスで活躍する。

出口雄一は兵庫県警柔道部出身。後にミスター珍という名でプロレスに転向し、山口利夫主宰の全日本プロレスから縮小した山口道場へ、そして力道山の日本プロレス、国際プロレス、ＦＭＷと渡り歩いた。

高木清晴《きよはる》は一八〇センチ一〇五キロの均整のとれた大型選手。日大柔道部でならした。後に木村に従って国際プロレス団に入団、月影四郎の名で人気をだした。アジアプロレスなどを経てプロレス引退後は大阪でボディビルジムを開き、日本のボディビル界の草創期を支える。

大坪清隆《きよたか》は五段で中量級。鳥取工業高校出身で二段になってから川崎へ。昭和二十三年に神奈川県の大会で優勝して講道館で稽古を始める。プロ柔道が潰《つぶ》れると柔拳《じゅうけん》（柔道vsボクシングの興行）を一年半ほど経験し、木村政彦の国際プロレス団に入るが、後に独立、最後は力道山門下に入る。

市川登は沼津出身の五段。一六八センチ八七キロ。昭和二十四年には静岡県柔道選手権を制している。東海六県などでも何度か勝ち、寝技が得意だったようで、ある大会では十一人をすべて腕絡《うでがら》みで一本勝ちした珍記録を持つ。大坪と同じように一時期は柔拳に入り、国際プロレス団に転じる。木村vs力道山戦の前座では芳の里と壮絶なセメント（真剣勝負）をやった。

宮島富男《とみお》は全国税関柔道大会の優勝者。後に日本プロレスに入団してライトヘビー級で活躍した。今村寿は拓大出身の若手。近藤舜《しゅん》はこの頃、神奈川県で頭角を現してきていた若手選手。渡辺貞三は全日本学生柔道で三位を獲得したことがある。

これらの選手は、どうやって集められたのか。

近藤舜《しゅん》に聞いてみた。

「近藤先生は牛島先生に誘われたんですか」

「そうです」

「どちらで誘われたんでしょうか」

「どこだったかな……。どこかで顔を合わしたとかそうじゃないんです。とにかく探していると聞いて。それで私は神奈川から東京へ行ったんですよ」

だが、牛島だけが中心となってスカウトしていたわけではない。日刊スポーツに連載された「ドキュメント事件史、ザ証言」で、間違いなく寺山幸一もやっていたことが確認できる。

「寺山（幸一）先生から勧誘された。俺なんか強力ではないから一回だけ」（大澤慶巳《よしみ》＝取材当時八段、現十段）
「私も数回ある。破格の契約金でびっくり。しかし、なる気はなかった」（醍醐《だいご》敏郎《としろう》＝取材当時八段、現十段）
しかし、こうして寺山も動いてはいたが、選手たちが憧《あこが》れたのはもちろん牛島辰熊と木村政彦の鬼の師弟だった。そして実際に二人の柔道に対する姿勢、人間性に触れるうちに、さらに尊敬の念を強くしていく。
遠藤幸吉はこう言った。
「木村さんや牛島先生と一分でも一秒でも長くいたいというそんな感覚です。あの二人に近づきたいという、それだけの気持ちだったんです。私たちからすると牛島先生と木村さんの道衣にさわれるだけで、これ以上の光栄はなかったんです」

プロ柔道旗揚げを報じる当時の朝日新聞。アマの全日本柔道選手権後援社の朝日までがこうして報じていることからも、プロに対するアレルギーは旗揚げ時にはまだ柔道界に無かったことがうかがえる。

第15章　木村、プロ柔道でも王者に

すべてが真剣勝負

国際柔道協会の選手たちは、四月十六日の旗揚げ戦まで飯塚国三郎《いいづかくにさぶろう》十段の『至剛《しごう》館《かん》』に集まって稽古《けいこ》を重ねた。

この日本初のプロ柔道団体の練習や興行の雰囲気はどんなものだったのか。そして、興行自体とは話がずれてしまうが、木村政彦はどれくらい強かったのかを近藤舜《しゅん》と遠藤幸吉《こうきち》に聞いた。「木村の強さ」に関する証言は木村がまだ三十代前半の男盛りのときのものなので非常に貴重だ。

まずは近藤舜だ。

「近藤先生も練習では木村先生の胸を借りたと思うんですが、木村先生はやはり強かったですか」

「もう、組んだらまったく動きませんよ。強いなんてもんじゃないです」

その強さの秘密はよく言われるように木村の体幹の強さ、腕力の強さに由来するものだったのか。

「いや、力も強いし、技も。そりゃ伝説の人ですから、地方のちょっと柔道が強い人がいっても動きませんよ。我々なんかは強かったっていっても神奈川県で強いとかそういう程度ですから」

近藤はそう言って謙遜《けんそん》するが、明治神宮大会や高段者大会に出場している強豪である。木村が強すぎるのだ。

「胸を借りるというだけで、こっちも向こうも稽古にならないんです。右手一本で投げられるようなもんですよ。組んだ瞬間に投げられるんですから。向こうにとっては私なんて弱すぎますから。私だけじゃなく、木村さんには、みんな組んだ瞬間に木の葉のように吹っ飛ばされました。こんなに強い人が世の中にいるんだって、びっくりしましたよ」

「大外刈《おおそとが》りはやはり強烈でしたか」

「木村さんが大外刈りにきたら、我々なんかはその場に座り込みましたよ（笑）。頭打って怖いですから」

「プロ柔道の試合では、はじめから勝敗を決めてやることもあったんですか」

「勝敗を決めるといいますと？」

私はいちばん気になっていたことを聞いたが、近藤は意味がわからないようだった。ここは、はっきり聞く方がいいようだ。

「今のプロレスみたいに、いわゆる八百長《やおちょう》ではなかったんですか」

「いやいやいや、それはぜんぜんないです。きちんとした（真剣勝負の）試合ですよ」

「全部の試合がそうですか？」

「はい。ただ普通の試合ですと引き分けがあるでしょう。それがない。時間制限なしです」

「判定は？」

「なしです。とにかく一本が決まるまでやるんです。それが最も大きな違いだと思います。普通の試合だと優勢勝ちとか引き分けとかあるでしょう。引き分けがない、優勢勝ちもない、勝負が決するまでやると。そういう試合でした」

「三十分でも四十分でもやるんですか？」

「そうです」

「実際に三十分も四十分もかかった試合はたくさんあったんですか？」

「いや、そうそうはなかったですね。力の差がありますから決まってしまうことが多いですよ。十分や十五分くらいになることは多かったですが。やっぱりそれぞれ力の差がありますからね」

「近藤先生も興行で木村先生の十人掛けなんかの相手はされてますよね。試合になると稽古以上に力の差を感じましたか」

「勝負になりませんよ。釣《つ》り込《こ》み腰《ごし》で投げられた試合を覚えてます。ほんとに雲泥の差です」

「木村先生と山口利夫さんとやっても雲泥の差なんですか」

「そりゃもう、ぜんぜん差がありますよ。誰がやっても木村先生がずば抜けてました。片方は『木村の前に木村なく、木村の後に木村なし』とまで言われた先生ですから。誰がいっても差がありましたよ。ほんとに強かったです」

次に遠藤幸吉に聞いた。

「至剛館での稽古はどんな雰囲気だったんでしょうか？」

「トップに飯塚先生がいて、その下に牛島先生、寺山先生という感じでした。(飯塚)先生が息子さんの一陽君に稽古をつけて、その後に私たちがプロ柔道の練習に使ったんです」

「遠藤さんは木村先生とはプロ柔道に参戦してから初めて乱取《らんど》りしたんですか」

「いや、その前に講道館でやってます」

「やはり強かったですか」

「それは君、強いなんてもんじゃないよ。増田さんたちは伝説でしか知らないかもしれないけど、実際に稽古つけてもらった私たちから言わせてもらうと、木村さんの強さは別格です。組んだ瞬間、石みたいに硬くて動かないんです。巨大な岩みたいにまったく動かない」

「体幹《たいかん》の強さがあって動かなかったというのはよく聞きますね」

「巨大な岩です。岩と組み合ってるみたいなもんなんだからまったく動きませんよ。柔道では相手を崩してから技をかけろっていうでしょう。でも動かないんだから。一センチも動かないんだから。どうやって崩せっていうの。崩せないんだから技もかけられないでしょう」

「木村先生はどんな技をかけてくるんですか」

「木村さんの技は痛いんです。足払いなんかかけられても巧《うま》いとか速いとか、そういう以前に痛いんです。痛くてどうにもならない。木村さんの脚はかちかちに硬いから」

「痛いんですか……」

「痛い痛い。鉄の棒で脛《すね》を叩《たた》かれるような感じです。今ではあんな人いないよ」

「大外刈りのときに相手の脹《ふく》ら脛《はぎ》を踵《かかと》で蹴《け》るようにして刈ったと聞きますけど、それが痛いんですか」

「それも痛いけど、その前に足払い。足払い一発だけで痛くて立ってられないんです。ほんとに鉄の棒みたいに硬いんです、木村さんの脚は。それでビシッとやられると痛くて立ってられない。こっちの脚が折れてもおかしくない」

木村は拳《こぶし》や腕を鍛えていたように、脚も巻き藁《わら》で堅く鍛えていたという話もある。

方針は「武士らしく」

「技をかけられたときに痛いから倒れるんですか」

「痛いだけじゃないよ、切れ味も凄《すご》い」

「スピードがあるんですか？」

「スピードもそうだけど、とにかく切れ味が凄いんです。日本刀でズバッと斬《き》られるようだった」

「大外刈りは？」

「あれはもう凄いなんてもんじゃない。その場で下に叩《たた》きつけられる。大外というより大外落としです。受け身がとれないんだから。頭打って失神しちゃうんだから」

「一本背負いはどうでしたか？」

「一本背負いも切れる。釣り込み腰も。とにかく日本刀でズバッと斬られるような感じなんです」

「寝技はどうでしたか？」

「寝技だってもちろんめちゃくちゃ強い。こっちは人形みたいなものです。オモチャですよ。とにかく強いの一言です。『強い』という言葉以外に表現のしようがない。あんなに強い柔道家は、あの後一人も見たことがない。どの技が凄いとか寝技が凄いとか、そんなレベルじゃないもの。あらゆるものに基本ができてて、とにかく一本取るという柔道です」

「柔道全体の特徴とかはないんでしょうか？」

「特徴とかない。すべてに基本がきちっとできている。あれが本当の柔道です」

「山口利夫《としお》さんとはレベルがだいぶ違ったんですか？」

「技術も強さも木村さんの方が断然上でしたね。ぜんぜん上でした。木村さんの柔道には芯《しん》があった。山口さんの柔道と木村さんの柔道は、柔道が違うんです。私たちは同じ世代じゃないから木村さんは全盛期をずいぶん過ぎてて力も落ちてたはずです。でもそれだけの強さを感じるんですから、戦前の全盛期でしたらもっと凄かったと思うよ。怪物です」

「遠藤さんは戦後の柔道家をたくさん見てこられた歴史の生き証人だと思うんですが、木村先生と、その後の日本の超一流選手、それから外国人のヘーシンクとかルスカとか、そういった人とやったらどうなると思われますか」

「お話にならない」

「そんなに違いますか……」

「違う」

「何が違うんでしょう」

「基礎から違うよ。技の基本ができてるんです。崩しから投げるまでの技の一つひとつがビシッと、まったく乱れなく決まってるんです。乱れがない。あれが本当の柔道です。柔道の動きに身体《からだ》が順応してるんですよ。乱れなく、とにかく技がビシッと決まるんです」

木村の弟子のダグラス・ロジャース（東京五輪重量級銀メダリスト）も「木村先生の打ち込みは一ミリとして狂わないんです。柔道用にできた正確なマシーンのようでした」と言っていた。ロジャースが稽古したのは木村が四十歳代後半、中年になってからなので、遠藤はさらに木村の強さを実感しているはずだ。

遠藤幸吉は続ける。

「そしてね、技術もスピードも巧《うま》さも違うけど、精神的なものがもっと違う。木村さんは精神的に信じられないくらい強かった」

「具体的にいうとどういう感じでしょうか」

「もう、ただならぬ精神ですよ。ほんとうに相手を殺すつもりでやってる柔道。生きるか死ぬか、そういう精神が木村さんの身体から発散されてました。生きるか死ぬかの精神に満ち満ちていました。本物の柔道、本物の武道です。木村さんの技は殺し合いに使う技として鍛えられたものです」

遠藤はそこまで話してからしばらく間を置き、しみじみとこう言った。

「でもね、どうして木村さんがあそこまで凄くなったかというと、それはもちろん牛島先生がいたからなんです。牛島先生がいたからこそ化け物みたいな柔道家が誕生したんです。ですから私からみると、木村さんは牛島先生が作った芸術品というか、そういうイメージでしたね」

遠藤は木村だけでなく、やはり牛島へのリスペクトが相当強いようだ。

「プロ巡業では遠藤さんはどんな生活をされてましたか」

「私たち若い者は練習が終わると、まずは（牛島や木村のものを含め全員の）道衣を洗ってた。とにかくプロなんだから人に見せるものだから、恥ずかしくないものにしなければと、見た目もきちっとしなくてはという牛島先生の方針で道衣を綺麗《きれい》につねに洗ってた。道衣の脇腹《わきばら》のところと背中側にベルト通しみたいなのがついてたんですよ。観衆の前で道衣がはだけたりしたらみっともないので。みっともないことをするな、武士らしく振る舞えというのが牛島先生の方針です」

「どんなルールだったんですか」

「実戦的な柔道。（古流）柔術に近いものです。昔の武将がやる、刀折れ矢尽きても寝技で決する、そういう感じでした。今とはまったく精神的に違う。戦争が終わって当時は何もなかったんですから。そのなかでなんとかして武士道をもって生きていくんだと、そういう気持ちだったんです」

「それらもやはり牛島先生の方針ですか」

「そうです。牛島先生はとにかく武士というものにこだわって、精神的なものを大切にされたんです」

「第一回の大会は木村先生が優勝しましたが、第二回以降も木村先生が連覇したんですか」

「ええ。ほかとはレベルが違いますよ、木村さんは。牛島先生が作った芸術品、凄いなんてもんじゃない。強いなんてもんじゃない」

他の選手たちが弱かったというわけではない。

山口利夫もいれば、坂部保幸も今村寿も渡辺利一郎もいる。木村が強すぎたのだ。近藤舜や遠藤幸吉のこれらの言葉からすると、アマに残れば全日本選手権を十四連覇、十五連覇と重ねていた可能性はかなり高い。そして若い頃に宣言していた二十連覇も本当に夢ではなかったかもしれない。


選手たちが旗揚げ戦までの一カ月半を稽古に明け暮れていたこのとき、牛島や寺山幸一八段、盛岡秀豪らフロント陣は裏方としての準備も重ねていた。これらのフロント陣たちの動きは現在のプロ総合格闘技団体と同じだ。

だが、なにしろ前例がないのである。

今の総合格闘技興行は、善悪はともかくその前にプロレス興行という雛形《ひながた》があって、少なくとも興行とは何かということがわかっていた。しかし、国際柔道協会は初めての試みなのだ。興行をいかに成功させるかを試行錯誤していた。

だが、プロレス研究側からプロ柔道について書かれた活字にあるように「見せる柔道」「ショーとしての柔道」を前面に出して押し進めていたわけではない。これらの活字資料は、参戦選手への取材がなく、また柔道の格闘技としての本質の部分を捉《とら》えきれていない。

ショーとしての柔道というものは二義的三義的なものだった。牛島を利用するために担《かつ》ぎ出した寺山幸一や盛岡秀豪はともかくとして、実質的なリーダーとなった牛島辰熊は武道的精神性と実戦性をこそプロ柔道で訴えようとしていた。

柔道は武道である、実戦的なものであるということを前面に出し、戦後にスポーツ化しようとしている柔道を先祖返りさせ、講道館草創期のような実戦性を持ったものにしようとしていた。だから、プロ柔道はプロレスの源流云々《うんぬん》は筋違いで、リアルファイト（真剣勝負）の現在の総合格闘技興行の源流である。もちろん給料を払うために興行に工夫はされた。しかし、何度も言うがそれは実戦的な柔道をプロとして作り上げていこうという本分とは別である。

私の手元に十五年以上かけてやっと手に入れた当時のプロ柔道興行のパンフレットがあるが、驚くべきことに、ルールはたった七つしかない。

《一、公式試合に於《お》いては引分を認めず。
一、公式試合に於いては抑《おさ》え込《こみ》は一分とす。
一、公式試合に於いては業有《わざあ》り二本を持って一本とす。但《ただ》し業有りに於いては勝負を決せず。
一、公式試合に於いて關節技《かんせつわざ》の場合頸椎《けいつい》及膝關節《ひざかんせつ》は禁ず。但《ただ》し他關節技は認む。
一、公式試合に於いては一試合十五分とし、七分經過《けいか》の後一分休憩とし、休憩後は直ちに試合を繼續《けいぞく》す。
一、公式試合に於いては抱き上げた場合は相手を投げ得る事が出来る。
一、公式試合に於いては胴締《どうじ》めを許す》

つまりこれは、打撃技以外をほぼすべて許したグラップリング（組技《くみわざ》系格闘技）のノールールに近い。指関節、手首関節、肩関節、股《こ》関節《かんせつ》、脊椎《せきつい》への逆関節なども許されているのだ。

そしてこれは、実は講道館ルールを激化したというよりは、むしろ高専柔道のルールを雛形としたものだ。

高専柔道ルールの影響は、これだけ少ない項目に《膝關節は禁ず》《抱き上げた場合は相手を投げ得る事が出来る》《胴締めを許す》という三つが盛り込まれていることでわかる。

柔道史に詳しい人間ならば知っているように、膝十字固めは大正十年（一九二一）に高専柔道で「足の大逆」の名称で開発され、試合に用いられて紛糾し禁止された経緯がある。指や脊椎関節まで許しながら膝関節を禁じているのは明らかに高専柔道の影響がみてとれる。

そして二つ目。《抱き上げた場合は相手を投げ得る事が出来る》とバスターの解禁もわざわざ書かれているが、これは高専柔道では数少ない禁止項目に入っている。下から前三角絞めをかけた者が頸椎を怪我《けが》する可能性があるからだ。これは、高専柔道ルールで禁止されていたからこそ「解禁」というルール項目を文言化したという、膝の関節とは逆の意味で高専柔道の影響が見られる。

そして三つ目。やはり高専柔道で禁止された胴締めを《許す》とまで書いている。つまり、もしこのプロ柔道が存続し続ければ、ブラジリアン柔術でいうクローズドガード（相手の胴を両脚で挟んで下からコントロールする技術）への発展の可能性もある興味深い項目だ。

参戦した選手たちに聞くと、ルールが七項目しかないので当然だが、立技では相手の肘関節《ひじかんせつ》を極《き》めながら掛ける背負い投げも許されていた。一部の古流柔術流派が使っていた、いわゆる逆一本背負いだ。普通の一本背負いは自分が右組みだと相手の右腕を担ぐが、相手の左腕を肘を逆に極めながら担ぐものである。小林まことの人気漫画『1・2の三四郎』で東《あずま》三四郎のライバル柳正紀が使っていたいわゆる〝柳スペシャル〟だ。これは木村も講道館ルール内で許される範囲で現役時代から使っていた。

積極的にマスコミリリース

道衣に工夫を凝らしたのは興行としての側面だ。帯から下の部分に赤いストライプを三本入れ、さらにプロ野球をならって大きな背番号をつけた。また、遠藤幸吉が言っていたように試合中に道衣が乱れないようにベルト通しのようなものをつくり、そこに帯を通すようにした。これは今、旧ソ連圏発祥の格闘技サンボが踏襲している。

これらの縫い物作業は「おふくろ（和香）が一人でやってたのを覚えています」と牛島の長男辰彦は言う。

この辰彦の言葉から、牛島が前に向かって遮二無二走っている姿が想像できる。

だが、木村はいたってのんきだったようだ。

近藤舜によると、牛島は毎日『至剛館』に指導に来ていたが木村は来たり来なかったりだったという。

木村には牛島のような「武道をもって国家をなんとかしなければ」という思想はなかった。

牛島辰熊らフロント陣が奔走していたのは、今でいうところのマスコミリリースがあちこちにされていたことでもわかる。

まずは初興行に先だって朝日新聞に紹介記事が載っている。

《【柔道にもプロ時代。木村七段も参加、十六日に第一回大会】

過去数百年の長い間、剣術とともに日本武術の代表的なものとなっていた柔道に、従来のカラを破ってプロ化が実現。現日本柔道選手権保持者で、昭和十年の全国大会以来不敗を誇る柔道界の第一人者木村政彦七段も参加を表明、話題を呼んでいる。柔道プロ化の動きが持ち上がったのは終戦間もなくのことで、時代の激変にともない、いままでは中等学校の正課として、あるいは独得の心身修業術として社会的に認められていた柔道がその地位の大半を失った結果、多くの柔道家達が生活の基盤を失ったのと、一面、欧米の柔道熱に刺激されたため柔道家の中に革新の胎動となって現れていたものでいよいよそれが結実、その第一回大会が来る四月十六日芝のスポーツセンターで行われることとなった。この日本最初のプロ柔道家の集団は国際柔道協会＝中央区越前堀二ノ一＝と命名され、理事長に森岡秀剛氏、理事に往年の天覧試合のプロ選手の猛者牛島辰熊八段、寺山幸一八段などを置き、生れたもので、すでに同協会のプロ選手として協会が発表した選手としては前記木村政彦七段をはじめ、昭和八年神宮大会に優勝し、東京学生柔道界の猛将として鳴らし、昨年の東海地方選手権大会優勝者山口利雄六段（早大卒）、さる三月二十三日講道館で行われた紅白試合の西軍主将今村寿五段（紅陵大）など七段一名、六段七名、五段四名その他三、四段級総計二十二名で、審判長としてはわが国柔道界の大先輩飯塚国三郎十段の名も連なっている。

プロ柔道の基本方針としては「自分のための柔道」から「見せるための柔道」を掲げており、そのため将来は段位制を考慮しないA、B、C三階級制の実力主義によるプロ選手権試合、さらに欧米巡業なども、もくろんでいる。

国際柔道協会理事長森岡秀剛氏談＝プロ柔道は興行である以上面白くなくてはならない、したがって審判規定や試合方法にも新機軸を出すつもりだ。例えば立ち業を主にするとか、引分の制度を廃止してあくまで勝負のつくまで闘うとかいった風に持って行きたい。木村七段などは将来はレスリングとの試合なども希望している。発足間もないこととてプロ選手の収入も、スター級で四、五万というところだが、ボクシングと同じにファイト・マネーを出す予定である》（朝日新聞昭和二十五年四月十二日付）

給与、ファイトマネーについては読売新聞にも記事がある。

《選手をＡＢＣの三級に分け固定給としてこの順に三万、二万、一万円を与え、後はファイトマネーと賞金が出る。だから今度の大会で木村七段が優勝したとすると四月分の収入は五、六万円ぐらいになる》（読売新聞昭和二十五年四月十五日付）

木村自身は自伝にこう書く。

《給料は私だけが十万円、ほかは三万から五万というところだった》

昭和二十五年（一九五〇）の大卒銀行員初任給が三千円だから、十万円というと現在の一千万弱といったところか。年収なのか月収なのか確定はできないが、普通「給料」といえば月収をさすことが多いし、読売新聞の《木村七段が優勝したとすると四月分の収入は五、六万円ぐらいになる》という書き方からすると月収である可能性が高い。月収一千万ならば、ＵＦＣや隆盛期のＰＲＩＤＥのトップ選手とくらべても遜《そん》色《しょく》ない数字である。ただ、これはあくまで旗揚げ時に宣言した金額であって、それが本当に支払われたのか、そして支払われたとしても何カ月続いたのかはわからない。

表紙に木村が一本背負いをかけるアップ写真を使った『アサヒグラフ』（一九五〇年五月十日号）も見つけた。本文には牛島自身がかなり肩に力の入った解説文を寄稿している。

朝日新聞の記事といい、この『アサヒグラフ』（これも朝日新聞社発行）の表紙と記事といい、見つけたときには、私はかなり驚いた。柔道に詳しい読者なら同じように思ったはずだ。なにしろ朝日新聞社はアマの全日本柔道選手権の後援社である。プロ柔道の旗揚げを、こうして好意的にPRする姿勢、いったいこの時代、プロ柔道は社内でどう見られていたのだろう。

たとえば現在、プロ団体と契約している吉田秀彦や石井慧《さとし》を朝日新聞社がこのように扱うことはありえない。扱ったとしてもスポーツ面ではなく、一つの社会現象あるいは事件として社会面で載せる記事だ。試合翌日にも結果をスポーツ面に掲載することはありえない。全日本柔道連盟との関係もあって、柔道と同じ〝競技〟としては扱えないはずだ。

そして、総合格闘技団体ならまだ社会面で扱うことはありえても、牛島や木村のようなプロ柔道を旗揚げしたら、これは朝日新聞社内で絶対的なタブーとなってしまうに違いない。

たとえば、明日から吉田秀彦が「プロ柔道」旗揚げを宣言して新団体を設立し、瀧本誠、泉浩《いずみひろし》、石井慧らメダリスト全員に柔道衣を着せて柔道ルールで興行をやったらいったいどうなるだろう。しかも現役で全日本選手権などの舞台に上がる棟田《むねた》康幸

（警視庁）や穴井隆将（天理大職員）らに声をかけて引っ張ろうとしたらどうなるだろう。朝日新聞が初興行へ向けた紹介記事や試合結果を載せたり、週刊朝日が表紙に道衣姿の吉田秀彦を持ってくることは絶対にありえまい。

そう考えると、当時のプロ柔道は、私たちがいま思うような世間からうさん臭い目で見られるような存在ではまったくなく、いかに認知された存在だったのかがわかる。

旗揚げ戦は成功か失敗か

芝《しば》の日活スポーツセンターでプロ柔道の初興行が打たれたのは昭和二十五年（一九五〇）四月十六日、第一回全日本プロ柔道選手権大会というのが正式名称である。試合開始は午後一時半。

いま残っているプロ柔道の印象といえば、旗揚げはされたものの人気が出ず、すぐに潰《つぶ》れてしまったというものだ。

旗揚げ戦は人は入ったのか。盛り上がりはどうだったのか。

このときの観客数について、後の柔道新聞主幹・工藤雷介《らいすけ》は《五百人そこそこで、会場を借りる費用にさえ足が出るほどであった》（『秘録日本柔道』一九七二）と書いている。

調べてみると、たしかにたとえば『柔道大事典』(一九九九)の《プロ柔道》の項にも《このときの観衆は500人そこそこで、収入は会場借用費にも満たない有様であった》とある。

この『柔道大事典』は六百六十九ページもある大著で、監修に嘉納行光(講道館長)・醍醐敏郎(講道館指導部長)・川村禎三(筑波大名誉教授)・竹内善徳(アジア柔道連盟会長)・中村良三(国際柔道連盟教育理事)・佐藤宣践(日本オリンピック委員会理事)、編集委員に猪熊真(講道館国際企画室長)・藪根敏和(京都教育大学助教授)・本村清人(文部省体育局体育官)・松井勲(警察大学校教授)・山下泰裕(東海大教授)と錚々《そうそう》たるメンバーが並んでおり(役職はすべて発刊当時)、協力団体として講道館・国際柔道連盟・全日本柔道連盟の名前が挙がっている。前書きに《これまで柔道事典は、いかなる規模のものも編纂《へんさん》されてきませんでした。本事典が最初の事典となります。それだけに原稿作成に10余年をかけ、講道館、各大学、警察、学校等の指導者、研究者のみなさんの協力を得て、本格的な大事典をめざしてきましたが、ここにようやく刊行の運びとなりました》とあるように、工藤雷介の『秘録日本柔道』が講道館柔道裏面史であるとすれば、『柔道大事典』はまさに講道館正史である。

しかしこの『柔道大事典』の《プロ柔道》の項は、旗揚げ興行が《4月29日》とあったり（事実は四月十六日）、『秘録日本柔道』との間違いの符合があまりにも多く、発刊時期を考え併せると、内容はすべて『秘録日本柔道』のリライトであり、観衆が五百人しか入らなかったというのも『秘録日本柔道』の丸写し、少なくともプロ柔道に関していえばきわめて資料性の低いものだといわざるをえない。いま、一般の新聞記者や雑誌記者がプロ柔道について調べようとすれば、当然手に取るのはこの『柔道大事典』であろう。そうすると、それは工藤本の間違いをそのまま孫引きすることになってしまう。

はたして、旗揚げ戦はほんとうに客が入らない失敗興行だったのか。

裏を取るために、実際に観戦したスポーツ紙記者OBに「プロ柔道の旗揚げ戦は客が入ってなかったと書いている資料がありますが、ほんとうですか」と聞いてみると、以下のような答が返ってきた。

「いやいや、それはまったく違いますよ。私はプロの旗揚げ戦も三週間後に同じ会場で開かれたアマの全日本選手権も両方観《み》ましたが、アマよりプロの方が客が入ってたと記憶してますよ。木村（政彦）さんはじめ、メンバーも格上でしたから盛り上がりもありましたね」

この証言をもとに旗揚げ戦翌日の新聞を手繰ってみると、日刊スポーツでは《四千人》、スポーツニッポンでは《約二千人》と報じている。

やはり工藤雷介の《五百人》が間違いなのだ。

工藤は「私が後にプロレス興行に関与したのはプロレスを隆盛にしてプロレスと柔道を完全に切り離し、プロ柔道を二度と旗揚げさせたくなかったからだ」というような趣旨のことを書き、プロ柔道を嫌悪《けんお》していたという立場をとっているので観戦していなかった可能性がある。あるいは観戦はしたけれども、工藤のこの言は、木村が力道山にあのような敗北を喫した後、プロレス界に居場所を失って柔道界に戻った工藤の言い訳だったのではないかとも私は思っている。

工藤が無意識にあるいは意識的にプロ柔道旗揚げ戦興行が失敗だと書いてしまったことが歴史的に定着してしまっているのだ。

牛島の人脈で米兵もわんさ

少なくとも数千人は入り、盛り上がりも三週間後の全日本柔道選手権以上だったという四月十六日、芝スポーツセンターのプロ柔道旗揚げ戦。その観客席にはかなりの数のアメリカ兵がいた。

国際柔道協会がＧＨＱのスペシャル・サービス・スポーツ班を公式招待していたの

だ。それだけではなく、一般のアメリカ兵もかなりの数入っていたようで、新聞などにその記述がみられる。これは米軍に柔道を指導していた牛島の力によるものだ。

木村が米兵に股《また》を広げた女性のヌード写真に礼拝させる場面で少し触れたが、実は牛島は、このプロ柔道旗揚げよりずっと以前、終戦からわずか五十日しか経《た》っていない昭和二十年十月五日に、米兵数千人の前で柔道の技を披露している。

外務省終戦連絡事務局渉外事務官の原栄吉を通じてGHQから「われわれに柔道を見せてくれないか」と依頼されたのである。場所は横浜の米兵専用オクタゴン劇場だ。もともとはオデヲン座という名の映画館が接収されたものである。牛島はここに皇宮警察の済寧館《さいねいかん》から畳を運ばせて柔道技を披露し、精神訓話までしてみせた。

学校柔道こそ禁止されたが、柔道が剣道のように全面禁止を免れて警察柔道の灯だけは守られたのは、この牛島のGHQへの柔道紹介が大きかった。わざわざ熊本から牛島を引っ張り出した外務省事務局の腹は「この男以外にGHQ相手に位負けをせず大役をこなせる者はいない」というものだったに違いない。そして実際に牛島はその剛胆さで、GHQ高官を唸《うな》らせた。

この横浜での演舞会会場で、牛島はM・オニール情報将校に再会している。このオニールは牛島が昭和十三年に上海《シャンハイ》に行ったときに教えた柔道の弟子で、ここでも牛島の人脈と積極性がいかされている。オニールは、この牛島との再会後、牛島の命を受けてGHQ幹部たちに警察柔道の温存奨励を働きかけてくれた。GHQは、このオニールの情熱をくんで警察での柔道を許可することになるのである。牛島は大蔵省地下室に柔道場を作り、占領七年の間ここでGHQ将兵にも柔道を教えるようになる。これによってGHQ将兵内に柔道ファンが増え、後に学校柔道の再開に繋《つな》がった。つまり牛島こそ戦後柔道を拓《ひら》いた最大の功労者であったと断言する関係者さえいる。もちろんこんなことは講道館正史『柔道大事典』では一言も触れられていない。

これらの牛島の人脈が、プロ柔道旗揚げ戦にGHQスペシャル・サービス・スポーツ班を招待したり、客席に米軍将兵がたくさんいたということにつながっているのだ。

役員と選手が揃《そろ》って入場してきた。

前列に盛岡秀豪理事長、飯塚国三郎審判長、来賓の作家富田常雄（『姿三四郎』の著者）、そして寺山幸一と牛島辰熊が並び、その後ろにプロ柔道特別仕様の赤いストライプ入り柔道衣に身を包んだ柔道家たちが立つ。

盛岡、飯塚、富田の挨拶《あいさつ》と続き、山口利夫が選手宣誓をした。

役員は全員がスーツ姿で、挨拶の中でもパンフレットの文中にも、「世界」「国際」という文言が多く使われ、彼らがいかに本気でプロ柔道を世界展開し、各国に支部を置くものに育てようとしていたのかがわかる。

挨拶が終わると、今でいうラウンドガールが試合場に上がり、木村に花束が贈呈された。

そしてまずは十六人でトーナメントをし、その四強で総当たりリーグを戦い、その優勝者が木村への挑戦権を得るという方式をとった。トーナメントとリーグ戦で疲れた挑戦者が不利なので、木村はその間に七人掛けをおこなった。

▼一回戦

今村（背負投）大森

角野（大外落）小林

遠藤（小外刈）川村

進藤（大外刈）金井

川口（送足払）渡辺貞

坂部（跳　腰）片山

近藤（送足払）渡辺利

山口（不戦勝）久野

▼二回戦
今村（背負投）角野
遠藤（内　股）進藤
坂部（跳　腰）川口
山口（跳　腰）近藤

試合の合間には形《かた》の披露やエキシビジョンマッチが行われ、米兵のジョンソン初段とグリフィン一級が出場し、観客を飽きさせない工夫をしていた。場内アナウンサーの巧《うま》さも光ったと新聞に記述がある。

現在のプロ興行並みに工夫がこらされた進行だった。初のプロ興行で、先の道衣のストライプや背番号も含め、実にセンスよくことを進めている。これらは牛島辰熊のセンスのよさから来ているものだろう。牛島の写真を見ると、若い頃の柔道衣姿や、引退後の和服姿、石原莞爾らと立つ洋装、常に綺麗《きれい》に整えられた口髭《くちひげ》、非常におしゃれである。私たちは牛島を剛毅《ごうき》な一面だけでとらえるのをやめたほうがいい。

トーナメントを勝ちあがったのは、山口利夫、坂部保幸、遠藤幸吉、今村寿の四人で、順当に山口が挑戦権を獲得した。

▼木村への挑戦権獲得戦（総当たり）
今村　寿（足　払）遠藤幸吉
山口利夫（大外刈）坂部保幸
山口利夫（背負投）遠藤幸吉
坂部保幸（跳巻込）今村　寿
坂部保幸（上四方）遠藤幸吉
山口利夫（崩上四）今村　寿

決勝は両襟《りょうえり》を持って突っ張る山口利夫を木村政彦が大外落として寝技に持ち込み、横四方から崩上四方固《くずれかみしほうがため》に変化して、わずか三分で勝負を決め、プロ柔道初代チャンピオンを獲得した。

▼決勝戦
木村政彦（崩上四）山口利夫

木村と山口利夫の差は予想以上に大きく、かつて満州の地で熱闘のすえ引き分けた試合の再現を期待した観客はがっかりしたようだ。満州での試合は木村がまだ全日本選士権を獲《と》る前で充分に体ができあがっていないときであり、そのあと実力差が広がったのはしかたあるまい。

チャンピオンベルトの代わりに木村の道衣の左胸には大きなエンブレムが縫いつけられた。アマの全日本選手権と同じく内閣総理大臣杯も授与されているが、これについても前述の朝日新聞やアサヒグラフの扱いと同じく、プロ柔道が世間に、そして首相にまで認知されていたという証拠である。

木村は前年の全日本選手権（アマ）を獲得しており、そのまま敗れていないので、プロアマ両方の現役王者となったわけである。木村がアマの試合に出ることはもうないので、アマ選手が木村より強いことを証明するためにはプロに参戦するしかなくなった。

木村七段優勝

全日本プロ柔道選手権

柔道の普及発展と国際[illegible]を目指して新発足した国際柔道協会の第一回全日本プロ柔道選手権大会は十六日午後一時から芝大門スポーツセンターにおいて挙行[illegible]約四千の観衆が[illegible]く拍手喝采のうちに[illegible]全日本選手権者木村七段[illegible]手島八段の[illegible]あってプロ柔道[illegible]一歩は[illegible]踏み出された、選手権をかけての一戦は木村七段が[illegible]山口六段を抑え込み、[illegible]の貫録を見せ[illegible]内閣総理大臣賞（[illegible]）を獲得した、なお敢闘賞は山口六段、坂部六段、[illegible]は今村六段、努力賞は遠藤四段が獲得した

△一回戦

今村 六段（長崎） 技あり 大森 三段（横浜）

角野 六段（広島） 大外落し 小林 三段（神奈川）

遠藤 四段（山形） 小外刈 川村 四段（高知）

横山 六段（大阪） 大外刈 金井 六段（千葉）

川口 四段（静岡） 送足払 渡辺 五段（広島）

坂部 六段（東京） [illegible] 片山 四段（静岡）

近藤 四段（静岡） 送足払 渡辺 六段（神奈川）

△二回戦

山口 六段（静岡） 不戦勝 久野 五段（[illegible]）

今村 六段（長崎） 背負投 角野 六段（広島）

遠藤 四段（山形） 内股 渡辺 六段（広島）

坂部 六段（東京） 左[illegible] 川口 四段（静岡）

山口六段（静岡）遠藤四段（山形）を敢闘賞

投げ圏内は優勝の木村七段

日立明

学生バレー・ボール界のシーズン開幕をかざる第十三回日、立、明三大学対抗定期戦は十六日午前十時から横浜市神奈川体育館で行われた

△OB戦

[illegible] 門 2-1 セントポール

[illegible] 台 2-1 セントポール

プロ柔道旗揚げ戦を報じる日刊スポーツ。他の新聞もみな大きく報じている。

第16章　プロ柔道崩壊の本当の理由

講道館長、旗揚げ戦に現る

プロ柔道旗揚げ戦の翌日、新聞各紙はそろって試合結果を大きく掲載した。ページ数の少なかった当時の新聞事情を考えると破格の扱いである。

日刊スポーツは、スポーツ面トップで山口利夫が遠藤幸吉を投げる横三段写真を張っている。見出しは三段だが、主見出しには七倍活字を使っており、五段格の扱いだ。

以下、リード（前文）だけ引用しよう。

《【木村七段優勝、全日本プロ柔道選手権】

柔道の普及発展と国際場裡進出を目指して新発足した国際柔道協会の第一回全日本プロ柔道選手権大会は十六日午後一時から芝大門スポーツセンターにおいて挙行、GIさんをまじえる約四千の観衆がわく、拍手声援のうちに役員選手入場、全日本選手権者木村七段に花たば贈呈、森岡理事長の力強い挨拶《あいさつ》、審判長飯塚十段の挨拶、来賓富田常雄氏挨拶、山口六段の選手代表宣誓、牛島八段の審判宣誓があってプロ柔道発足の歴史的第一歩はここに踏み出された。選手権をかけての一戦は木村七段が上四方に山口六段を抑え込み、堂々の貫禄《かんろく》を見せ内閣総理大臣賞（最優秀者）を獲得した》
（日刊スポーツ昭和二十五年四月十七日付）

スポーツニッポンはさらに大きな横四段写真で【木村王座揺がず。熱戦に沸くプロ柔道】という大見出しで報じている。

報知新聞はアマレスの八田一朗を引っ張り出して観戦記を書かせている。八田はアイデアマンらしく、ボクサーやレスラーとの異種格闘技戦、さらに木村政彦vs千代の山戦まで提案している。

面白いのは、日刊スポーツが三週間後の五月五日に同じ会場で開かれた本物の全日本選手権の記事に【全日本アマチュア柔道】と敢《あ》えて「アマ」の名を冠した見出しをつけて、ボクシングのように、アマはプロより格下だと言わんばかりの扱いをしていることだ。当時のマスコミがプロ柔道をどうみていたか、ここでもわかる。

また、これまでの通説では、講道館はプロ柔道旗揚げの時点から彼らを排斥していたかのように思われているが、実はまったく逆である。

この四月十六日のプロ初興行の会場には講道館三代目館長の嘉納履正《りせい》が観戦に来ていて、こんなコメントをしているのだ。

「プロの選手だから講道館を破門するなどということはない」（朝日新聞昭和二十五年四月十七日付）

組織のトップが観戦に訪れたこと自体がすでにしてプロ容認を意味しているが、当時の講道館の機関誌『柔道』を手繰ると、嘉納履正館長はさらに信じられない発言をしていた。

《時代の進展と共にプロ柔道団体が結成されるべき事は当然な成行《なりゆき》であつて拳闘《けんとう》其《そ》の他のスポーツ界の現状より見て、むしろ遅かつたとも言ひ得《も》るのである。（中略）正しいプロ柔道団体の結成が、柔道の普及奨励に大きな役割を有つ事は予見出来る事であつて、講道館設立の目的の一つが、柔道の普及発達にある事を思へば、正しいプロ柔道団体に対し好意を示し、正しい育成に努める事はその任務の一つとも言へよう》
（『柔道』二十一巻二号）

これでは容認どころか奨励である。講道館長(イコール全柔連会長でもある)がプロ柔道に対し《好意を示し、正しい育成に努める事はその任務の一つ》と公式に表明しているのだ。

では、なぜ牛島・木村師弟は死ぬまで柔道界で排斥され続けたのか。

理由は二つある。

ひとつめの理由はプロ柔道が失敗し、崩壊したからである。成功すればそれを戦後柔道復興のために利用しようとしていたのは嘉納履正館長の発言内容から明らかである。後の講道館＝全柔連は「プロ柔道」に冷たくしたのではなく「失敗したプロ柔道」に冷たくしたのだ。もうひとつの理由は、柔道界の大派閥を率いていた三船久《きゅう》蔵《ぞう》の存在がある。この二つの理由が総括できていないので現在も柔道界は意味もなくプロアレルギーを持っているのだ。

第一回興行を成功裏に終えたプロ柔道団体「国際柔道協会」は、どこをどう回ったのか。

各種活字資料を突き合わせ、参戦者に聞いてみると、旗揚げ戦後は、まず山口利夫の地元静岡をつてを頼って回り、その後、千葉に行っている。これについて私は銚子興行を見た柔道家の証言を直接得ている。父親も柔道家で木村と知己であり、その関係で観戦に行ったのだという。

「私が五歳くらいの頃、銚子で観戦しました。木村の十人掛けだったのか観客からの挑戦を受けていたのかわからないんですが、大歓声が沸いては人が戸板に乗せられて外に運ばれるんです。子供心に、この人たちは戦って負けたんだなってわかりましたね。試合後、会場の裏手で柔道衣姿のごつい男に抱かれたのを覚えています。それが木村政彦だったんです」

この先は丁寧に全国の地方紙各紙を手繰って巡業先を探した。新聞記事はリアルタイムなので一番信用度が高い。

すると、静岡と千葉を回った後、富山などで興行を打ち、北海道に飛んでいた。北海道の地方紙から記事を二つ拾ってみよう。

《【プロ柔道巡業。市は29、30日】

[東京]プロ柔道国際柔道協会は六月から七月にかけて静岡、千葉両県下を巡業し好成績をおさめたが今度は木村八段（増田注＝原文ママ）以下二十四選手が北海道に渡り十七、十八の両日旭川で二十九、三十の両日函館で興行するが協会では選手の星取り制を設けたので好評を博している》（夕刊函館新聞昭和二十五年七月十七日付）

《【本道初のプロ柔道】

去る三月、東京都で日本柔道界の猛者《もさ》を網らして結成された国際柔道協会選手がはるばる来札、市警察局後援のもとに二十八日午後五時から二条会館で本道初のプロ柔道戦を展開する。出場選手は全日本柔道選手権保持者、十年不敗の木村政彦七段のほか廣岡七段、山口、渡辺各六段ら三段以上の精鋭が廿余名と審判陣に日本柔道界の至宝牛島八段、寺山八段、飯塚十段を加えた豪華版で試合の特色は「血戦死闘」絶対勝負決する事と飛入り試合歓迎五人抜、十人抜という点にありファンから期待されている》（北海タイムス昭和二十五年七月二十七日付）

北海道では旭川、登別《のぼりべつ》、釧路、札幌、函館などを回っている。

「再起するまで自活せよ」

登別と釧路の興行についての新聞記事は見つけられなかったが、若林太郎（パラエストラ）による月影《つきかげ》四郎（高木清晴《きよはる》）へのインタビューで確認できる。現在、若林はブラジリアン柔術など各種格闘技大会の運営などで活躍しているが、もともとは実力派の格闘技ライターであり、在野の柔道史研究者でもある。巡業全体の雰囲気が伝わってくる非常に貴重なものだ。

以下、そのまま引用する。

《――静岡では何カ所くらいで興行したんですか?

月影　だいぶまわりましたよ。三島、これは山口（利夫）さんの地元でしたからね。長岡、それから熱海でもやって、あと吉原。伊豆半島をずっとおりていったんです。半月ぐらいはおりましたよ。試合も十～十五試合ぐらいやったんとちがいますか。

――客の入りはどうだったんですか?

月影　入った時もあるし、入らなかったときもあるしいろいろでしょ。入ったのは熱海、三島。地元の人がバックアップしてくれましたからね。そうするとバババと入るんです。まあ伊豆のほうの巡業は成功したんとちがいます。ただ入りが悪いと興行師から「辛抱してくれ」となるんです。

――そういう時はどうなるんですか?

月影　宿代は払ってくれるんだけど、旅費がない。帰ってこれないでしょ。そうすると頼んで東京から「金オクレ」ですよ。やはり日本選手権に出るくらいの人は、そういう後援者の人がおりましたからね。

――巡業中はどういう試合だったんですか?

月影　地元の警察の師範たちと対抗戦をやってましたね。

――えっ、講道館のプロアマ規定に触れないんですか？

月影　それが触れるんです。やった人はね。アマチュアとプロは試合したらいけなかったんです。

――そういう時はプロ同士の試合はないんですか。

月影　ないです。対抗戦だけ。プロの全戦全勝でね。相手にならなかった。そらね東京でバリバリいわしている連中とね、地方の警察なんてね、問題にならない。

――でも試合には出てくるわけですよね。

月影　やっぱりアレやね、名誉もあるし。出てきますよね。

――で、勝っちゃうわけですよね。

月影　勝ってしまうんですよ。プロ側が負けることはなかったんちゃいます。みんな連勝で軽く勝ってしまったら時間もたないから、「あんまし早く決めんなよ。時間もたせぇよ」なんて言うてね。土地の警察とやる時はね、向こうの人はギャラ取らないんです。アマチュアでしょう。こっちはプロだから、勝ったんは賞金をもらうんです。まあそれで相手に御馳走《ごちそう》してあげて、全部パァですけどね。

――北海道行ったのは夏ですよね。

月影　六、七、八月くらい。一番ええ時いったんです。だいぶ行ってましたね。まず旭川へ直行したんです。電車でガッタンガッタン行ったんです。上野から三十六時間ですよ。列車に柔道着広げて、枕《まくら》でガーと寝てました。それで駅止まるたびに駅弁買ってましたよ。駅弁食うちゃ、またガーってね。ひどいもんでしたよ。

――他のお客さんがびっくりしたんじゃないですか？

月影　まあ貸切りみたいなもんやったから。三十人弱いましたからね。もう誰も寄りつかんですわ。でかいしね。もう鬼みたいな顔した奴《やつ》ばっかしやしね。

――北海道ではどんな興行でしたか？

月影　旭川でも警察との対抗戦だったんです。結構お客さん来ましたし成功でしたね。五～六百人ですか。地方は千人集まらないんです。登別でも試合しましたよ。ここはちょっと（観客の入りが）良くなかった。えーと、あと札幌でもやりましたね。札幌は入りましたよ。二日やったからね。初日にトーナメントして、決勝大会を二日目にして。木村の十人掛けやったり、山口さんも七人掛けくらいやったんちゃうかな。あと釧路にも確か行ったと思いますわ。でも北海道で一番成功したのは函館ですね。最後に行ったんですわ。これも警察との対抗戦です。興行的にもいいし、収益上がったんで、登別温泉までご招待受けて、また行ったんです。大会やった後、ごくろうさんということで。それで、旅館泊まってみんなで飲んだり食べたりしてる時に「もうこれで終わりにします」と牛島先生が言うたんです。「今までやってきたけど、これでは見通しがないから。また再起するけど、それまでは自活せよ」と。ちゃんと順序立てて言うてくれました。ですから函館が最後で、登別で解散したんです。東京には八月に帰ってきました。そのとき事務所はもうなかったんです。

――興行的には失敗でないけれど、資金的に問題があったと。

月影　採算があわなかったんです。北海道でも長いことおったんです。おる所には一週間ぐらいおってね。でも興行は一回でしょ。だから資金がなくなってくるんですわ。今思うと、高野建設も上手《うま》いとこで手ぇ引いたと思いますわ。これじゃ成り立たないと思ったんちがいますか。先々の計画がないからね。儲《もう》けちゃ飲んで暴れとったんじゃダメでしょ。締める人がおらんかったからね。牛島先生も私らと一緒で金に淡泊やったから。宵越しの金は持たない。持ってる金みんな使っちゃいますからね。みんな飲む・打つ・買うの三拍子揃《そろ》った人ばかりだったから。酒飲みばっかりですよ。みんな焼酎飲むんですから。焼酎を砂糖で割って、一升瓶でガバガバ飲むんです。もう木村さんが一番強かったんちゃいますか。牛島先生も酒豪でした。しかも飲んでも暴れない！（笑）

――解散と言われた時はどうでしたか？

月影　いやー、お先真っ暗になるしね。どうしようかな思うて。

――いきなりだったんですか。

月影　予想もしてないですよ。まだまだやるつもりでおったんです。急に言われてガッカリしましたもん。みんなもね、就職口断って来たでしょ。だからプロ柔道いうんわ、ちょっとの期間やったね》（『格闘技新時代宣言！』）

月影がここまで細かく語る以上、函館興行が最後で登別で解散したのは間違いなさそうだ。

工藤雷介（柔道新聞主幹）は自著で以下のように書いている。

《静岡巡業中に、すでに数人の脱落者が出たが、残った二十数人は再起を期して北海道に渡った。そのころ牛島は、相撲協会の伊勢ヶ浜親方から、次のような忠告を受けた。

「柔道の先生方は商売を全く知らない。興行というものは、行く先々の顔役を頼って切符の前売りをしなくては客は集まらない――」と地方巡業のコツを教えてくれた。

北海道では代議士、道会議員、市会議員などを頼って十回以上の試合を行った。だが、やはり武士の商法――柔道家の集団で一人の興行専門家もいないことが致命傷であった。興行は依然として不入り続きであった。（本質には柔道が日本人の身近かにありすぎて、興行的に成り立たなかったのではあるまいか）、当然、旅費、宿泊費にも困る日が続いて、八月末、函館へたどりついたときには、食費にも事欠き、にっちもさっちもいかなくなっていた。
幹部は金策に上京して、選手達だけが函館にとどまって、救援を待った。だが、金策も思うにまかせず、ついに解散に追い込まれてしまった》（『秘録日本柔道』）
工藤の記述によれば第二回興行からすでに高野建設はスポンサーを降りたように思われるが、この後の新聞記事にも高野政造の名は出てくるので金は出さなくなったが協会長には就いたままだった。どの段階で高野建設が金銭支援をやめたのかは工藤の「出したのは旗揚げ戦だけ」が正しいのかどうか確定できないが、遠藤幸吉が「旭川の興行では牛島先生の後援者がお金を用意してくれました」と私に言うので、北海道入りした頃にはもう金は出していなかったのだろう。また、工藤は函館興行は八月末だと書いているが、前掲の夕刊函館新聞にあるようにこれは七月末の間違いである。
このように、旗揚げ戦後はまず静岡と千葉など内地を回り、北海道へ飛んで旭川や札幌などを巡業、最後に函館興行をして、七月末ないし八月はじめ頃に登別で「解散宣言した」というのがプロ柔道巡業の流れである。

青春の良き思い出

国際柔道協会が解散に追いこまれた理由はいろいろ考えられるが、半世紀後の今になって活字資料や証言から振り返ると、東京・芝スポーツセンターでの旗揚げ戦は成功だったのだから、そこを拠点にしてプロ興行の聖地として今の後楽園ホールのように育てながら資金を貯《た》めることから始めていれば、もう少し成功の確率は高くなったのではないか。そして少しずつ大きな東京のハコに移り、常連客をつかんでいけばよかったのではないか。

テレビがなかった時代である。実際に会場に足を運ぶ以外に興行を観《み》ることができないのだから、なかなかプロ柔道の存在を全国的にアピールすることなどできはしない。地方興行を打つのは資金を貯めてからでよかったのではないか。それも小さな都市ではなく、名古屋、大阪、そして柔道王国九州などで順に足場を固めていけばよかったのではないか。

月影四郎が《飲む・打つ・買うの三拍子揃《そろ》った人ばかりだったから》などと言うが、そんな人間は後のプロ野球選手や相撲取り、芸能人にだってたくさんいた。ただ、彼らはそれ以上に稼いだから破綻《はたん》しなかっただけのことである。プロ柔道だってはじめに出すと言っていた木村への年収一億が本当に出ていれば、いくら木村が毎日四升も五升飲むといったって、たかがしれているではないか。木村の好物はヤキトリのモツであって、フォアグラでもキャビアでもないのだ。女が好きだといっても、毎晩女を買ったって年収一億からすれば破綻するほどの金にはならないだろう。

工藤雷介の推論《本質には柔道が日本人の身近かにありすぎて、興行的に成り立たなかったのではあるまいか》も間違っている。プロの相撲興行は〝江戸〟で何百年も名前を売らに相撲が身近にあったはずである。当時は草相撲が盛んで、柔道よりもさらに相撲が身近にあったはずである。プロの相撲興行は〝江戸〟で何百年も名前を売って、その風聞・人気が地方に広がってから回っているので地方巡業が成り立ったのである。

伊勢ヶ浜親方が言う「興行というものは行く先々の顔役を頼って切符の前売りをしなくては客は集まらない」というのは地方巡業のことを言っているのであって、旗揚げ戦は成功したのだから少なくとも東京では協会の顔は利《き》いたはずである。

だからプロ柔道が登別で解散せざるをえなくなったのは「武士の商法」云々《うんぬん》だけではなく、旗揚げ戦後いきなり地方巡業を始めたのが原因だろう。第一回が成功していただけに、残念でならない。

しかし、このプロ柔道の巡業は、若林太郎インタビューでの月影四郎の列車や夜の酒席での行状の語り口からわかるとおり、参加者たちにとっては青春の美しい思い出になっている。

若林の「(プロ柔道は)楽しい日々でしたか?」の質問に、月影はこう答えている。

「やっぱりいろんな経験しましたからね。人のやれないこともやったから。しかたないですよ。力さん(力道山)みたいに、ええ後援者おったら続いたと思いますけどね」

近藤舜《しゅん》も私にこう言った。

「牛島先生なんかは柔道家たちがみんな飯を食えるようにしなくてはなんて仰《おっしゃ》ってましたけど、我々若い者にはそんなもの(崇高な理想)はなかったですよ。気楽だからね、若くて一人者だったから。物のない時代で、世の中が大変な時代に私たちはあちこち回って巡業やったわけですから楽しかったですよ」

遠藤幸吉は「プロ柔道がなければ今の私はない」とまで言う。

「私がいまこうして話せるのも、私が今日あるのも牛島先生と木村さんのおかげです。そう断言できます。すべてプロ柔道のおかげ。プロ柔道が潰《つぶ》れずにあのままだったら私はプロレスやらずにプロ柔道やってましたよ。とにかく私はプロ柔道のおかげで外に出れたんだから。牛島先生や木村さんと一緒にプロでできたというのは、あのときもそうでしたし、今でも誇りに思ってます」

彼ら若い選手たちにとって、プロ柔道は本当にいい思い出なのだ。

ただ、牛島と木村の師弟だけには思い出したくない話題になってしまっている。

木村の妻、斗美《とみ》はうつむきながら私にこう言った。

「あれで牛島先生との仲がおかしくなってしまって……」

いったい何があったのか。

木村の自伝でこの経緯を見てみよう。

《発足以来わずか一年たらずで、「プロ柔道危し！」という声がきかれるようになった。

ちょうどそういうときだった。ハワイの松尾興行師が、私に会いたいといってきた。

そして、四、五人の柔道家でハワイを巡業してくれないかというのである。

私は迷った。しかし、背に腹はかえられない。病妻をかかえ、小さな子供もいる。

なんとか収入の道を講じなければならなかった。

だが、そんなことを牛島先生にいおうものなら大目玉をくうので、これもプロ柔道のためになにがしかのプラスにはなるだろうと自己弁解をしながら、こっそりとハワイにわたった》（『鬼の柔道』）

これを読むと、木村はプロ柔道崩壊ぎりぎりまで牛島たちと頑張ったように思える。

もう一冊の自伝『わが柔道』でも同じである。木村は旗揚げ後《四、五カ月》たって《一カ月、二カ月と給料の出ない日が続》いてから、ハワイのプロモーターと契約したことになっている。

《最初のうちはどこでも満員の客を集めていたが、四、五カ月もすると、客の入りは急に悪くなった。

運悪く、ちょうどそのころ、スポンサーの高野建設が時代の波に乗り切れず、経営不振をきざしはじめた。二つのダブルパンチが重なれば、当然ギャラも滞るようになる。一カ月、二カ月と給料の出ない日が続いた。こうなると、私たちは失意のどん底である。（中略）

これから先は推して知るべしである。このころ、妻とみ子（斗美）は肺を病んで熊本医大病院に入院しなければならなくなった。肺病である。当時、肺病といえば難病の最たるもので、戦後の食料不足と貧困にいためつけられた人びとがこの病いにかかれば、ほとんど治癒の見込みはなかった。

重病の妻を抱えて給料が入らないでは、私の家庭は崩壊してしまう。我が身ひとつならともかく、家族持ちの私は、たとえ恩義ある師匠や仲間たちとはいえ、無給でプロ柔道に運命をささげるわけにはいかなかった。なるほどプロ柔道協会を脱退すれば、一時は恩知らずとも、無謀ともいわれるかもしれない。しかし、それでも意を決して新天地を探し出し、利益を上げて、しかるのちに協会の人びとに報いることこそ、私の選ぶ道ではないか。

私は決断した。崩壊が目に見えている協会を捨て、再出発の道を考えた。

そんなある日、山口がハワイの松尾興行の社長をつれてやってきた。松尾社長はハワイ在住の日系二世である。ハワイ八島で柔道の興行をしてまわってほしい。期間は三カ月、報酬は充分にさしあげる、あなたを含めて三人くらい、選手がほしい――という話だ。

待ってました、と内心では小おどりしたものだが、顔には出さない。私はたいして興味もなさそうな顔で松尾社長の話を聞き、「そこまでいうなら…」と契約書にサインした。

私と山口、坂部の三人でプロ柔道協会を脱退してハワイ行きを決めた。この三人が当時の協会の主力だったから、その半年後に協会はつぶれてしまった。

とにかく一方的な脱退である。私たちがハワイでひともうけしようとしていることがわかったら、協会系の人たちに告訴されるかも知れない。だから私たちは、横浜からホノルルへ向かう客船クリーブランド号の出港のドラが鳴るまでは、じっと身をひそめていなければならなかった》（『わが柔道』）

木村政彦の二つの自伝を読むと、木村は妻の斗美の結核の薬代を稼ぐためだけに、しかたなくハワイに渡ったように思える。木村は悩みながらも妻のために師匠を裏切らざるをえなかったという美談である。

この美談は柔道ファンや格闘技マニアに刷り込まれている定説だ。しかし調べれば調べるほど、話はそれほど単純ではないことがわかってきた。

たしかにこのとき、愛妻の斗美は結核に冒されていた。

木村が《戦後の食料不足と貧困にいためつけられた人びとがこの病いにかかれば、ほとんど治癒の見込みはなかった》と書いているのも本当だ。戦前にも、竹久夢二、宮澤賢治、樋口一葉、正岡子規ら、多くの有名人が結核で死んでいるが、戦後になっても日本は相変わらずの結核大国だった。たとえばプロ柔道が旗揚げされた昭和二十五年（一九五〇）には人口十万人あたり実に一四六・四人という恐るべき死亡率を示している。

アメリカの学者ワクスマンらのグループが、鶏の死体から分離した放線菌から抗生物質ストレプトマイシンを発見したのは一九四三年（昭和十八）のことである。翌一九四四年、このストレプトマイシンが結核に感染した動物に効くことを別のグループが発表し、この年の暮れに重症の女性患者一人に初めて投与してみるとこれにも効果がみられた。翌一九四五年（昭和二十）には三十四人に投与され、その効果が確認される。同じ頃、スウェーデンでサリチル酸の一部を変えた化合物パラアミノサリチル酸が結核に効くことがわかった。これが一般にパスと呼ばれる薬である。ストレプトマイシンとパスの併用により、結核は劇的に減っていく。

しかし、この夢の特効薬は敗戦国日本にはなかなかまわってこず、斗美が結核に罹《かか》った頃、治療には空気のいい療養所で休むしか方法がなかった。ストレプトマイシンに社会保険が適用されたのは、プロ柔道が崩壊した翌年の昭和二十六年（一九五一）だった。

だから「愛妻にストレプトマイシンを」という木村の気持ちは本当だ。しかし、この理由だけでハワイに渡ったならば、いくら牛島が木村に厳しかったといっても後々に関係がおかしくなることもなかった。

「ハワイ行きはならぬ」

梶原一騎《かじわらいっき》は『空手バカ一代《いちだい》』や『プロレススーパースター列伝』でフィクションとノンフィクションを書き混ぜることで、後々まで格闘技史を振り回した。その梶原が初めて〝真実〟を書いたとされる未完の絶筆劇画『男の星座』は、猪瀬直樹までが希《け》有《う》の戦後裏面史であると絶賛する名著である。このなかに、木村が力道山の打撃ラッシュでリング上に斃《たお》れ伏し、関係者が担架を運んできたときに、白髪の牛島が立ち上がり「鬼と謳《うた》われた木村政彦ほどの男を担架に乗せるんじゃない！　自分の足で歩かせろ！　木村！　立て！　自分の足で歩け！」と怒る有名なシーンがある。

だが、あれは嘘《うそ》である。

梶原は『空手バカ一代』のなかではこのセリフを牛島ではなく大山倍達《ますたつ》に言わせているが、実はフィクションが多すぎると不評の『空手バカ一代』こそ真実に近いのだ。だが『空手バカ一代』も完全に真実を語っていない。本当は大山倍達が怒鳴りつけた相手は、担架係ではなく、愛弟子《まなでし》木村政彦の醜態にうろたえる牛島辰熊であった。これは、長年この試合について取材を重ねた私が断言する。

あのとき、牛島はなぜ歳下《としした》の大山に怒鳴りつけられるほどうろたえたのか。戦争を止めるために東條英機暗殺まで計画した剛毅《ごうき》な牛島がなぜ……。その理由については後の力道山戦のときに詳述するが、この理由のそもそもの発端こそが、このプロ柔道崩壊の経緯にあった。

徹底的に当時の新聞を手繰っていくうちに、私は驚くべき記事を見つけた。木村は告訴されるのが怖くてハワイに渡るまで隠れていたと書いているが、実は本当に告訴されていたのだ。自伝は大嘘だった。

《【ハワイ行はならぬ。木村七段ら訴えられる】

国際柔道協会（代表者森岡秀剛）＝東京都中央区越前堀二ノ一＝は、三日東京地裁へ全日本柔道選手権保持者木村政彦七段（三三）＝大田区池上町七九五、坂部保幸六段（三七）＝同、山口利雄六段（三六）＝静岡県三島市六反田四ノ一＝の三氏を雇用契約に違反したとして「三氏は協会の承認なしに柔道の試合、演技公開、またはこれらの目的で海外渡航してはならぬ」という判決を求め訴訟を起した。

訴状によると、木村七段らは結成され、個人契約で専属選手を雇い入れ、柔道の試合、演技興行など一切を経営していた、専属選手として協会と契約していたが、去る六月協会に無断で当時東京に来ていたハワイの興行師松尾氏と契約、近くハワイに渡航することに決った。これが契約違反だというのである》（朝日新聞昭和二十五年十月四日付）

記事には《去る六月協会に無断で当時東京に来ていたハワイの興行師松尾氏と契約》とある。六月といえばまだ旗揚げ戦から間もなくのこと、北海道巡業に行く前ではないか。いったいどういうことなのか――。

六月まで遡《さかのぼ》ってもういちど各新聞を洗うと、毎日新聞のホノルル通信員によるスクープが見つかった。

《【プロ柔道今秋ハワイへ】

［ホノルルにて坂口本社通信員発」当地の米国柔道会では日本プロ柔道選手木村政彦氏ほか三名の招へいを交渉していたが今回まとまったので木村選手一行は今秋十月ハワイに来ることに決定した》（毎日新聞昭和二十五年六月二十四日付）

木村はプロ柔道休眠宣言の二カ月以上前に「米国柔道会」なる団体の交渉に応じ、サインをしていた。そしてそれを毎日新聞にすっぱ抜かれたのである。

この毎日新聞のスクープに牛島たちフロント陣は慌《あわ》てたに違いない。

木村政彦、山口利夫、坂部保幸という看板選手三人の離脱は団体にとっては致命的だ。木村たちはフロントに「すいません。ハワイには行きません。国際柔道協会の選手としてやっていきます」とでも謝ったのだろう。だからこそ北海道巡業にも一緒に行っているのだ。

月影四郎が若林太郎に言っているように協会は七月の末頃、登別で解散した。だが、ここで間違ってならないのは、協会は「崩壊」したのではなく「休眠」しただけだということだ。月影が証言しているように、牛島は選手たちに「また再起するけど、それまでは自活せよ」と言ったのだ。この時点ではあくまで休眠である。

だが、木村は師の「再起」への思いを裏切り、すでに心はハワイにあった。国際柔道協会休眠後、協会を通さず三人で相撲大会のイベントに出たという記事を静岡新聞に見つけた。問題になる以上、プロとして金を受け取っていたのは確実だ。

《【柔道協會《きょうかい》、渡米を否定。熱海市で相撲の両選手】

［熱海発］プロ柔道選士の花形として活躍している木村七段、山口坂部六段の渡米について国際柔道協會がこれを問題化している。

すなわち木村七段らは去る廿《にじゅう》七八両日、熱海市小公園において渡米柔道選士として相撲大会に出場したが、最近神奈川県鎌倉においても同様の催しがあり、鎌倉市長谷一の五辻井氏から国際柔道協會にこの眞偽を問い合わせたところ、柔道協会では渡米説を完全に否定、会長高野政造理事牛島辰熊八段が連署で二日熱海市署にこのような事実はないと渡米説を否定して来た。熱海市署では当時熱海市観光課をはじめ旅館組合等も後援したのでその眞相調査を始めた》（静岡新聞昭和二十五年九月三日付）

警察まで動く一大事になっている。

一読するだけではわかりにくい文章だが、つまり鎌倉と熱海で行われた相撲大会のイベントに参加した木村と山口と坂部の三人が《渡米柔道選士》を名乗って、「すでに私たちは国際柔道協会の選手ではない」と言っていたようだ。それを不審に思った観客が国際柔道協会に問い合わせ、高野や牛島が「彼らはうちの選手だから渡米選士云々《うんぬん》はありえない」と否定に躍起になっているのだ。月影が言うように事務所はすでに閉鎖されていたのだろうが、やはりフロントにとっては休眠だったのだ。それは、すでに金の援助を打ち切っている高野までここで名前を出していることが証明している。

まさかの新団体旗揚げ

この後も国際柔道協会フロント陣は、木村政彦たち三人の渡米説に関して、マスコミに対し火消しに必死になっている。

各種新聞記事を並行して読み進めていくと、フロント陣は木村たち三人をなだめ、そこまで渡米したいのなら国際柔道協会の選手として行き、協会の将来の海外展開のための先兵になってくれと和解しようとしたようだ。そして九月二十四日に静岡市公会堂で、九月三十日に後楽園競輪場で二回の「渡米送別興行」を開いてくれた。

これで丸く収まったはずであった。だが、このわずか三日後の十月三日、国際柔道協会は告訴した。

なぜなのか。

木村たちがハワイへ出発したのは翌年一月である。

《【柔道の木村ら渡米】

［横浜発］廿日《はつか》午後四時横浜を出帆ハワイへ向うAPL、Pクリーヴランド号でプロ柔道の木村政彦七段をはじめ、菅野空中サーカス一行廿一名、ピアニスト平田みちさんなどが渡米した》（読売新聞昭和二十六年一月二十一日付）

普通に考えれば、告訴するなら渡米後だろう。なぜ急いで十月三日に告訴したのか――。

実は、木村が中心となって、なんとプロ柔道の新団体を旗揚げしてしまったからだ。エース木村が離脱しては、もう国際柔道協会の興行再開の夢は捨てざるをえない。法的措置をとってでも縛り付けねばならない。

この新団体旗揚げに私が気づいたのは、ブラジル遠征時の記事を追っているときだった。

木村はハワイなどへ行って帰国した後、昭和二十六年夏に今度は山口利夫と加藤幸《ゆき》夫《お》を伴ってブラジルへ発《た》つ。七月二十五日にブラジルに着いた木村は、その翌日、邦字紙にこんなことを平然と言っているのだ。あのエリオ・グレイシー戦の三カ月前だ。

「昨年四月に国際柔道協会という機構で約四十人位で作ったが、どうしてもあきたりず十月別に『全日本プロ柔道家協会』を結成した。現在約十人位いるが、たいてい外国に行っている。プロの特長は勝負がつくまで二時間でも三時間でもやって勝負を争うことで、成績が直ちに収入に影響するのでみな真剣にやる。プロの三段はアマチュアの五段に負けません。従って大衆に迎えられるところとなり次第に関心は高まっています。昨年七月にプロ柔道選手権大会をやり選手権は自分が獲得しましたが、その後は北海道、奥州《おうしゅう》へ巡業しました」（パウリスタ新聞七月二十七日付）

つまり木村は九月三十日に送別興行を開いてもらいながら、十月に入るやすぐに全日本プロ柔道家協会という新団体を旗揚げしたのだ。もちろん愛妻斗美の薬代が欲しかったのは嘘《うそ》ではない。だが、愛妻の薬代を稼ぎたいだけならば国際柔道協会派遣でのハワイ行きでもまかなえたかもしれない。しかし木村たちはそれを厭《いと》い、三人だけで《ハワイでひともうけ》（『わが柔道』）しようとしたのだ。

前述のように、国際柔道協会の「解散・休眠」の原因は、地方巡業がうまくいかなかったことにある。

しかし、その後の「崩壊」の原因は、講道館の嫌がらせでも、フロント陣の蒙昧《もうまい》や横領でもなく、木村が新団体を旗揚げしたことだ。戦犯は木村である。

パウリスタ新聞紙上での木村の発言は滅茶苦茶《めちゃくちゃ》だ。師を裏切って新団体を旗揚げし

「どうしてもあきたらず」はなかろう。メンバーは「約十人位いる」と言っているように、国際柔道協会から何人か引き抜いたのかもしれない。そして「選手権は自分が獲得しました」とか「その後は北海道、奥州へ巡業しました」などと、国際柔道協会時代のことをさも自分がやったことのように語っているのである。

東條英機暗殺教唆《きょうさ》さえ断れなかった絶対服従の牛島辰熊から地球の裏側ブラジルまで逃げた木村は、師の束縛から放たれて完全に弾《はじ》けてしまい、本来の自分らしさ、すなわち戦中戦後の無軌道な生き方が爆発してしまうのだ。木村はブラジルで柔道の段位を売りまくり、レスラーとしてリングに上がり、わずか数カ月で今の金に換算して数億円を稼ぎ出す。

逆に牛島は、国際柔道協会を解散したとき自分の土地などを売ってその金を選手たちに配っている。

いくばくかの金を貰《もら》ったことは、遠藤幸吉も覚えているという。

裏切られた牛島の心中はいかほどだったか察してあまりある。愛弟子《まなでし》を告訴、そこまでしたのである。

考えてもみてほしい。あの時代、一緒に三十六時間も汽車に乗って旭川に行き、札幌、登別《のぼりべつ》、釧路、函館と回りながら、夜は車座になって酒を飲み、将来の協会の海外雄飛の夢を語り合っていたわけだ。だが木村たち三人は六月すでにハワイ行きを契約し、自分たちだけ心がその場になかったのである。

前述のように、たしかに旗揚げ後は講道館はプロ柔道を容認した。しかし、旗揚げ時には破門覚悟でフロント陣も選手も参集したはずである。言ってみれば親の反対を振り切って駆け落ちし、愛を語り合っていた恋人が、実は二カ月前から二股《ふたまた》をかけられていて、突然逃げられたのと同じなのだ。

昭和十五年の天覧試合前、牛島は毎夜水垢離《みずごり》までして自身がかなえられなかった夢を木村に託した。木村もそれにこたえ、連日十時間以上に及ぶ猛稽古《もうげいこ》に耐えてこれを制した。この一心同体となっての激烈なる師弟愛は《木村が勝つことは牛島が勝つことであり、木村が敗るることは牛島が敗るることである》(『紀元二千六百年奉祝昭和天覧試合』)とまで讃《たた》えられた。

牛島が木村を告訴したのは、あの栄光の天覧試合優勝から、ちょうど十年後のことだった。

第17章　ハワイへの逃亡

生きるために、堕《お》ちよ

牛島辰熊《たつくま》のプロ柔道団体「国際柔道協会」のスポンサーだった高野政造（高野建設社長）の次男・高野晟は、こう証言する。

「私が慶応の工学部の学生だった頃ですが、高野建設の本社を訪ねたときに何度も牛島先生を見かけたことがあります。階段ですれ違ったりしました。まわりの人が『あの方が牛島辰熊先生ですよ』と教えてくれました。口髭《くちひげ》を生やした立派な体格のお方で、凛《りん》として、いかにも武道家然とした感じでした」

木村政彦は高野建設を訪れたことがあるのだろうか。

「木村先生は一回だけ本社の方に来たとうかがっています。ですけれども、父の側近の方たちにはあまりよく言われてなかったようですね。あの力道山との試合の後に

『力道山は新田さん（新田新作、新田建設社長、力道山初期のスポンサー）に恩返ししたけども木村さんは恩返ししなかった』なんて言われてました」

高野晟自身は木村とは面識がないので特別思うところはないようだが、少なくとも、木村が当時の高野政造のまわりの人間にどう思われていたかよくわかる。力道山が新田に恩返しをしたという件に関しては私は異論があるが、その件は後に回したい。

高野晟は、私が「木村先生が新団体を旗揚げして海外に逃げてしまったので高野社長や牛島先生の団体が潰《つぶ》れてしまったんです」と教えると、「なるほど、そういうことだったんですか……」と得心したようだった。

牛島と木村は一心同体の師弟であった。

しかし、ここまで書いてきたように、ある意味で真逆の人間でもあった。思想と宗教を持ち清廉《せいれん》潔白に生きようとする牛島と、あまりに人間的な悪童木村は、真逆の部分を持っていた。だから拓大の弟子も、牛島の剛毅《ごうき》な潔癖さに私淑する者と木村の人間らしさを愛する者に分かれているところがある。

牛島が木村を東條英機暗殺の鉄砲玉に使おうとしたと明かしてくれたOBは木村が人間らしいからこそ愛している人物で、「牛島先生のせいで木村先生は人生を振り回されたんです」とまで言った。

鬼の師弟はともに頂点を極めた男で、しかもとてつもなく個性が強く、人を惹《ひ》きつけてやまない魅力を持っている。だから、ここまで読んできた読者も牛島支持派と木村支持派に分かれるのではないか。

木村政彦の柔道の破格の強さは認めるが私生活の無軌道な悪童ぶりについてよく思わない人も柔道界に多くいるのは事実である。

ある老柔道家（拓大関係者ではない）は、私が、木村がプロ柔道の新団体を旗揚げした件を話すと、あきれたようにこう言った。

「告訴されるくらいに、恩師をそこまで怒らせる人っておかしいと思いませんか」

私は必死に木村を弁護した。

「僕は、木村先生は初めて牛島先生に逆らったと思うんですよ。昭和十年に牛島塾に引き取られてから、たとえば山下（泰裕《やすひろ》）先生を佐藤（宣践《のぶゆき》）先生が秘蔵っ子として引き取って育てたのと同じですけれども、それ以上に昔のことですから師弟関係は厳しかったと思うんです。女性から来たラブレターも破り捨てられて、生活のあらゆるものを天覧試合制覇のために、師匠の牛島先生のために捧《ささ》げていたんです。それが戦争を挟んでばたばたしているうちにプロ柔道の旗揚げがあって、それがうまくいかなくて、奥さんの病気もあって。僕のイメージとしては思春期の息子が父親に初めて逆らったのに似てると思うんです……。木村先生にも言い分があると思うんです、警視庁の柔道師範の職が決まっていたのに牛島先生に半ば強制的にプロ柔道に引き込まれて……」

だが、私がいくら頑張っても、その老柔道家は肯《うなず》いてはくれなかった。

たしかに牛島は素晴らしい男であった。たしかに木村は師を裏切った。だが、だが……本当に木村が悪いのか。木村だけが悪いのか、時代が悪かったのではないのか……。あの戦争さえなければ……。

堕《お》ちよ、と言った。

坂口安吾《あんご》である。

敗戦からまだ八カ月しか経《た》っていない昭和二十一年（一九四六）四月、三十九歳の安吾が発表した『堕落論《だらくろん》』は世間に大きな衝撃を与えた。

思想とも宗教ともムラ組織とも離れたスタンスから、戦争と人間の本質に斬《き》り込んでいたからである。無頼派安吾の真骨頂であった。

《半年のうちに世相は変った。醜《しこ》の御楯《みたて》といでたつ我は。大君のへにこそ死なめかへりみはせじ。若者達は花と散ったが、同じ彼等が生き残って闇屋《やみや》となる。ももとせの命ねがはじいつの日か御楯とゆかん君とちぎりて。けなげな心情で男を送った女達も半年の月日のうちに夫君の位牌《いはい》にぬかずくことも事務的になるばかりであろうし、やがて新たな面影を胸に宿すのも遠い日のことではない。人間が変ったのではない。人間は元来そういうものであり、変ったのは世相の上皮だけのことだ》（『堕落論』）

安吾は武士道というものが、一面で時の体制に利用されてきたことを喝破した。武士道そのものを否定したのではない。武士道を、そしてそこから派生した戦時に利用された武道精神を利用した側を批判したのである。

《この戦争中、文士は未亡人の恋愛を書くことを禁じられていた。戦争未亡人を挑発堕落させてはいけないという軍人政治家の魂胆で彼女達に使徒の余生を送らせようと欲していたのであろう。軍人達の悪徳に対する理解力は敏感であって、彼等は女心の変り易《やす》さを知らなかったわけではなく、知りすぎていたので、こういう禁止項目を案出に及んだまでであった。（中略）

日本戦史は武士道の戦史よりも権謀術数の戦史であり、歴史の証明にまつよりも自我の本心を見つめることによって歴史のカラクリを知り得るであろう。今日の軍人政治家が未亡人の恋愛に就いて執筆を禁じた如《ごと》く、古《いにしえ》の武人は武士道によって自らの又部下達の弱点を抑える必要があった》（同前）

そして安吾は、戦中に天皇を戴《いただ》かざるをえなかった庶民に対し、天皇制は幻であったと、はっきりと言った。

天皇制とは《極《きわ》めて日本的な政治的作品》だと言い切り、日本史上、天皇は何もしておらず、貴族や武士たちの永遠の隆盛のために絶対君主として常に政治的に利用されてきただけであると断言するのだ。政治的に利用するのは天皇でなくてもよかったのであり、《孔子家でも釈迦《しゃか》家でもレーニン家でも構わなかった》と言う。だから国民は天皇を戴くことを捨てても何ら恥じることはない、天皇も国民も何も悪くはないのだと、救いの手を差しのべた。敗戦という自身では抗《あらが》うことのできない巨大な歴史の波に呑《の》まれ、息もできずに苦しんでいた庶民にとっては、まさに救いの書であった。

安吾は「救われるためには堕ちよ」と言った。

《人間。戦争がどんなすさまじい破壊と運命をもって向うにしても人間自体をどう為《な》しうるものでもない。戦争は終った。特攻隊の勇士はすでに闇屋となり、未亡人はすでに新たな面影によって胸をふくらませているではないか。人間は変りはしない。ただ人間へ戻ってきたのだ。人間は堕落する。義士も聖女も堕落する。それを防ぐことはできないし、防ぐことによって人を救うことはできない。人間は生き、人間は堕ちる。そのこと以外の中に人間を救う便利な近道はない。

戦争に負けたから堕ちるのではないのだ。人間だから堕ちるのであり、生きているから堕ちるだけだ。だが人間は永遠に堕ちぬくことはできないだろう。なぜなら人間の心は苦難に対して鋼鉄の如くでは有り得ない。人間は可憐《かれん》であり脆弱《ぜいじゃく》であり、それ故《ゆえ》愚かなものであるが、堕ちぬくためには弱すぎる。人間は結局処女を刺殺せずにはいられず、武士道をあみださずにはいられず、天皇を担《かつ》ぎださずにはいられなくなるであろう。だが他人の処女でなしに自分自身の処女を刺殺し、自分自身の武士道、自分自身の天皇をあみだすためには、人は正しく堕ちる道を堕ちきることが必要なのだ。そして人の如くに日本も亦《また》堕ちることが必要であろう。堕ちる道を堕ちきることによって、自分自身を発見し、救わなければならない》（同前）

しかし、ここに自らの堕落を絶対に許さぬ男がいた。

もちろん牛島辰熊のことだ。

安吾は明治三十九年（一九〇六）生まれ、牛島は明治三十七年（一九〇四）生まれ、まったくの同世代であった。

プロ柔道旗揚げにいたった際の気持ちを、牛島はこう語っている。

「明治維新における混乱と第二次世界大戦敗戦における日本の敗北とは、混乱ということに限ってよく似ている。前者は徳川三百年の封建制度の崩壊による新しい君主国・日本の誕生であった。国内には各地に小規模の戦争があったが、それはあくまで日本人同志の新旧思想の相剋《そうこく》であった。やがて新時代を迎え武士階級は崩れ、廃刀令が出て、武術は滅亡の危機にさらされた。

　このとき榊原鍵吉《けんきち》や磯正智《いそまさとも》などは滅び行く日本伝統の武術をなんとかして持ちこたえようと、浅草見付や神田五軒町などの街頭に進出、撃剣会や柔術会を結成して露天興行をしたのである。だが、今度は違う。日本は世界中を相手にして戦い、そして敗北を喫し、降伏したのである。

　国家の自力、再建の目途はまだついてはいない。その再建の根本になる国民の志操は、それは、現在、占領軍の圧迫下にある武道とその精神でなければならない。占領政策はいまや日本人を骨抜きにしようとしているのだ。この日本を救う唯一《ゆいいつ》の途は、武道振興以外には全くない。プロ柔道、おおいに結構じゃないか。武道を見せ物興行としても、士魂を失わなければ、誰がなんと誹謗《ひぼう》しようとも一片のやましさも感じない。俺は甘んじて昭和の榊原鍵吉や磯正智になろう――」

　天皇を戴《いただ》いての大日本帝国による世界統一、すなわち世界最終戦論を唱えた石原莞爾に共鳴して東亜連盟運動に奔走し、さらに東條英機首相暗殺まで企てた誇り高き最後のサムライ牛島には断じて堕ちることなどできなかったのである。プロ柔道崩壊後の昭和二十六年（一九五一）には東亜連盟の復活にかけてまた走り回るのだ。

だが、木村政彦はそうではなかった。

生きるために闇屋をやり、酒を飲み、ヤクザと喧嘩《けんか》して女を抱いた。そして最後に師匠牛島を裏切り、決定的に堕ちていく。これが木村の自然体だった。〝堕落〟を生きたのが戦後の木村だった。この牛島に対する裏切り行為で、その後の木村の人生には堕ちるという選択肢しかなくなった。堕ちて堕ちて堕ちきって、その堕ちきった先が力道山戦だった。

牛島辰熊と木村政彦、この柔道史に燦然《さんぜん》と輝く二人の巨星のうち、どちらの生き方がより正しかったのか――。

身を縮めて生きる日系人たち

木村政彦、山口利夫《としお》、坂部保幸《さかべやすゆき》の三人は、昭和二十五年（一九五〇）十月に新団体「全日本プロ柔道家協会」を旗揚げし、国際柔道協会から脱退した。

年が明けた昭和二十六年一月二十日、体調を崩して次便に乗り換えた山口利夫を置いて、木村政彦と坂部保幸の二人は牛島たちに見つからないように夜逃げのような形で横浜から客船クリーブランド号に乗り込んだ。『憧《あこが》れのハワイ航路』が大ヒットしたのは昭和二十三年だ。横浜港を離れるにつれ、木村たちの心も躍っていったにちがいない。出航は真冬だったが、ハワイへ向かう船上は寝て起きるたびに暖かくなっていっただろう。焦土日本から常夏《とこなつ》のハワイへ……師匠牛島の束縛から逃げた木村にとってはまさに楽園への逃亡だった。

当時の新聞によると、松尾興行との契約では日系422部隊と警察、それにハワイ大学で柔道を教えることになっていた。それにプラスしてハワイと米国本土でのプロ興行契約を結んでいた。

ハワイは戦前から柔道が盛んな土地柄だったが、戦中戦後には敵国からの移民である日系人たちは身を潜めるようにして生き、とくに軍国主義と繋《つな》げて見られる柔道は自粛せざるをえなかった。これによって戦後は優秀な指導者が減り、競技人口が激減していた。だからハワイ柔道界で、この三人は大歓迎された。

ハワイに最初の日系移民が到着したのは一八八五年（明治十八）、現在でも残り少ないが一世も生存していて、五世まで含め約二十万人が住んでいる。

他国移民と同じく、彼ら一世たちは移民するとすぐに日系コミュニティを作り、そこで心得のある者たちが集まってすぐに野外に畳を敷いての露天練習が始まる。しかし、講道館《こうどうかん》の創設が一八八二年（明治十五）なので、はじめはそのほとんどが古流柔術の経験者だった。

常設の本格的な道場ができたのは二十世紀に入ってからである。一九〇二年（明治三十五）に春楊館が、一九〇八年（明治四十一）に尚武館が、ともにホノルル市内にできた。一九三二年（昭和七）に嘉納治五郎《かのうじごろう》講道館長がハワイを直接訪れているが、それでもやはり古流柔術優位は変わらず、春楊館は一九四〇年に大日本武徳会布哇《ぶとくかいハワイ》支部道場となり、戦後、武徳会がGHQに強制解散させられると、再び春楊館に改称された。

ハワイでの柔道普及は、他国で柔道が広がった経緯と同じように、やはり他格闘技への実戦技術の優位性を示すことから始まった。

一九二二年（大正十一）の布哇報知新聞を手繰ると、そこには岡崎清四郎という名の柔道家とモリスという米国人ボクサーの試合が報じられている。

《【岡崎対モリスの試合、僅《わず》か二分で岡崎大勝】

両者の出場したる時は、観客は一斉拍手を以《もっ》て迎へ、ルールを公表したる後、双方立ち上がり、岡崎氏は必勝を期待したる面色にて下段に構へ、モリスに対したるが、モリスも一撃して倒す勢ひ凄《すさま》じく、双方共隙《すき》を窺《うかが》ひつつありき。岡崎氏は飛鳥《ひちょう》の如《ごと》く

飛び込み、両足を掬《すく》って倒し……（後略）》（布哇報知一九二二年五月二十三日付）

岡崎清四郎という柔道家の実力もモリスというボクサーの実力もわからないが、この頃はまだ世界に柔道の寝技技術が普及していない頃で、もちろん現在のようなバーリトゥード（「何でもあり」「ルールなし」を意味するポルトガル語。投技や寝技の他、打撃技も許されている。現在の総合格闘技の原型）用の技術も確立していなかった。そういう意味で、卓越した投技と寝技を有し、古流の打撃対策も頭にあった当時の講道館柔道の実戦力は、世界の他のどの格闘技より抜きん出て上だった。

前田光世《みつよ》がアメリカ本土に渡ったのが明治三十七年（一九〇四）、ニューヨークで初めてブッチャー・ボーイと正式試合をしたのが翌明治三十八年（一九〇五）である。前田が欧州での異種格闘技戦巡りを経てブラジルのベレンでカルロス・グレイシーに柔道を教えはじめたのが大正三年（一九一四）であるから、岡崎とモリスが戦った大正十一年（一九二二）といえば、まだまだハワイでは柔道が最強の時代であった。

船での移動が主だった当時は、海外へ日本文化が伝わるにはかなりの時間を要した。柔道と同じように、茶道や華道なども移民した人間の趣味レベルでは行われたが、本格的な伝播《でんぱ》には時間がかかった。

各種の移民史を手繰ると、たとえば茶道裏千家《うらせんけ》の項には以下のような記述がある。

《在留同胞間における茶道は古くより行われていたが、極《きわ》めて少数の間にたしなまれていたに過ぎなかった。(中略)

一九四〇年九月一日飯田鴻一氏、佐伯宗帆氏の斡旋《あっせん》により、各流合同のお茶の会が開催されたが、非常な盛況を呈し、多数の参観者に多大の感動を与え、茶道進展の機運を開いたのであった。しかし不幸にして第二次世界大戦の勃発《ぼっぱつ》により、茶道は他の日本文化と同じく中絶の運命に遭遇したのであった》(『ハワイ日系移民史』)

そして裏千家布哇支部ができたのは昭和二十五年(一九五〇)十二月十五日だとある。木村政彦たちがハワイに着く一カ月前でしかない。柔道の場合もこれと同じような状況であった。しかも、柔道の場合には話がややこしくなるのが、古流柔術と講道館柔道との対立構図が、日本でのそれよりかなり遅れて、つまり〝時差〟をもって海外で起こっていたことである。

木村政彦がハワイに渡ったときの新聞へのコメント(後述)に「布哇《ハワイ》柔術協會《きょうかい》主催で大會《たいかい》が開かれそれに出場する」とあり、さらに主催は《米國柔術協會布哇支部》だという記述もある。つまり木村たち三人がハワイに渡った昭和二十六年(一九五一)の時点でも、まだ講道館柔道より古流柔術が優勢であったのだ。布哇支部とあるからには米国本土も間違いなく「柔術」の名前を使っていたのだ。

私の手元に春楊館草創期の集合写真があるが、古流柔術の短い袖《そで》の道衣と講道館の長袖の道衣が混淆《こんこう》しており、雑多な人たちが集まって練習していたのがよくわかる。

ブラジル興行についてはグレイシー柔術の登場後、多くの事実が活字になっているのでわかっていることも多いが、この最初のハワイ遠征についてはほとんど資料がないので、現地の邦字紙「ＴＨＥ ＨＡＷＡＩＩ ＨＥＲＡＬＤ＝ハワイ・ヘラルド」（現在の「ハワイ報知」。戦中戦後の一時期、米国が日本語の題号を禁じたのでこのときは「ＴＨＥ ＨＡＷＡＩＩ ＨＥＲＡＬＤ」の名で出していた）で彼らがプロ柔道家としてリングに上がり、そして最終的には道衣も脱ぎ払って日本人初の本格的なプロレスラーとなっていく経緯を追っていこう。

木村に勝てば〝賞金２００万円〟

木村政彦がハワイに到着したのは昭和二十六年（一九五一）一月二十七日なので、一週間の船旅だった。

ハワイ・ヘラルド紙は社会面トップで大きく扱っている。

《【プロ柔道の両巨星、木村、坂部来る。けさクリーヴランド號《ごう》で】

今朝七時横濱《よこはま》から入港したプレヂデント・クリーヴランド號で日本プロ柔道の木村政彦七段、坂部保幸六段、ソガノ・サーカス廿一《にじゅういち》名の一行が来布《らいふ》し、通過船客中には日本佛教《ぶっきょう》連合會《かい》代表で渡米する三吉日照師僧正、米國《べいこく》の學校《がっこう》視察に赴く文部省官吏菅野真、天城勲両氏などがあり賑《にぎ》やかな情景を呈した。

【レスリングや拳闘《けんとう》など研究。木村、坂部氏談】

當市《とうし》の松尾兄弟興行部の招聘《しょうへい》で来布した日本プロ柔道界の巨星木村政彦七段、坂部保幸六段は周囲を圧するやうな巨体の持主、船上で木村七段は記者に向かひ次の如《ごと》く語つた。

「ハワイでは布哇《ハワイ》柔術協會主催で大會《たいかい》が開かれそれに出場することになつてゐますが、二ヶ月餘《あま》り滞在の豫定《よてい》ですが布哇や米國ではプロ・レスリング及びプロ拳闘を研究して其《そ》の技術を柔道に採り入れて見たいと思つてゐます、また之等《これら》プロ・スポーツが米國で如何《いか》に運営されてゐるか見て日本のプロ柔道の参考にしたいと考へてゐます」

（中略）

木村、坂部両氏を中心とした柔道大會《たいかい》は来《きた》る三月七日九日、十日の三日間公會館《こうかいかん》で開催される予定である》（ハワイ・ヘラルド一九五一年一月二十七日付）

公會館とはシビックホールの日本語名である。

この記事を読んでの新しい発見は、木村が「プロ拳闘《けんとう》（ボクシング）を研究して其《そ》の技術を柔道に採り入れて見たいと思つてゐます」と国際柔道協会のルールでは許されていなかった打撃技に興味を示していることだ。すでに木村は自身の新団体「全日本プロ柔道家協会」に打撃ありのルールの採用を考えていたのだ。あの七項目しかない国際柔道協会ルールに打撃を入れれば、これはもう完全なバーリトゥードであり、総合格闘技ルールだ。木村は若い頃から、嘉納治五郎と同じくとにかく打撃技への好奇心が強い。

また、記事のリード（前文）に《日本プロ柔道の木村政彦七段、坂部保幸六段、ソガノ・サーカス廿一《にじゅういち》名の一行が来布し》と、木村たちプロ柔道の選手と菅野サーカス団は《一行》と一括《ひとくく》りにされている。これはつまり、ハワイのプロモーター《松尾兄弟》は、木村たちと菅野サーカス団をまとめて招聘したということだ。

新聞の他の記事には、同じ時期、プロモーターは松尾兄弟とは別だろうが、プロ野球の毎日オリオンズもハワイで地元の日系のさまざまなチームと試合をしていて、どこも大入りしているのが報じられている。翌年の木村たちのブラジル遠征もそうだが、この時期、戦中に圧せられていた移民地の日系社会は日本本国から来た一流の見せ物（興行）は必ず大入りするという興行バブル状態だったのだろう。だからこそ木村たちは松尾兄弟に目をつけられたのであろうし、後にブラジルの新聞社にも招かれて渡《と》伯《はく》（伯はブラジルを表す漢字）するのである。

山口利夫がハワイに着いたのは木村政彦に遅れること三週間目の二月二十日であった。木村たち三人は試合前までハワイ各地の道場を回って柔道指導をした。

三月に入ると、いよいよ試合まで残り一週間である。

二日付のハワイ・ヘラルドは木村政彦が坂部保幸に体落《たいおと》しをかける縦三段写真を張って、スポーツ面トップで大会の詳細を報じている。

翌三日付の同紙は木村の十人掛《が》け（十人を相手に次々とやる試合）試合が決まったと報じている。

《木村七段は當地《とうち》の外人柔道選手十名を相手にして試合することになつた、次から次へと十人が挑戦して試合するので木村七段を倒し得たものには五百弗《ドル》の賞金が与へられる》（ハワイ・ヘラルド一九五一年三月三日付）

五百ドルの賞金というと、入場料が一ドル席と二ドル席なので、一ドル席が今の三千円程度だとすると五百ドルといえば二百万円弱になる。

木村政彦たち三人のプロ柔道興行初日は四千五百人の観衆をのんで大成功した。

翌日付の新聞には大見出しが躍っている。リングには琉球拳法《りゅうきゅうけんぽう》（沖縄空手）や支那《しな》拳法（中国拳法）の人間が上がっているが、あくまで前座での型の披露にとどまっており、日本本土と同じく、当時まだ打撃系の格闘技が柔術や柔道、レスリングより認知度も地位も低かったのがうかがえる。

木村は十人掛けをすべて一分以内で片付けたようで、よほど記者が驚いたのだろう、詳しく書いている。この十人掛けの部分だけ引用する。

《【木村七段十人掛《がけ》、十分以内に軽く一蹴《いっしゅう》】

昨夜の大會《たいかい》最後の呼物として、當地《とうち》柔道界より選りすぐつた猛者《もさ》連十人が、息もつかせず木村七段を攻め立てたが、技ありの一本でさへ取ることが出来ず、悉《ことごと》く首級《しゅきゅう》を挙げられて空《むな》しく退いた。試合は九時三十五分に始まり五十四分を以《もっ》て終つたので、その間十九分各選士の登場、退場及び紹介の時間を平均一分宛《ずつ》と見て、正味九分前後で軽く一蹴された譯《わけ》で、時間的に見てもその強豪振《ぶり》が察せられる》（ハワイ・ヘラルド一九五一年三月八日付）

相手がそれほど弱かったわけではない。それはたとえば坂部の試合後のコメントを読むとわかる。

「布哇《ハワイ》の選手は思つたより技が佳《うま》い。技が相當《そうとう》に発達してゐて、此方《こちら》が掛けようとしても、巧に逃げる。又身体に弾力があつて善く動く。型の如き妙境に入つた感じを与へるものがある。全體的《ぜんたい》に布哇の柔道は予想以上に発達してゐる。是《これ》を指導するには日本からの三段位では駄目、五段以上の人が師範にならねば本當《ほんとう》の稽古《けいこ》は出来ないと感じた」（同前）

当時の三段といえば現在の五段くらいである。かなりハワイの選手たちのレベルが高かったのがわかる。しかし、相手は鬼の木村政彦なのだ。どうにもならなかったのはしかたがない。

観衆は木村たちトップ柔道家を初めて目《ま》の当たりにして動揺したようで、「飛び入り参加で勝ったら五百ドル進呈」というプログラムには誰も手をあげなかったため、次の九日の興行では賞金が千ドルに倍増された。

しかし九日の興行でも木村との賞金マッチに名乗りでる者はいなかった。木村はまた十人掛けだけをやり、すべて一本勝ちで軽く料理している。興行が終わり、後片付けを残すだけとなったところでやっと「明日、挑戦したい」という者が現れたというベタ記事が十日付の同紙にある。一二二キロの巨漢サモア人だが、翌日の新聞には結果が載っていないので木村が軽く片付けたか試合が流れたのだろう。

妻へ送った抗生物質

木村は後にこのハワイのプロ柔道興行は《一試合のファイトマネーは10万円》だったと雑誌上で発言している。当時の日本の公務員初任給から概算すると、この十万円は現在の三百万円程度にあたる。木村の場合、十人掛けをどう計算していたかはわからないが、一興行で十万円だったとしてもこの公會館での三日間で、今の九百万円を稼ぎ出したことになる。三日間で九百万円なら現在のプロ格闘家と比較しても悪くない数字である。

同じ雑誌上で「ハワイで薬をまとめ買いし、どんどん送ったもんですから、家内だけではなく、同室の人まで治りました」と言っているが、木村は実際に大量の抗生物質を買っては日本に送っていた。外でいくら遊んでも、こういうところは本当に愛妻家であった。

ハワイ・ヘラルド紙には抗生物質を日本へ送るための店がたくさん広告を出している。

《日本送りの良薬ストレプトマイシン、発送無料……航空便は実費。右注射薬と同時に用ゆる最新内用薬。其《そ》の他各種薬品を取揃《とりそろ》へて居《お》りますから薬品の日本送りは何卒《なにとぞ》弊店に御用命下さい。カパフル街六〇一カパフル・ヅラッグ》

木村はこういった店でストレプトマイシンとパスを買っては熊本に入院する妻斗美に送っていた。値段は「芳野薬店舗」の広告に一グラム入り十個で九ドルと書いてあるので、当時は一ドル三百六十円だから日本円で三千二百四十円だ。ストレプトマイシンは日本では明治製菓が昭和二十五年（一九五〇）から「硫酸ストレプトマイシン明治」という商品名で売りだした（ただしこの時はまだ保険適用外）。

当時の明治の製品説明書を読むと「用法及び用量」のところに、肺結核には通常成人1日1g（力価《りきか》）を筋肉内注射する、はじめの1〜3ヵ月は毎日、その後週2日投与する、とある。木村の「同室の人まで治りました」という証言から、以下、あくまで仮定であるが計算してみよう。いま建てられる新築病院の大部屋は四人が多いが、かつては六〜八人が多かった。斗美の部屋が六人部屋だとすると、全員に二百グラムずつ必要だったとして全部で千二百グラム、つまり米ドルで千八十ドル、三十八万八千八百円だ。プロ柔道の三夜興行のギャラが三十万円なので、その後のギャラを合わせてもその大部分は薬代に消えたと考えてもいい。このハワイ興行の時点では木村は決して偽善的な発言をしているわけではないことがわかる。

木村政彦たちは、三月七日、九日、十日のハワイでの初めての三夜大興行の後、アル・カラシックからの誘いを受けてさらにいくつかの小さな興行に参加している。そのなかにノースショアの「ワイアルア興行」の新聞広告を見つけた。場所はワイアルア・ジムとあるので、小さな箱である。主催はワイアルアW・A・Aとなっている。

この後、いよいよ木村たちは道衣を脱いでプロレスに転向していく。

ただ、坂部だけはハワイをいたく気に入ってしまい、プロレスはやらず「俺は柔道指導者としてハワイに永住したい」と言いだしたので、プロレス話には乗らず、後に〝ハワイ柔道の父〟とよばれる存在となっていく。

アル・カラシックは、ハワイや日本を含む極東地域をすべて仕切るプロレス界の超大物プロモーターで、日本人が海外で試合をするときも、その逆のときも、カラシックの了解がなければならない。だから最初の渡米時は、木村や山口だけではなく後の力道山や東富士らも、日本人はみんなこのカラシックの手で試合をさせてもらったのだ。

木村と山口は日系レスラーのラバーメン・ヒガミ（樋《ひ》上《がみ》蔦《つた》雄《お》）からプロレスのコー

チを受けて、マネージメントも任せるようになった。

ハワイ・ヘラルドは、この木村のプロレス転向を、スポーツ面トップでこう報じている。

《【木村七段、山口六段、レスラーと試合。来《きた》るサンデー夜公會館で】「ハワイの強い柔道家よ、誰れでもよいから出て来い。相手になつて試合する」と西洋相撲のレスラーが布哇《ハワイ》柔道界へ幾回となく挑戦したことは同胞の記憶に新しい所である、このことを聞いた来布中《らいふちゅう》の日本プロ柔道の強豪、木村政彦七段と山口利雄六段は「よし僕等が相手にならう！」と挑戦に應《おう》ずることになつた……即《すなわ》ちホノルル證券會社の渡辺一徹氏と往年の名レスラー「ラバマン」ヒガミ蔦雄氏を證人《しょうにん》として公會館支配人アル・カラシック氏を通じ挑戦受諾の契約書に署名した》（ハワイ・ヘラルド一九五一年四月十八日付）

木村たちが「レスラーの挑戦を受ける」云々《うんぬん》は、もちろんプロレスのアングルだ。

タマゴが割れない程度に握れ

後の雑誌インタビューから、木村が道衣を脱いでプロレスをやった経緯の部分を引いてみよう。

《――ハワイで対戦された相手というのは？
木村　レスラー、柔道マン、ハワイ相撲の力士など10名。いわば格闘技のオールハワイと対戦したわけです。こちら側は、私と、さっき一寸《ちょっと》、話した山口6段、それに現在、ハワイで柔道場を経営している坂部という6段の3人でした。この3人でハワイ八島を回ったわけなんですが、相手が弱すぎてどこも面白くない。相手が30人いたらちょっとは面白くなるのに……なんて冗談を言い合っているうちに松尾興行との契約が切れかかってきたんです。そうしたら、その寸前になってハワイ一のプロモーターのアールカラシックという人から「プロレスをやらないか」と誘われたんです。
――それまではプロレスの経験は？
木村　勿論《もちろん》ありません。話に聞いたことはあっても、実際に見たことがない。そこで、一応見ようということになって、アールカラシックに連れられて観戦に行った。試合が終わったあとで、彼が、「どうだ真剣勝負だっただろう」と、いうもんで、「いやあれは八百長《やおちょう》だった」と、正直に答えたら、「どこが八百長だ」と、ムキになるんです。それで、関節の取り方、首の締め方などいちいち例をとりながら説明してやると、今度は「せっかく来たんだからやってみないか」としきりに誘うんだなあ。「OK」を出したら、どこかのチャンピオンだという白人の大男を連れてきて、アマレス式の試合をやれっていうわけです。アマレス式なら、多少はやったことがあるんで、本気になってやったら、30分に3本のフォールを取ってしまった。驚きましたね。彼は、「柔道にもそんな技があったのか」って。

すっかり気に入られてしまい、契約しようということになったんですが、それにしても私のファイトではショーにならない。そこで、特訓を4日間ほど受けることになったんだが、これがむづかしいんだなあ。元元、私は柔道家だから、相手に手をかける時など、固く握ってしまう。そうすると、プロモーターが中に割ってきて、「ダメダメ」といいながら、自分で私の手を握り「タマゴが割れない程度に軽く握れ」と、握り加減までいちいち指導するんだ。後に力道山の専売特許のように言われる空手チョップも、実はこういった練習の過程の中で生まれてきたんだ。

そのうち、妙な話だがプロモーターが、私の顔もいかんと言い出したんだ。彼は鏡の前で、怒った顔、笑った顔など、4つほどの表情を自分で作ると、その通りにマスターしろと言うんだ。言われた通りに一生懸命に練習し、どうやらサマになり始めた頃、「次の試合に入れたから」と、言い渡された。

――プロレスへの初登場というわけですね。相手選手を今も覚えていますか。

木村　確か黒人選手だったと思う。試合に先立ってプロモーターから、まだ試合が下手だから、観客に迷惑をかけないよう、5分以内で勝負をつけるように言われた。私が善玉《ぜんだま》で相手が悪玉《あくだま》。試合の展開は、プロレス特有のありきたりのもので、最初は相手ががんがん出てきて、こちらは防戦一方、開始から5分後にようやく、反撃に出るわけだが、相手選手はうまかったね。びっくりしてしまった。(笑)なにしろ私が背負い投げを打つと相手は一度、マットに落ちた後、もう一度、宙に吹っ飛び、さらに2度目の受け身をやるんだ。デビュー戦でしたけど観客にうけましたね。試合の模様は映画に撮られて、確か「決戦」というタイトルだったと思うが、日本にも紹介されました》(『ビッグレスラー』昭和五十八年三月号)

このときのハワイ行きで、木村と山口はプロレスを六試合したようである。しかし、プロレスマニアの間で地下流通するコピーだけで作ったデータ本『THE GREATEST WRESTLER』の木村の項にも、この第一回ハワイ行きのプロレス試合は掲載されていない。

私が確認できたのは、ハワイ・ヘラルドにある四月二十二日の公會館《こうかいかん》の木村政彦vsベン・シャーマン、山口利夫vsスギ・ハヤマキのデビュー戦、五月六日の木村政彦vsジョー・ベニンカソと山口利夫vsテッド・トラビス戦、五月十三日の木村政彦vsアンドレ・アセリンと山口利夫vsジョー・ベニンカソの三興行だけであった。

あくまでプロレスの試合なので、試合内容については意味がないが、木村がプロレスのリングを始めたばかりの頃の雰囲気がわかる貴重な資料なので、一試合だけハワイ・ヘラルドから引用しておく。

《木村七段は四十五分のタイム制限でカナダの重量級覇者アンドレ・アセリンと純レスリング試合を行つた。木村七段は来布《らいふ》以来熱心に西洋相撲の修練に努めたので昨今は愈《いよいよ》軌道に乗り自信に満ちた試合振りであつた、ヘッド・ロック、腕の逆《ぎゃく》、トー・ホールド等レスリングの技を巧に使ひ、また背負投げ、足拂《あしばら》ひ、腰投げなど柔道の粋を利用してアセリンを悩ましたが、フォールには至らず規定四十五分を経過したので樋上審判により引分けを宣せられた》（ハワイ・ヘラルド一九五一年五月十四日付）

五月三十日に、木村と山口はいったん日本に帰り、一カ月半後、今度は加藤幸夫《ゆきお》を加えた三人で、いよいよブラジルへ発《た》つ。

そして、世界の格闘技史を塗り替える、あの伝説の大試合をやるのだ。

ブラジリアン柔術ルールでもバーリトゥード（「何でもあり」「ルールなし」を意味するポルトガル語。投技や寝技の他、打撃技も認められる。現在の総合格闘技の原型）でも連戦連勝を続けるエリオ・グレイシーはブラジルの英雄だった。この写真は1932年、エリオ（右）が18歳、アマレス95kg級世界２位の強豪フレッド・エバートと初の公開他流試合を戦ったときの試合を報じるブラジル紙。１ページ丸ごと使っていることからもエリオの人気の高さがわかる。

第18章　ブラジルと柔道、そしてブラジリアン柔術

ブラジルの光

ブラジル――。

バーリトゥード発祥の地、いま世界で隆盛をきわめている総合格闘技（MMA《エムエムエー》）の祖国である。

地球の裏側にあるこの地で、講道館柔道が別の方向へ進化し、ブラジリアン柔術となり、総合格闘技となった。この歴史を語るには、かなりの覚悟が必要だ。

総合格闘技とブラジリアン柔術の技術の驚異的な伸びと歩調を合わせるように、史実の研究も急進歩し、実力派の書き手たちがディープな議論を格闘技専門誌で交わし続けているので、ほんの十年前の活字資料が陳腐化してしまっているという現実があるからだ。

また、柔道が根付く過程を説明するには、柔道の歴史だけではなく、第二次世界大戦や移民《いみん》史を避けて通ることはできない。それらを私がすべて捕捉《ほそく》することは不可能である。しかし、木村政彦がブラジルに来たとき、いったいこの国はどんな状況にあったのか、それを知らなければ、エリオ戦の意味も木村が現在の世界中の格闘技界に果たした役割を説明することも困難である。総花的にならないよう、何人かの鍵《かぎ》となる人物の生涯に光を当てながら、ブラジル柔道史の大きな流れを説明していこう。

かつて夢を求めてブラジルの地に渡った日本人の子孫たちが、今、こぞって日本に出稼ぎに来ている。

人は光を求めて、その光の見える方向へ動いていく。

逆にいえば、かつて日系一世たちがブラジルへ渡ったのは、ブラジルに光があったからだ。その光とはなんだったのだろう。

世界地図を拡《ひろ》げてみてほしい。

あらためてブラジルという国の大きさに驚くはずだ。南米大陸の右半分はすべてブラジル国土なのだ。

人口は一億八千万人で日本の一・四倍だが、国土面積は二十三倍もある。そのスケールの大きさを示すのによく取り上げられるのがアマゾン川の河口の幅だ。実に三百三十キロ、これは東京—名古屋間とほぼ同じ距離である。

この、開拓精神を刺激する広大な大地に人生を賭《か》けた笠戸丸《かさとまる》の日系移民第一陣七百九十一人が、五十二日間の船旅に耐えて移住したのは一九〇八年（明治四十一）、今から百年前のことである。

その後、一九一〇年の旅順丸《りょじゅんまる》の九百九人を第二陣とし、次々に日本人たちは海を渡ってきた。最後の移民船は一九七三年（昭和四十八）、移民の数はのべ二十五万人以上に上り、二世、三世、四世、五世を合わせ、現在では百四十万人の日系移民が暮らしている。

ブラジル政府はなぜこれほど大量の日本人を受け入れたのか。

日本人に土地を与えて儲《もう》けさせようとしたのではもちろんない。

理由は労働力不足である。それもとびきり安く使える労働力だ。

政府が奴隷《どれい》制度を廃止したのは一八八八年だった。農園主たちは、かつてアフリカから大量に連れてきた黒人奴隷を解放せざるを得なくなり、それによってコーヒー農園での労働力が圧倒的に不足したのだ。はじめはヨーロッパ諸国に移民を呼び掛けていたが、あまりの重労働による忌避と、第一次世界大戦による混乱で、ターゲットを日本に変え、大量移民を呼び掛けた。

そのプロパガンダを信じて地球の裏側までやってきた日系人たちだったが、現実はまさに奴隷のような生活だった。早朝の草取りから始まり、暗くなるまで延々と続く作業では、ライフルを提げた農園経営者が日系人たちを監視した。ベッドすらあてがわれないのでトウモロコシの葉を敷いて雑魚寝《ざこね》する。マラリアにやられて死ぬ者も後を絶たず、重労働で発狂する者もいた。

たとえばここに最初の移民船笠戸丸で渡ってきた七百九十一人の記録がある。それによると、七百九十一人のうち一年後も同じ農園に残ったのは百九十一人、わずか二十四パーセントだった。残りは死ぬか、生き延びるために逃げ出し、都会へ出た。しかし地元ブラジル人から見れば得体の知れぬ東洋人でしかない彼らにおいしい仕事があるはずがない。もちろん日本へ帰る旅費もない。地べたを這《は》って生きていくしかなかった。これが日系移民たちの現実だった。彼らは寄り集まって助け合い、励まし合った。

日系人たちが集まって作った社会のことを日系コロニアといい、このコロニアの中に彼らは癒《いや》しを求めて〝日本〟を作ろうとした。粗末な家に手作りの畳を敷き、日本犬を育て、三毛猫や金魚を飼った。

柔道もコロニア内の心得のある者たちが集まって始められた。そのうち強くて人望のある者のところに自然に多くの人が集まるようになり、それなりの練習が積めるような環境ができていく。これらの経緯は前述のハワイ移民たちと同じである。

現在のブラジル柔道界の隆盛には、私の北海道大学柔道部の大先輩にあたる大河内《おおこうち》辰夫《たつお》（一九二三年渡伯《とはく》＝伯はブラジルを表す漢字）の政治力・資金力や、鹿島真楊流《しんようりゅう》出身の小川龍造（一九三四年渡伯）の道場チェーン展開の大成功があった。

選手や指導者としては、柔道家でありながらアマレスでも一九二四年パリ五輪銅メダルを獲得した内藤克俊《かつとし》（一九二八年渡伯）、慶大柔道部出身の谷宗兵衛（一九三一年渡伯）、明治神宮大会出場経験もある深谷清節（一九三二年渡伯）のほか、旧制鎮西中学OBの矢野武雄、エリオ戦の際に木村のセコンドについた倉智《くらち》光、中大時代から怪力でならした岡野脩平、帰化してブラジル代表としてミュンヘン五輪銅メダリストとなった早大出身の石井千秋などが尽力している。

講道館からの正式な使節団としては、一九三九年（昭和十四）の小谷澄之・佐藤忠吾、一九五二年（昭和二十七）の高垣信造・大澤慶巳《よしみ》・吉松義彦があった。

彼らのだれか一人でも欠ければ現在のブラジルにおける柔道はなかったであろう。

だが、およそあらゆるものには正伝《せいでん》と外伝《がいでん》がある。

柔道における外伝とは、すなわち異種格闘技戦による強さのアピールだ。

競技スポーツとして発展した現在でさえ、たとえば青年海外協力隊の柔道隊員は乱《らん》取《ど》りで絶対に負けられないという。教え子に投げられたり抑え込まれたりすれば、もう先生として認めてもらえないからだ。あるていど柔道の普及した中東の軍隊指導などで赴く隊員はまだ教え子たちとの乱取りでの勝敗だけを考えていればいいが、柔道がまったく根付いていない発展途上国に赴く隊員たちは他の格闘技の道場破りにも苦労していると聞く。百年以上前に海外で柔道を広めようとした者たちの苦労ははかりしれない。

この異種格闘技戦の積み重ねが柔道を他国に広めていったのである。新しい格闘技を広めるには、実際に戦って勝ってみせるしか方法はなかった。

柔道vsカポエラの戦い

ブラジルで講道館の柔道家として初めて公開の場で異種格闘技戦を戦ったのは、異端の新聞人としてジャーナリスト史に名を残している三浦鑿《さく》であった。

後に三浦は邦字新聞の日伯《にっぱく》新聞社を買収して社主となり、悪夢のような生活を送る移住者たちの立場に立って入植政策のあり方や日本官憲を徹底批判し、無頼記者といわれるようになる。ブラジル政府から二度の国外追放を受け、昭和十六年（一九四一）

には日本からの帰途、天皇制批判を理由に船上で逮捕され、終戦まで巣鴨拘置所で過ごした。そして釈放後すぐに衰弱により死んだ激烈な男である。

愛媛県生まれの三浦は、明治二十九年（一八九六）、十五歳のときに上京して旧制中学に入学し、講道館《こうどうかん》柔道を修行、初段を取得して新潟の旧制高田中学柏崎分校の嘱託教師となった。何度も触れているように、当時の講道館の黒帯は、現在のブラジリアン柔術やかつての極真空手と同じく現在の講道館のそれよりずっと重く、三浦の初段は今でいえば三、四段に相当する。

破天荒な三浦は、新潟から飛び出して小樽の中学教師になったりもしたが、北海道程度では騒ぐ血がおさまらず、上海《シャンハイ》に渡り、さらに香港《ホンコン》からブラジル海軍の練習艦ベンジャミン・コンスタント号に便乗させてもらい、ブラジルへ渡ったのである。

三浦はこの艦上で、すでに柔道を披露していた。

ブラジル軍人たちは、当時の日本人としても小柄な一五五センチしかない三浦のミステリアスなマーシャルアーツに目を丸くした。三浦は艦上で護身術の教授を頼まれ、上陸するとそのままリオに留まり、ブラジル海軍兵学校の柔道教師となる。ブラジルへの講道館柔道伝播はこれを始まりとしてよかろう。

一九〇八年（明治四十一）十二月のことである。笠戸丸で日系移民が初めてブラジルに入植《にゅうしょく》した半年後、三浦二十七歳のときであった。

三浦がカポエラ選手と公開試合を戦ったのは、ブラジルの地を踏んで一年と経ぬ一九〇九年（明治四十二）の春（日本では秋）のことである。日本人がブラジル海軍兵学校で柔道を教えているということが、あちこちで反感を買ったのだ。

「あんなチビの日本人が強いわけがない。柔道なんかやらなくてもブラジルにはカポエラ（蹴《け》り技中心に発達した格闘技）という強い格闘技がある」

こう喧伝《けんでん》されては三浦にも海軍兵学校指導者としてのプライドがあったし、負けん気の強い性格もあった。三浦が応じると、すぐに日程も決められた。

カポエラは今ではただの民族舞踊に落ちてしまったが、当時はリオデジャネイロの港湾労働者などに強者が大勢いて、まだ実戦性を色濃く残していた。

試合場は現在のリオ・ブランコ大通りにあるホテル・アベニータ地階の芝居小屋兼映画館である。各新聞が扱ったので、観客が殺到し、すし詰め超満員の熱気のなかで試合は始まった。三浦の戦いは奴隷《どれい》のような生活を強いられていた日系人たちの誇りを背負ってのものだった。

黒人の大男と一五五センチの三浦が向かい合う。観衆は沸いたが、試合はあっけなかった。あっという間に三浦がKOされたのである。鼻の骨を折られ、金的を蹴られて失神、病院へ運ばれ、そこでやっと目を覚ますというていたらくであった。

多くの資料を突き合わせてみると、どうやらこれは三浦とカポエラ選手双方の勘違いからくるアクシデントだったようだ。

試合開始の合図とともに、カポエラ選手が踊りながら前に出てきて屈《かが》み込み、両手を地面に着けた。三浦はこれをカポエラの礼法だと勘違いして自らも前に出て柔道式に立礼をし、右手を差し出して握手を求めた。しかし「柔道家に体をつかまれるとやっかいだから気をつけろ」と試合前に注意されていたカポエラ選手は、両手を着きながらの回《まわ》し蹴《げ》りをみまったというわけだ（「回し蹴り」とは資料には書いてないが、技名の邦訳が「エイの尻尾《しっぽ》」とあるので、イメージ的におそらく回し蹴りであろう）。

だが、観客にとってこんな事情は関係ない。大事なのはブラジルの格闘技カポエラが小さな日本人をノックアウトしたという目の前の事実だけだ。翌日の新聞各紙は大きくこれを伝え、ブラジル内では「日本の柔道という格闘技はたいしたことがない」という風評が広まってしまった。日系人たちはがっくりと肩を落とした。

三浦はこの対カポエラ敗戦の責任をとって海軍兵学校柔道教師の職を辞し、この試合に関しての言い訳は死ぬまで口にしなかったという。

前田はなぜ柔術を名乗ったのか

しかし、ブラジルにおけるこの柔道に対する悪評は、三浦の敗戦から五年後に吹っ飛ばされる。

一九一四年（大正三）十一月、あの前田光世《みつよ》（別名コンデ・コマ）がやってくるのである。

前田は一九〇四年に講道館から柔道普及のためにアメリカに派遣され、北米、欧州、キューバなどを十年かけて転戦、一六四センチ六八キロの軽量で異種格闘技二千戦無敗といわれている。この数については確証はないし、イギリスではアマレスルールの試合で破れてもいるが、とにかく柔道の海外普及にとてつもなく貢献したのがこの前田であるということに異論をはさむ余地はなかろう。

ブラジルに着いた前田は、連れの佐竹信四郎と共に、サンパウロで次々とブラジル人格闘家を倒して日系人たちはお祭り騒ぎとなった。

講道館指折りの猛者《もさ》で、ベースの柔道の実力はもちろんだが、世界各地で異種格闘技戦を戦ううちに身に着けたグラップラー（組技《くみわざ》系格闘家）仕様のバーリトゥード技術、すなわち相手の打撃技を捌《さば》いて組み付き、投げ、そして寝技に持ち込んで絞《し》め技《わざ》か関節技で仕留めるという必殺パターンを持っていた前田にはどんな格闘家も敵ではなかった。

前田はこのブラジルをいたく気に入り、アマゾン河口の街ベレンを終《つい》の棲家《すみか》としてアカデミア・デ・コンデ・コマという道場を開き、六十三歳で客死（一九四一年）するまで開拓と柔道教授に力を注いだ。カルロス・グレイシーに柔道を教えたのは、このベレン時代である。

エリオ・グレイシーの十一歳年上にあたる兄カルロス・グレイシーが、この前田光世から直接柔道の指導を受け、そのカルロスがエリオに教えた。当時四歳のエリオは前田のことをおぼろげに憶《おぼ》えているという。エリオは自分の息子たち、つまりヒクソンやホイス、ホイラー、ホリオンらにその柔道を伝えた。

これがおおまかなグレイシー柔術誕生の経緯である。

しかし、いまだ解決していない史実がいくつかある。そのひとつが、なぜ「グレイシー柔道」ではなく「グレイシー柔術」なのかということだ。この疑問は一九九三年（平成五）の第一回ＵＦＣでグレイシーが出てきたときから議論百出したが、いまだ明確な答は出ていない。

「前田は、はっきり柔術と言っていた。柔道ではない」

　カルロスはそう断言する。

「グレイシー一族は嘘《うそ》を言っている。前田光世は柔道を教えたが、カルロスたちが意図的に柔術と名乗りだしたのだ」

　こう主張する者もいた。

　だが、この説は高島学による『覆《くつがえ》された定説。グレイシーを経由しない、ブラジリアン柔術史』（『ゴンググラップル』VOL3）によって否定された。カルロス以外の前田の弟子ルイジ・フランサも「前田は柔術を名乗っていた」と言っていたのが明らかになったからである。

　しかし、前田光世が日本で古流柔術を修行したという事実はないのだ。生粋の講道館育ちである。その前田がなぜ講道館柔道ではなく柔術を名乗ったのか。

　前田は講道館から破門されたので講道館柔道を名乗れなくなったのではないかと書く古い資料も多い。この説の根拠は当時の講道館の「他流試合禁止」にある。当時、入門時には必ず誓文に署名させられたが、その第三条には確かにこう書かれている。

《御許可なくして秘事《ひじ》を他言し、或《ある》いは他見為しまじき候《そうろう》事》

　しかし、記録を調べてもそこに前田破門の事実はなく、「三年間の出入り差し止め」

が本当のところだったようだ。

だが、出入り差し止めとはいっても前田はその間も海外にいたのだから講道館に出入りできるわけもなく、実質的には処分はなかったようなものである。前田がアメリカから欧州各地を巡り、キューバに入った頃にはこの処分も解け、四段から五段に昇段もしている。だからブラジル入りのときはその「出入り差し止め」も解けていた。ならば、なぜ前田は柔術を名乗ったのか――。

一九九六年に小学館ノンフィクション大賞優秀賞を受賞した前田光世の評伝『ライオンの夢―コンデ・コマ＝前田光世伝』の著者・神山典士《こうやまのりお》（ノンフィクション作家）に聞いてみた。

「私もはじめ疑問を感じましたが、調べるうち、前田がアメリカ大陸やヨーロッパに渡ったときにはすでに当地では柔術の名前が一般的になっていたのではないかという結論に達しました。たしか当時のドイツでは警察で逮捕術として柔術を採用していたんですよ。こういう状況がすでに定着していたからこそ前田は名前の通った柔術と名乗る方が教えやすかったんでしょう」

社会学者の井上俊《しゅん》（大阪大学名誉教授、京都大学柔道部ＯＢ）も名著『武道の誕生』の中で、柔術と柔道が英語辞典に掲載された時差を例に挙げ、やはり神山と同じ結論を出している。

《アメリカの代表的な辞書の一つ『ウエブスター国際英語辞典』は一九〇九年の改訂新版で、jujutsu と judo をともに収録した。しかし、judo は外国語として欄外に記載され、「= jujutsu」となっているにすぎない。つまり、柔道と柔術は区別されておらず、外来語として正式に辞書に登録されているのは柔術のほうなのである。すでにふれたように、当時はまだ柔術のほうがポピュラーな名称であり、海外においてはとくにそうであった。だから、たとえば前田光世なども、海外における「柔道の宣揚」をモットーとしてはいたが、あえて柔道という名称にはこだわらず、通りのよい柔術を用いることが多かった》

フランス柔道の開拓者の一人、早大柔道部出身の随筆家でありタレントでもある石黒敬七は以下のように言って、自身が渡欧した頃（大正十三年、一九二四）は、やはりまだ柔術の名がポピュラーだったと証言する。

「初めのうちはねえ、外国では柔道というものは柔術という名で広まっていたのです。柔術というのは不思議な術であってこれにかかると骨はバラバラ、指一本ふれてもふっとんでしまう、と、まあこんなつもりで柔術と呼んでいたのでしような、ヨーロッパの人は。二百年も三百年近くもそれが日本の柔道だと絵に描かれてヨーロッパに紹介されているのですよ。オランダから来た宣教師とか旅行者がこんなものだと考えたんでしょうね。僕らが行つた頃はだから術といつておりましてね」（『週刊サンケイ』昭和二十九年四月十一日号）

私の手元に、イギリスでの柔道普及に大きな貢献をした小泉軍治《ぐんじ》（一九〇六年渡英、天神真楊流《てんじんしんようりゅう》出身で後に講道館に転向）と大野秋太郎（前田光世に随伴した講道館の柔道家）による街頭デモンストレーションの写真があるが、その写真の右下には、はっきりと《Jiu-jitsu Wrestler》の文字が記されている。

さらに面白いのは彼らのとるスタイルである。立ち姿勢から攻撃しようとする小泉軍治に対して大野秋太郎は寝姿勢で正対《せいたい》し、小泉の足首を捕まえて下から反撃の姿勢をとっている。これは講道館柔道の技術体系にはない、古流柔術やブラジリアン柔術のバーリトゥード用の発想である。また、二人の道衣の下衣は非常に短く、裾《すそ》が膝《ひざ》の下で紐《ひも》で結ばれている。この下衣は実は寝技に特化した高専柔道の選手たちが相手校の選手に裾を持たれるのを防ぐために考案したものである。なぜ小泉と大野がこのような下衣を穿《は》いていたのかわからないが、他の格闘技との実戦では寝技戦が多くなり、このような道衣の方が戦いやすいと判断し、高専《こうせん》柔道のものを流用したのかもしれない。

とにかく、海外における「柔術」の名は、私たちが思っている以上に早くから、強く強く定着していたのだ。いったいどんな古流柔術家たちが海を渡っていたのだろう。

海を渡った古流の猛者《もさ》たち

海外へ渡った古流柔術家のなかでもとくに有名なのは三宅太郎（タロー・ミヤケ）と谷幸雄（スモール・タニ）の二人の不遷流《ふせんりゅう》柔術家だが、今回は前田光世と濃い交わりを持った福岡庄太郎《しょうたろう》を紹介しよう。

実は、前田光世が一九〇四年から一九一四年まで北米大陸から欧州各地を転戦していたある期間、よく知られる佐竹信四郎や大野秋太郎以外に、この福岡庄太郎が一緒に行動していたのである。

流派は明らかではない。

明治十一年（一八七八）、佐賀県唐津市生まれ、前田光世とまったく同じ歳《とし》だから気が合ったのも当然かもしれない。

北米大陸に渡ったのは前田が一九〇四年だが、福岡は一九〇二年、これは講道館初の海外派遣・山下義韶よりもさらに早い。

この福岡庄太郎以前の存在については社会学者の藪《やぶ》耕太郎（立命館大）がいくつか

の論文で詳しく取りあげている。
たとえば山岡光太郎（探検家、日本人として初めてメッカに入ったムスリム）の『南米と中米の日本人』（一九二二）から《「日本人にして北米でヤンキーを相手に、柔道で取組をやったのは抑《そ》も抑も此人《このひと》が嚆矢《こうし》だそうで、コンデコマ事《こと》前田五段などはズート其後《そのあと》渡米した」》という福岡庄太郎に言及した部分を引用し、しかし《実際は、福岡の渡米以前から複数の柔術家が新天地を求めてアメリカに渡っており、福岡が嚆矢というわけではない》（「福岡庄太郎によるアルゼンチンへの柔術の普及」論文二〇〇六）と書き、福岡庄太郎でさえ柔術家としては決して早い渡航ではなかったのだと指摘している。

藪は別の論文で《従前の研究においては、市井《しせい》の武術家たちの活動が十分に検討されることなく武道の普及史が語られてきた。その大きな要因として、これまでの研究では、武道の海外普及の歴史像を構築する際に、嘉納治五郎による言説や講道館発行の機関誌などの、いわば普及者側の資料を多用する傾向が依然として根強いことが挙げられよう》（「武道の海外普及に関する一考察――１９１０年代のパラグアイにおける受容側からの視点に着目して」論文二〇〇八）と指摘し、講道館側の資料だけに頼っていると、海外での古流柔術・柔道の普及の実態が見えにくいことを強調している。

ここに、北米時代に福岡庄太郎が前田光世と二人で撮った写真があるが、この福岡は一六四センチの前田よりかなり大柄、一八〇センチを超える巨漢で、鍛え抜かれた筋肉質の体型である。体重も一〇〇キロ近くありそうだ。このサイズで古流柔術のグラップリング技術を持っていた福岡の戦闘能力はかなり高かったのは間違いない。

一九〇二年に妻子を日本に残して単身で北米に渡り、各都市で異種格闘技戦を繰り返しヨーロッパに移る。そしてフランスなど各国（一説では全部で二十三カ国を回ったという）でやはり各種の格闘家と戦い、一九〇三年、再び北米に戻って転戦し始めた。

福岡庄太郎の渡米から二年後の一九〇四年、前田光世が富田常次郎《つねじろう》の随伴役として渡米してきた。ご存じのようにこのときの主役は富田であったが、富田が米国人レスラーに敗れて帰国するという事態に、前田は奮起し、富田が帰国した後もアメリカに自主的に残り各地で興行に参加しては異種格闘技戦を繰り返した。

この一九〇四年に福岡庄太郎と前田光世はニューヨークで出会い意気投合、一緒に北米各地で興行して回った。一説には二人でサーカス団に入ったこともあるという。前田の転戦にはこの福岡という頼れる巨漢古流柔術家の盟友がいたのである。いま一般に前田光世の海外転戦で語られるのは伊藤徳五郎、佐竹信四郎、大野秋太郎との関係ばかりだが、実際には前田と最も密な関係を持っていたのは、この福岡庄太郎だったた。だが、福岡は講道館ではなく古流柔術家なので活字資料が残りにくかったのだ。

一九〇六年（明治三十九）、福岡庄太郎は前田光世と別れて、やはり古流柔術出身の角田利太郎とともにアルゼンチンに移る。これはアルゼンチンのプロモーターに誘われてのものだったようで、ブエノスアイレスやロサリオでレスラーらと異種格闘技戦を戦っている。

この異種格闘技興行が評判を呼び、ロサリオ警察とサンタフェ州立警察学校で柔術を教授するようになった。また、町道場も開いて一般人にも柔術を教え始めた。そして一九一五年（大正四）にパラグアイのアスンシオンに移住し、柔術道場と接骨院を開いている。さらにここでもレスラーとの異種格闘技戦を行い、警察に柔術指導を請《こ》われ教官となっている。その後、公立学校での体育教師などを歴任し、日本パラグアイ文化協会を発足させて理事に就任するなど、前田光世にひけをとらない多くの業績を残している。

福岡庄太郎は一九四七年（昭和二十二）十月十六日、ウルグアイで六十九歳で歿《ぼっ》した。翌日付の地元紙は《我々のスポーツ界にとって賞賛すべき、人気者の福岡が死んだ》と、大きくこれを伝えた。

まさに歴史に埋もれた〝もう一人の前田光世〟〝古流柔術のコンデ・コマ〟である。

前三角《まえさんかく》と小野安一

ブラジルの柔道史・格闘技史を語るには「前田光世はなぜ柔術と名乗ったのか」という疑問のほかに、もうひとつ大きな謎《なぞ》がある。それは、ブラジリアン柔術の技術体系のなかになぜ前三角絞めがあるのかということだ。

私はこの前三角絞《まえさんかくじ》めをホイス・グレイシーがUFC《ユーエフシー》の試合で使うのを初めて見たとき違和感を感じた。何かおかしいのだ。記録を手繰ってみると、やはり説明できないミッシングリンクがあった。

前田光世がブラジルにやって来たのは一九一四年（大正三）だが、前三角絞めはこの八年後の一九二二年に六高師範の金光弥一兵衛《かねみつやいちべえ》と部員の早川勝《まさる》らによって共同開発されたものである（高専柔道の章参照）。だから前田がこの技を知るはずもなく、つまりグレイシー一族も知るわけもなく、ならばブラジリアン柔術に伝わるわけもない。たまたま同じ技が太平洋を隔てて高専柔道とグレイシー柔術で開発されたとするにしてはあまりに偶発すぎる。なぜなら、この三角絞めは柔道の「脚を使って首だけを絞めてはならない」というルールの間隙《かんげき》をついて、首と一緒に腕を引っ張り込んで絞めるという特殊な考え方があったからこそ生まれた技だからだ。

かつての高専柔道のルール「帝國大學聯盟《ていこくだいがくれんめい》主催全國高等專門學校柔道優勝大會《たいかい》規

定」の第一条にもはっきりとこう記してある。

《兩脚《りょうあし》ニテ直接ニ頸《くび》ヲハサミテ行フ絞業ハ之《これ》ヲ禁ジ》

高専柔道の前三角絞めがブラジルに渡ってそれがブラジリアン柔術に取り入れられた――この私の仮説が正しいならば、六高で前三角が開発された一九二二年以降に高専柔道関係者がブラジルに伝えたということだ。探しに探してついに見つけたその人物こそ小野安一《おのやすいち》だった。

小野自身は、実際に高専柔道の選手だったわけではない。高専柔道の強豪・旧制六高師範で起倒流《きとうりゅう》野田派十一世の金光弥一兵衛がかまえる玄武館道場（後の玄友会道場）に通っていた町道場の一修行者だった。

当時の金光の寝技技術はもちろん日本一、すなわちそれはイコール世界最先端のもので、前三角絞めや膝十字《ひざじゅうじ》まで紹介している入魂の大著『新式柔道』が出たのが大正十四年（一九二五）だから、まさに脂《あぶら》の乗りきった歳《とし》である。ここで小野は世界最高峰の寝技を学び、初段を允許《いんきょ》された。繰り返すが、当時の初段は現在よりずっと取得が難しかったのでかなりの実力者だ。

小野安一は一六〇センチ七〇キロしかなかったが、六高生たちの対外試合での活躍を鑑《かんが》みれば、その寝技の実力レベルの高さは推察がつく。

小野が弟の直一と共にコーヒー農園の開拓の夢を抱いてブラジルに渡ったのは一九二九年（昭和四）、十九歳のときである。三角絞めが金光師範によって開発されたのが一九二二年だから、渡伯《とはく》はその七年後ということになり、ブラジルの三角絞めの歴史のミッシングリンクが繋《つな》がったことになる。小野はブラジルへ渡る際、師匠金光の技術書『新式柔道』を携えていた。

ブラジリアン柔術への前三角伝播《でんぱ》に小野安一が関わっていたのではないかと気づいたのは木村政彦ルートから調べていた私だけではなく、高専柔道史ルートから調べていたノンフィクション作家の柳澤健《たけし》も同じだった。柳澤はこれらの考察を『ゴングラップルＶＯＬ３』（二〇〇五年刊）と『ゴング格闘技』に短期集中連載した「金光弥一兵衛と旧制六高柔道部――あるいは三角絞めはいかにしてブラジリアン柔術に伝えられたか」（二〇〇六年一月号～四月号）に綿密な現地取材をもとにした詳しい寄稿をしているので、興味のある方は古書店で手に入れてぜひ読んでほしい。

小野安一は多くの移住者がそうであったように農園を四年やって失敗し、農業に見切りをつけてサンパウロに出た。そこでしばらく青果商をしながら糊口《ここう》をしのぐ。

そのうち柔道で生活しようと決心した小野安一は一九三四年（昭和九）、二十四歳のときに全ブラジル武道大会柔道有段者の部に出場してトーナメントを勝ち上がり、前出の実力者・内藤克俊五段と対戦、得意の関節技（腕挫十字固《うでひしぎ》め）を極《き》めるが、内藤の「参った」に構わず肘《ひじ》を折ってしまったので失格となった。これには「参った」ではなく主審の「待て」を聞かなかったという説もあるが、いずれにしても柔道で身をたてようと決心した小野の気迫が伝わるエピソードである。

小野は、この年、イピランガ街で柔道を教えはじめ、翌一九三五年（昭和十）、セレイロ・フルタード街に柔道場『小野道場』を開く。そして飯を食うために新聞広告で挑戦者を募り、賭《か》け試合を始めた。牛島辰熊や木村政彦がプロ柔道を旗揚げする十五年以上前に地球の裏側でプロ柔道家となっていたのだ。

そして柔道の試合だけではなく、レスラーやボクサー、柔術家らと多くの異種格闘技戦をこなし、師匠金光譲りの得意の寝技で連戦連勝を重ねる。戦後、最盛期には七千人の門弟を抱え（昭和二十六年の当地新聞にこの数の記述がある）、しかもその弟子の八五パーセントがブラジル人だった（これも新聞に記述がある）というのを見ても、いかに小野がブラジル格闘技界の現場で評価されていたかがわかる。

はじめの道場からキ・ノベンプロ街、ランゼル・ベスターナ街と移り、一九四三年にはサンジョン大通り沿いのマルテネリー二十五階に移る。当時、小野はブラジルで最も有名で最も強い日本人柔道家だったといってもいいだろう。

ここで注意してほしいのは、小野は「柔道」を名乗ってはいたが金光弥一兵衛師範の起倒流《きとうりゅう》出身だということだ。起倒流は古流には珍しく講道館創立以前から柔術ではなく柔道を名乗っていた。小野の出自はあくまで古流柔術である。


小野安一はエリオ・グレイシーと二度戦っている。

エリオも小野と同時期から異種格闘技戦を多く戦い、その名を轟《とどろ》かせつつあった。柔道で身をたてる小野、ブラジリアン柔術で身をたてるエリオ。ともに実戦で強さを証明することによって弟子を増やそうとしていたのだから激突するのは必然であった。エリオは日系人柔道家の実力者、矢野武雄や冨川富興をも得意の寝技で屠《ほふ》り（絞め落とした）、日本人最後の砦《とりで》・小野安一が対戦することになった。

リオデジャネイロのマラカナンジーニョ体育館にブラジル人と日系人計二万人の大観衆を呑《の》んで二人の戦いは行われた。

立技《たちわざ》ではかなりの差があり、小野が十回二十回と何度も何度も投げたが、投げの一本勝ちは認められないルールである。絞技《しめわざ》で絞め落とすか、関節技でタップ（参った）させるかの完全決着ルールである。試合時間は六十分の長丁場だったが、どちらも寝技術に長《た》け、最終的に時間切れ引き分けとなった。後にサンパウロで再戦するも決着がつかずこれも引き分けとなる。

試合内容については小野もエリオもともに「自分が押していた」という旨《むね》の発言をしているが、互角だとみていいだろう。グレイシーvs高専柔道、当時世界最高峰の寝技戦の貴重な記録である。小野安一はこの試合の数年後、エリオの兄ジョルジ・グレイシーとも戦い、これを破っている。いかに小野が強かったかということだ。

前田光世の名前は、弟子のなかからたまたまブラジリアン柔術という大きなひとつの流れが生まれたのでメジャーになったが、これら小野安一や福岡庄太郎をはじめ海外で柔術普及にあたった多くの古流柔術家たちは今も現地以外ではその名前を知られることはない。彼らの名は講道館柔道史には残っていないからだ。まるで講道館が進出するまで海外には誰もいなかったかのように。

これは、戦後、武徳会が消滅し、ばたばたしたなかで柔道界が講道館ひとつになってしまった経緯が生んだ悲劇ともいえる。

講道館柔道正史《せいし》ともいえる『柔道大事典』（一九九九年刊）には、後に講道館に転じた小泉軍治《ぐんじ》や谷幸雄《ゆきお》の名前はあっても、福岡庄太郎の名も小野安一の名も、そして木村政彦を最後に破ったあの武徳会《ぶとくかい》の鬼才阿部謙四郎《けんしろう》の名も載っていない。

私自身、調べを進めるまではこれらの隠れた貢献者たちのことをまったく知らなかった。『柔道大事典』が再版されるときには彼ら古流柔術家や武徳会系の柔道家たちの名前も掲載した改訂版が出されればこれほど嬉《うれ》しいことはない。たしかに彼らは当時の講道館とは相容《あいい》れなかったかもしれない。だが、すでに講道館の飛躍発展期は終わり、柔道は世界的な武道、世界的なスポーツとして定着した。彼らの業績を発掘し、再評価への道が開かれればと思う。

流派に関係なく、彼らも同じ柔道家なのだから。

王者木村がやってくる！

前田光世がベレンで客死したのは一九四一年（昭和十六）十一月二十八日であった。そのわずか十日後、十二月八日に日本軍のハワイ真珠湾攻撃で太平洋戦争が勃発《ぼっぱつ》した。前田はつまらぬ時代に関わらずに済んだという意味で、幸せだったかもしれない。

翌一九四二年一月、ブラジル政府は日本との国交断絶を発表し、日系人が多く住むサンパウロ州では特別取締令が発令された。

1、日本語で書かれた文書の配布禁止

2、日本国歌の演奏禁止

3、日本の要人の肖像掲載禁止

4、公衆の面前での日本語使用禁止

日本語学校はすべて閉鎖され、邦字新聞もすべて強制停刊となる。

二月、サンパウロ市コンデ街の日系人たちに立ち退き命令《の》が出て、各地で迫害が広がっていく。ブラジル商船が撃沈されたのを機にブラジル人による日系人への報復が始まったのである。日系人たちにとって開拓地での重労働にプラスして、社会的、精神的にも、さらに過酷な時代が始まったのだ。

結局、大戦中の四年間、ポルトガル語のわからない日系移民たちは新聞も雑誌も読めず、唯一《ゆいいつ》の情報源であるラジオ・トウキョウの短波放送を聴けたのも高価な短波ラジオを購入できたほんの一部の者たちだけだった。

一九四五年（昭和二十）、連合軍側についた五十カ国以上の国がなだれ込むようにして一斉に日本に宣戦布告した。

ブラジルの宣戦は終戦間際《まぎわ》の六月六日であったが、驚くべきことに日系人の多くはブラジルが参戦したことさえ知らなかった。テレビもインターネットもない時代、邦字新聞の強制停刊は深刻な事態を生んでいた。そのうち状況を何も知らないまま「ラジオの所持禁止」まで通達された。

一九四五年八月十五日、昭和天皇の玉音《ぎょくおん》放送ですべては終わったが、ラジオを取り上げられた日系人たちのほとんどは、その放送も知らなかった。隠しておいたラジオで聴いた者たちも、雑音の多さと難解な表現で、内容を正確に把握できなかった。

戦争が終わったらしい……。

噂《うわさ》だけが日系コロニア内に広がっていく。

開戦したとき、日本は香港《ホンコン》、シンガポール、マニラと、連戦連勝しており、その勢いが止まった頃に邦字新聞の発刊が禁じられ情報が入ってこなくなったため、終わったときに日系人たちが「勝ったに違いない」と思ってもしかたなかった。情報化の進んだ今では考えられないことだが、当時はほとんど海路《かいろ》しか移動手段がなかったので、邦字新聞どころかラジオまで取り上げられた日系人にとって、地球の裏側にある故国日本はあまりにも遠かった。

十月三日に「終戦広報」が船便でブラジルに到着し、日本語に訳されたものが日系人に伝えられたが、この内容を信じたのはわずか二割にすぎず、八割の人間はこの広報を偽物《にせもの》だと思い、「日本は勝った」と信じ続けた。

結果、日系人二十五万人は、日本の敗戦を絶対に信じない者たちと負けた事実を受け入れて屈辱に耐える者たちに、真っ二つに別れてしまった。前者を「勝ち組」、後者を「負け組」といった。負け組はポルトガル語新聞を読めるインテリ層に限られたので、勝ち組が八割、負け組が二割という割合は終戦から実に十年も続くことになる。この話を聞いて、グアム島の横井庄一やルバング島の小野田寛郎《よしろう》を思い起こす人も多いだろうが、彼らは数人単位である。しかしブラジルでは二十五万人のうちの八割、つまり二十万人もの人が「戦争に勝った」と十年も信じ続けたのである。

「神国《しんこく》日本が負けるわけがない！　無条件降伏したのはアメリカである！」

自分たちのアイデンティティが崩壊するため、ブラジル日系人の勝ち組はこう言い張って「青年愛国運動」「桜組挺身隊《ていしんたい》」など無数のグループを組織した。負け組はこれに対抗して「新撰組《しんせんぐみ》」などを組織する。

そのうち、勝ち組が負け組に対して天誅《てんちゅう》と称した攻撃を加えるようになり、三月には溝部幾太バストス産業組合専務理事を暗殺する。

すぐに血で血を洗う報復合戦が始まった。この抗争は延々と続き、多くの死傷者を出す。他国へ移民した日系人の間にもこの手の争いはあったが、たとえばハワイでは数年で自然に消滅していった。戦場から最も遠い場所にいたブラジルの日系人が、最も過酷で長いトラウマを引きずらねばならなかったのは皮肉であった。

日系社会二十五万人の大混乱にブラジル警察は常に目を光らせ、ブラジル人たちは前にも増して日系人を見下すようになる。

そんななかで、「日本の強さ」の象徴であった日系人たちの心のよりどころ、国技柔道で、日系人たちがエリオ・グレイシーの寝技にことごとく敗れていた。

木村政彦がブラジルにやってきたのは、まさにそんなときだった。柔道日本一、天覧試合制覇の鬼の木村がやってくるのだ。十五年不敗の王者木村がやってくるのだ。「木村の前に木村なく、木村の後に木村なし」とまで讃《たた》えられた木村がやってくるのだ。日系人たちの爆発的歓迎を受けたのは当然だった。

（下巻に続く）

井上靖著
しろばんば
野草の匂いと陽光のみなぎる、伊豆湯ヶ島の自然のなかで幼い魂はいかに成長していったか。著者自身の少年時代を描いた自伝小説。

井上靖著
夏草《なつぐさ》冬濤《ふゆなみ》（上・下）
両親と離れて暮す洪作が友達や上級生との友情の中で明るく成長する青春の姿を体験をもとに描く、『しろばんば』につづく自伝的長編。

井上靖著
北の海（上・下）
高校受験に失敗しながら勉強もせず、柔道の稽古に明け暮れた青春の日々——若き日の自由奔放な生活を鎮魂の思いをこめて描く長編。

城内康伸著
猛牛《ファンソ》と呼ばれた男
—「東声会」町井久之の戦後史—
1960年代、児玉誉士夫の側近として日韓を股にかけ暗躍した町井久之（韓国名、鄭建永）。その栄華と凋落に見る昭和裏面史。

白洲次郎著
プリンシプルのない日本
あの「風の男」の肉声がここに！日本人の本質をズバリと突く痛快な叱責の数々。その人物像をストレートに伝える、唯一の直言集。

羽生善治
柳瀬尚紀著
勝ち続ける力
勝つためには忘れなくてはいけない——。翻訳界の巨匠が、「天才」と呼ばれ続ける羽生氏の思考の深淵と美学に迫る、知の対局。

藤原正彦著
若き数学者のアメリカ
一九七二年の夏、ミシガン大学に研究員として招かれた青年数学者が、自分のすべてをアメリカにぶつけた、躍動感あふれる体験記。

藤原正彦著
遥かなるケンブリッジ
―一数学者のイギリス―
「一応ノーベル賞はもらっている」こんな学者が闊歩する伝統のケンブリッジで味わった波瀾の日々。感動のドラマティック・エッセイ。

藤原正彦著
父の威厳　数学者の意地
武士の血をひく数学者が、妻、育ち盛りの三人息子との侃々諤々の日常を、冷静かつホットに描ききる。著者本領全開の傑作エッセイ集。

藤原正彦著
祖国とは国語
国家の根幹は、国語教育にかかっている。国語は、論理を育み、情緒を培い、教養の基礎たる読書力を支える。血涙の国家論的教育論。

藤原正彦著
人生に関する72章
いじめられた友人、セックスレスの夫婦、ニートの息子、退学したい……人生は難問満載。どうすべきか、ズバリ答える人生のバイブル。

藤原正彦著
日本人の矜持
―九人との対話―
英語早期教育の愚、歪んだ個性の尊重、唾棄すべき米国化。我らが藤原正彦が九名の賢者と日本の明日について縦横無尽に語り合う。

櫻井よしこ著
異形の大国 中国
―彼らに心を許してはならない―

歴史捏造、軍事強化、領土拡大、環境汚染……人口13億の「虚構の大国」の真実を暴き、日本の弱腰外交を問い質す、渾身の中国論。

櫻井よしこ著
日本の覚悟

迫りくる無法者どもに対峙し、断乎として国益を守り抜くため、我々に必要なこととは何か。日本再生を見据えた著者渾身の国家論。

恩田陸著
六番目の小夜子

ツムラサヨコ。奇妙なゲームが受け継がれる高校に、謎めいた生徒が転校してきた。青春のきらめきを放つ、伝説のモダン・ホラー。

恩田陸著
夜のピクニック
吉川英治文学新人賞・本屋大賞受賞

小さな賭けを胸に秘め、貴子は高校生活最後のイベント歩行祭にのぞむ。誰にも言えない秘密を清算するために。永遠普遍の青春小説。

恩田陸著
中庭の出来事
山本周五郎賞受賞

瀟洒なホテルの中庭で、気鋭の脚本家が謎の死を遂げた。容疑は三人の女優に掛かるが。芝居とミステリが見事に融合した著者の新境地。

恩田陸著
隅の風景

ビールのプラハ、絵を買ったロンドン、巡礼旅のスペイン、首塚が恐ろしい奈良……求めたのは小説の予感。写真入り旅エッセイ集。

平野啓一郎著　葬送　第一部（上・下）

ロマン主義全盛十九世紀中葉のパリ社交界を舞台に繰り広げられる愛憎劇。ドラクロワとショパンの交流を軸に芸術の時代を描く巨編。

平野啓一郎著　葬送　第二部（上・下）

二月革命が勃発した。七月王政の終焉、共和国の誕生。不安におののく貴族、活気づく民衆。時代の大きなうねりを描く雄編第二部。

平野啓一郎著　文明の憂鬱

日常に潜む文明のしっぽから巨大な憂鬱が見えてきた。卓抜な論理、非凡な視点、鋭い感性で現代文明を斬る新感覚の文明批評49編。

平野啓一郎著　顔のない裸体たち

昼は平凡な女教師、顔のない〈吉田希美子〉の裸体の氾濫は投稿サイトの話題を独占した……ネット社会の罠をリアルに描く衝撃作！

平野啓一郎著　日蝕・一月物語　芥川賞受賞

崩れゆく中世世界を貫く異界の光。著者23歳の衝撃処女作と、青年詩人と運命の女の聖悲劇。文学の新時代を拓いた2編を一冊に！

平野啓一郎著　決壊（上・下）　芸術選奨文部科学大臣新人賞受賞

全国で犯行声明付きのバラバラ遺体が発見された。犯人は「悪魔」。'00年代日本の悪と赦しを問うデビュー十年、著者渾身の衝撃作！

高峰秀子著
わたしの渡世日記（上・下）
日本エッセイスト・クラブ賞受賞

昭和を代表する大女優には、華やかな銀幕世界の裏で肉親との壮絶な葛藤があった。文筆家・高峰秀子の代表作ともいうべき半生記。

高峰秀子著
にんげんのおへそ

撮影所の魑魅魍魎たちが持つ「おへそ」とは何か？　人生を味わい尽くす達人が鋭い人間観察眼で日常を切り取った珠玉のエッセイ集。

高峰秀子著
台所のオーケストラ

「食いしん坊」の名女優・高峰秀子が、知恵と工夫で生み出した美味しい簡単レシピ百二十九品と食と料理を題材にした絶品随筆百六編。

高峰秀子著
にんげん蚤の市

司馬遼太郎、三船敏郎、梅原龍三郎…。人生の名手・高峰秀子がとっときの人たちとの大切な思い出を絶妙の筆で綴る傑作エッセイ集。

三浦しをん著
格闘する者に○《まる》

漫画編集者になりたい――就職戦線で知る、世間の荒波と仰天の実態。妄想力全開で描く格闘の日々。才気あふれる小説デビュー作。

三浦しをん著
風が強く吹いている

目指せ、箱根駅伝。風を感じながら、たすき繋いで、走り抜け！「速く」ではなく「強く」――純度100パーセントの疾走青春小説。

G・G＝マルケス
野谷文昭訳
予告された殺人の記録
閉鎖的な田舎町で三十年ほど前に起きた幻想とも見紛う事件。その凝縮された時空に共同体の崩壊過程を重層的に捉えた、熟成の中篇。

ドストエフスキー
木村浩訳
白痴（上・下）
白痴と呼ばれる純真なムイシュキン公爵を襲う悲しい破局……作者の〝無条件に美しい人間〟を創造しようとした意図が結実した傑作。

ドストエフスキー
木村浩訳
貧しき人びと
世間から侮蔑の目で見られている小心で善良な小役人マカール・ジェーヴシキンと薄幸の乙女ワーレンカの不幸な恋を描いた処女作。

ドストエフスキー
千種堅訳
永遠の夫
妻は次々と愛人を替えていくのに、その妻にしがみついているしか能のない〝永遠の夫〟トルソーツキイの深層心理を鮮やかに照射する。

ドストエフスキー
原卓也訳
賭博者
賭博の魔力にとりつかれ身を滅ぼしていく青年を通して、ロシア人に特有の病的性格を浮彫りにする。著者の体験にもとづく異色作品。

ドストエフスキー
江川卓訳
地下室の手記
極端な自意識過剰から地下に閉じこもった男の独白を通して、理性による社会改造を否定し、人間の非合理的な本性を主張する異色作。

木村政彦《きむらまさひこ》はなぜ
力道山《りきどうざん》を殺《ころ》さなかったのか（上）

新潮文庫　ま－41－1

平成二十六年三月一日発行

著者　増《ます》田《だ》俊《とし》也《なり》
発行者　佐藤隆信
発行所　株式会社新潮社
郵便番号一六二―八七一一
東京都新宿区矢来町七一
電話　編集部(〇三)三二六六―五四四〇
　　　読者係(〇三)三二六六―五一一一
http://www.shinchosha.co.jp

価格はカバーに表示してあります。

乱丁・落丁本は、ご面倒ですが小社読者係宛ご送付ください。送料小社負担にてお取替えいたします。

印刷・二光印刷株式会社　製本・株式会社大進堂

ISBN978-4-10-127811-7 C0195